本书为国家社科基金重大项目"近代浙江畲族文书的搜集、整理与研究"（20&ZD213）的阶段性成果

凤凰山中的畲族故里

凤坪村的人类学考察

方清云 著

中国社会科学出版社

图书在版编目（CIP）数据

凤凰山中的畲族故里：凤坪村的人类学考察／方清云著．—北京：中国社会科学
出版社，2023.8
ISBN 978 - 7 - 5227 - 2289 - 4

Ⅰ.①凤…　Ⅱ.①方…　Ⅲ.①畲族—民族历史—研究—潮州　Ⅳ.①K288.3

中国国家版本馆 CIP 数据核字（2023）第 136378 号

出 版 人　赵剑英
责任编辑　孔继萍
责任校对　冯英爽
责任印制　郝美娜

出　　　版　中国社会科学出版社
社　　　址　北京鼓楼西大街甲 158 号
邮　　　编　100720
网　　　址　http://www.csspw.cn
发 行 部　010 - 84083685
门 市 部　010 - 84029450
经　　　销　新华书店及其他书店

印　　　刷　北京君升印刷有限公司
装　　　订　廊坊市广阳区广增装订厂
版　　　次　2023 年 8 月第 1 版
印　　　次　2023 年 8 月第 1 次印刷

开　　　本　710×1000　1/16
印　　　张　15.25
插　　　页　2
字　　　数　241 千字
定　　　价　98.00 元

目　　录

前　言

一　研究缘起

畲族是分布在我国闽浙赣粤等地的山居民族，其中在福建和浙江的分布人口约为总人口 90% 以上。因此，畲族文化的实践和研究在福建和浙江两省显得十分活跃，取得的成果也较丰富。具体体现在以下几个方面：第一，关于两省畲族的研究成果多，且成果影响较大。第二，从事畲族问题研究的学者大多来自这两省的高校和研究机构，主要包括福建厦门大学人类学专业的教授及其培养出来的博士和浙江丽水学院的专职研究者。第三，两省关于畲族文化的会议、庆典、文创等实践活动丰富多彩且影响较大。在此背景下，对于广东畲族的研究则显得相对较少。尽管如此，每一个畲族研究者心中，与所有的畲族人心中，都有一个关于潮州凤凰山的心结，因为广东潮州凤凰山畲族在畲族发展和研究中有十分特殊的地位。早在 1991 年出版的《广东畲族研究》① 序言中就曾经指出，广东畲族研究有特殊的地位与意义主要体现在以下四点：第一，畲族族源上的滥觞地位；第二，华南山地开拓、建设的先驱作用；第三，畲族优秀传统文化承继、弘扬的活化石；第四，客家人及客家文化构筑的渊源意义。这四点意义中有三点都在论述广东畲族在全国畲族人民心中具有独特的地位。尽管直到今天也没有充分的证据表明潮州凤凰山就是畲族的发祥地，但是"潮州凤凰山是畲族发祥地"的说法却广泛地存在于全国各地畲族的祖图、山歌、传说、族谱中，也深刻地镌刻进了畲族的记忆中。

作为一个研究畲族问题多年的学者，对畲族文化和畲族人民早已产生

---

① 朱洪、姜永兴：《广东畲族研究》，广东人民出版社 1991 年版。

了深厚的感情，因此到广东潮州凤凰山去调研，到畲族人民口耳相传的发祥地去调研，去追寻畲族文化的根，成为我一直以来的情结。2019 年，我接到了广东省民族宗教研究院李筱文院长的热情邀约，邀请我参加 2019 年 8 月在广东省梅州市丰顺县凤坪畲族村举行的"畲族故里"启动仪式暨畲族文化研究学术研讨会，我欣然前往。凤坪村之行给我留下了深刻的印象，其丰厚的历史文化让人们深感作为畲族祖居地的独特魅力，欣欣向荣的特色茶产业，让我们看到文化传承与经济发展并行不悖的优秀个案。与此同时，当地政府对地域特色文化和畲族特色文化的传承和发展十分重视，投入了极大的热情和精力推动了各项文化事业全面发展。有感于此，笔者接受了丰顺县统战部的邀请，对丰顺县唯一的畲族特色村寨展开深入调研，探讨其作为畲族祖居地的深厚文化底蕴及其在当代如何焕发出新的魅力。

二　研究视角：文化重构、文化自觉与广东畲族文化复兴

　　文化重构是民族文化发展进程中的"主动性"变迁方式，是民族文化适应不断变化的文化生境的必然结果。我国自 20 世纪 80 年代进入全面深化改革，此后各民族地区迎来了跨越式大发展，民族传统文化在民族地区发展中扮演的角色发生了重大改变。20 世纪 80 年代前，民族文化资源与经济发展关联不大；20 世纪 80 年代之后，民族文化资源与经济发展的联系日趋紧密。2017 年国务院办公厅发布的《国家"十三五"时期文化发展改革规划纲要》，指出"加强对民间文学、民俗文化、民间音乐舞蹈戏曲、少数民族史诗的研究整理，对濒危技艺、珍贵实物资料进行抢救性保护……把民族民间文化元素融入新型城镇化和新农村建设，发展有历史记忆、地域特色、民族特点的美丽城镇、美丽乡村"[①]。可见，民族文化资源在民族地区发展中越来越重要，已经全面融入和服务于我国近年来开展的一系列国家发展方略，是"一带一路"、新农村建设、新型城镇化建

---

　　① 《国家"十三五"时期文化发展改革规划纲要》，新华网：http：//www. xinhuanet. com/politics/2017－05/07/c_1120931794_4. htm。

设、乡村振兴、特色小镇、田园综合体等国家发展方略中不可或缺的一部分。在传统社会中，民族文化作为民族生存发展的重要依托，自在自为地缓慢变迁，而当下民族文化已然成为经济发展的资本，在文创产业和文旅产业中大放异彩。

早在 20 世纪末，我国著名的民族学家费孝通先生在讨论民族文化现代化问题的时候，就指出"文化自觉"是实现民族文化现代化的途径。费孝通先生认为"'文化自觉'就是要对本民族文化有'自知之明'，明白它的来历、形成的过程、所具有的特色和它的发展趋向"[1]。因此，在当代文化重构中，应该充分尊重文化持有者群体本身的意愿，依靠他们的"自知之明"及由此产生的行动来推动文化重构。只有当民族文化重构让"己民族"群体的意愿得以充分表达，重构的文化才能得到民族群体的自我认同，成为本民族精神的家园与栖息地；民族文化只有得到本民族群体的认同，才能始终深植于群体日常生活的土壤之中，获得源源不断的滋养而繁荣发展，不至于陷入"无源之水"与"无本之木"的泥淖。

通过对畲族文化重构的发展进行历史人类学考察，笔者以畲族社会的生产力与生产关系的变革为划分依据，将畲族发展大致分为三个阶段[2]：第一个阶段：1949 年前畲族文化重构的传统时期，从游耕走向定耕，此阶段文化发展与变革的典型代表就是潮州凤凰山畲族。考察广东潮州畲族的文化事项及特点，我们可以清晰地看到其具有从"游耕"转向"定耕"的"过渡性"特点。第二个阶段：1949 年至 20 世纪 80 年代，畲族文化重构的新时期。引发这一文化重构的动因是中华人民共和国的成立开创了民族平等、民族团结和各民族共同繁荣的新纪元。这一时期社会主义生产关系的确立开创了畲族文化重构的新时代，政治、经济、文化的平等地位的获得，极大地激发了畲族文化重构的自信心和自豪感，畲族开始积极主动地向其他民族介绍和展示本民族文化，文化重构从自发走向自觉。这一时期文化重构的典型代表是福建和浙江两省人口占比最多的省。第三个阶段：20 世纪 80 年代后，以 1984 年浙江省景宁畲族自治县的建立为起点

---

[1]　费孝通：《我为什么主张"文化自觉"》，《冶金政工研究》2003 年第 6 期。
[2]　参见方清云《文化自觉与"我构"回归》，《西南民族大学学报》（人文社会科学版）2020 年第 10 期。

与契机，其文化重构的典型代表区域是景宁县，其他地区的畲族文化重构均"唯景宁马首是瞻"，其文化重构的显著特色是开放多元，文创产业和文旅产业发展迅猛。其中集文创和文旅为一体的"千年山哈宫"是其文化重构的标志性工程，景宁县拟投资6.8亿修建"千年山哈宫"，将其打造成畲族朝圣之地，截至目前整个项目完成了80%。

广东潮州凤凰山畲族在我国畲族中具有发祥地的神圣地位，但1955年被派往广东进行畲民设别的调查小组却发现凤凰山畲族传统文化较之闽浙两省已经呈现出稀薄化的特点。尽管早年曾有潮州市的有识之士谢锦澍先生撰文提出，要深入研究凤凰山畲族文化，要在潮州凤凰山重建以畲族祖祠为主题的畲族民俗景区的设想，将其建成"畲族的布达拉宫"。但时至今日，貌似仍然停留在设想阶段。

从当前文化发展的实践活动和科研开展的现状来看，广东畲族文化的发展较之浙江福建相对滞后。1985年，潮州市举办了全国首届畲族史学术研讨会；2007年，潮州市再次主办了全国畲族文化学术研讨会。两次全国性的学术研讨会为广东畲族，尤其是潮州凤凰山畲族带来了全国性的声誉和影响，但并未带动大规模的畲族文化复兴和重构实践。2019年，沉寂多年的广东畲族文化开启了文化复兴和重构的实践活动，8月25日，广东省梅州市丰顺县启动了"中国畲族故里"的仪式，拉开了广东畲族文化重构的大幕；12月，紧跟其后的潮州市潮安区文祠镇李工坑村举行了"首届中华畲族发源地潮州凤凰山文化交流会"。两大文化实践活动标志着凤凰山畲族决心在新时期致力于"擦亮畲族发祥地这块金字招牌"，也意味着畲族文化重构实践活动的阵地即将逐渐南移，广东畲族即将加入新时期畲族重构阵营，加速构建畲族文化重构的新格局。

三 丰顺县打造"中国畲族故里"的举措

在凤凰山区的八个畲族村落中，凤坪村地处凤凰山，是畲族人口数量排第二、全村人口在凤凰山地区排第一的村落。由于行政区划变动的原因，今天凤凰山8个畲族传统村落中，有7个在潮州，只有凤坪村独属于梅州市丰顺县。但无论在官方还是在民间，凤坪村从来都是"凤凰山畲族"传统村落中不可缺少的一员。

（一）政府重视，专家论证合理性

早在 2012 年，梅州市民宗局就提出要抓住凤坪村这个本市唯一的畲族村落，深入挖掘"畲族故里"的丰厚文化底蕴，擦亮畲族发源地这一金字招牌。2018 年，在原广东省民族宗教研究院李筱文女士的带领下，丰顺县民宗局到省内外畲族传统村落考察参观，制定了一个打造"中国畲族故里"的可行性方案。李筱文女士 1982 年毕业于中央民族大学历史系，在广东从事畲族和瑶族文化研究。她参加工作后即参加了中央民族学院施联朱等人主持的广东凤凰山区畲族情况调查，并将相关资料进行搜集整理，相关资料在 1983 年以内部资料结集付印为《广东省畲族社会历史调查》，其中保留了非常珍贵的关于凤坪村的历史资料。因此，李筱文女士对凤坪畲族村的早期情况十分了解。自 2018 年至 2019 年 8 月，李筱文女士带领团队多次进入凤坪村调研，为凤坪村的文化打造"中国畲族故里"进行论证和策划。

2019 年 8 月，"中国畲族故里"启动仪式之后，县政府又借机邀请参会的畲族研究学者，组成专门的调研团队进入凤坪村展开深入的"田野调查"，论证"中国畲族故里"打造的充要性，同时挖掘整理畲族传统文化，探讨新时期凤坪村畲族文化重构的对策。研究团队深入田间地头，经过长期深入调研，认为凤坪村"中国畲族故里"的提法完全成立，主要基于以下几个理由。

第一，从历史上看，凤坪村地域在唐宋元明清时期原属潮州府，清乾隆三年丰顺县建制后，才划归梅州管辖，因此凤坪村畲族当属于闽浙赣等地畲族族谱和百姓口耳相传的历史记忆中"凤凰山畲族"的一部分。

第二，从所属地域来看，潮州市所属的 7 个凤凰山畲族村寨主要分布在凤凰山的东麓和南麓，凤坪村在凤凰山的北麓，同属于凤凰山区域。

第三，凤坪村畲族使用的语言与潮州市凤凰山区畲族使用的畲语相同，被称为"凤凰山畲语"。"凤凰山畲语"不同于广东省莲花山区和罗源山区畲族使用的语言，但为闽浙赣皖等地畲族广泛使用，使用人口占畲族总人口的 99% 以上。

第四，广东畲族的标志性文化元素——"畲族招兵仪式"现只有凤坪村畲族法师能够完整主持。凤坪村的 LJP 先生，是家族传承的"法师"，现为广东省非物质文化遗产"畲族招兵节"的传承人，经常被凤凰山区的其他畲族村落邀请主持"畲族招兵节"仪式。其已故父亲蓝明凯先生生前也是闻名远近的"法师"，经常被凤凰山区的碗窑村、山犁村、李工坑村等请去主持招兵仪式。

第五，畲族文化的标志性元素"盘瓠崇拜"，在凤坪村以"谱传""图传""口传"等形式广泛存在，表明其畲族文化传承历史悠久。

第六，凤坪村现仍保存着丰富的畲族祖先崇拜传说故事，如"山羊石坳""祖居山洞""金鹅孵卵"等，这些故事在村民中广为流传、影响深远。

第七，尽管今天的凤坪村从行政区划上已不属于潮州市，但无论官方还是民间，谈及凤凰山畲族传统村落时均认同地属潮州的7个自然村和地属丰顺的凤坪村，统称为"凤凰山畲族"。例如2010年由中共潮州市委宣传部编辑出版的《潮州凤凰山畲族文化》系列丛书，在"概述"中仍然持此观点。①

（二）调整基层组织结构，推动畲族文化自觉

民族精英的自觉是整个民族自觉的基础和前提，民族精英自觉之后，才能带动整个民族的自觉。与我国其他地区的民族传统村落一样，在改革开放之后，凤坪村村民纷纷流动到周边经济较发达地区"打工"，留下老人和儿童留守村庄，出现了村落"空心化"和"老龄化"的人口分布特征。人是社会经济发展的第一要素，因此必须让有文化、有能力的青壮年村民返乡，凤坪村才有可能实现真正的发展。2014年，潭江镇镇政府动员在梅州市经商的村民蓝永达和钟奕亩返乡担任村委书记和村主任，带领村民发展特色茶产业。蓝永达是畲族，生于20世纪80年代，2010年从

---

① 参见中共潮州市委宣传部编的林建春的《潮州凤凰山畲族文化·风俗习惯》，海天出版社2010年版，第3页。"潮州凤凰山畲族是广东潮州境内唯一的少数民族。凤凰山区畲族村现有8个，它们分别是湘桥区意溪镇的雷厝山自然村；潮安县凤凰镇的石古坪畲族村，文祠镇的李工坑畲族村（其中包含黄竹洋自然村），归湖镇的岭脚自然村、碗窑畲族村、山犁畲族村；饶平县饶洋镇的蓝屋畲族村以及现属梅州市丰顺县潭江镇的凤坪畲族村。据2000年全国第五次人口普查统计数据显示，凤凰山畲族共有2321人，约占广东畲族总人口（28053人）的8%和全国畲族总人口（709592人）的0.3%左右。"

部队退伍后一直在外经商,具有受教育程度高、头脑灵活、意志力坚定等特点。钟奕亩是汉族,生于20世纪60年代,早年在广东省各地经商,具有年富力强、熟悉村情、吃苦耐劳、市场经验丰富等特点。这两人组成的"黄金搭档"自2014年以来配合默契,取长补短,使凤坪村的基础设施建设大为改善,村民收入呈几何级增长,村民的幸福感和获得感与日俱增。与此同时,二人都非常热衷于传承和复兴畲族传统文化,在地方政府的带领下,他们为凤坪村畲族文化的传承和发展做了很多实事,使沉寂多年的凤坪村畲族文化迎来了蓬勃发展。

(三) 发展特色产业,激发内生动力

新中国成立前,凤坪村的经济生产方式以粮食种植与烧炭为主,砍茅草编席子为辅。茶叶种植主要在田间地头,产量基本只能满足村民生活的日常之需。20世纪80年代初期,在镇干部的主张下,凤坪村开始试点、推广茶树种植,但规模不大。调研显示,凤坪村茶产业大规模发展是近十年的事情,尤其是2014年之后,凤坪村的茶产业迎来了跨越式发展。2014年凤坪村的种茶总面积约为8800亩,年产值2028万元,到2019年茶园总面积上升为约15800亩,年产值达到5790万元,茶叶种植面积增加了约80%,年产值增加了185%。如今,茶产业已经成为凤坪村畲族经济收入的主要来源,实现人均年收入约8万元。

除了扩大茶产业面积和提高茶产业产量之外,凤坪村还用畲族文化来提升茶产业的品牌价值,走上了一条"扩容提质赋值"的增收之路。凤坪村真正实现了"靠山吃山",把绿水青山变成了金山银山。据2020年7月调研显示,全村156户村民在广州市、梅州市、丰顺县城等购房的村民达71户,占总户数的46%。如今的凤坪村村民过着"村里有茶园,城里有住宅"的"亦乡亦城"的幸福生活。他们一方面立足乡村,从茶产业中获得了较高的经济收入,过上了富裕的生活;另一方面进入城市,享受了城市良好的配套教育、医疗和卫生条件。凤坪村村民用"钟摆式"移动方式,过上了既能享受城市繁华,又能留住乡愁的幸福生活。

四 丰顺县打造"中国畲族故里"的意义

由于丰顺县凤坪村在本次重心南移的文化重构实践中率先而为,因此其打造"中国畲族故里"的举动在新时期畲族的历史文化发展和乡村振兴中具有重要意义。

第一,它唤醒了新时期全国畲族对广东"凤凰山畲族"作为发祥地的历史记忆。改革开放40多年,作为改革开放的前沿阵地,广东省传统村落社会经济发展和城市化步伐较之我国中西部地区要快得多,原本已经稀薄化的畲族传统文化流逝得更快。"畲族发祥地"的声名和记忆沉淀在了畲族百姓的记忆和文献典籍中,在现实生活中难觅踪迹。丰顺县凤坪村作为"广东潮州凤凰山畲族"的代表村落之一,在"凤凰山畲族"沉寂多年之后,以"中国畲族故里"之名启动一系列的文化传承实践和科研探讨,无疑有助于恢复"广东潮州凤凰山畲族"作为畲族发祥地的历史荣光。

第二,它开启了新时期广东畲族的文化自觉,彰显了广东畲族擦亮"畲族发祥地"金字招牌的决心。正如前文所述,"广东潮州凤凰山"在畲族历史发展中曾经写下了浓墨重彩的一笔,也给全国畲族人民留下了无法磨灭的记忆。但中华人民共和国成立后,由于人口数量所占比重远远低于福建和浙江,因此其畲族文化发展和文化研究显得人手不足、重视度不够。自2007年在潮州召开了全国性的畲族学术研讨会之后,时隔十多年后,广东畲族才再次以"中国畲族故里"启动仪式为契机,举办全国性的畲族文化实践活动和学术研讨会。

第三,它拉开了广东畲族文化重构实践的序幕,成为我国畲族文化重构实践重心南移的转折点。凤坪村2019年8月25日"中国畲族故里"仪式启动,使沉寂十多年的凤凰山畲族再次引起全国人民的关注,拉开了广东畲族文化重构的序幕。4个月后,潮州市潮安区文祠镇李工坑村紧随其后,于2019年12月26日举行了全国性的畲族文化发展与传承活动——"首届中华畲族发源地潮州凤凰山文化交流会"。这次活动的人数更多、规模更大、影响更大,参加人员几乎囊括了闽浙赣粤等地区的蓝、雷、钟三姓的官方及民间代表。两次活动如此密集地开展,貌似偶然,实则是广东畲族文化自觉的必然结果。这两次活动后，大批畲族文化研究者、文创人员等开始渐次进入广东畲族地区展开研究和文化实践，为广东畲族文化重现历史辉煌提供契机。

第四，它将为广东省及我国其他畲族传统村落开展文化重构提供借鉴，在畲族传统村落实现乡村振兴的道路上大大迈进一步。凤坪村发展和传承畲族文化，与浙江省和福建省各畲族传统村落的发展和传承有着截然不同的背景。浙江和福建两省的畲族文化实践起步早，文化发展与经济发展同步进行。由于早期经济基础尚不足以支撑文化发展，致使其系列举措虽看上去繁花似锦，实则一旦离开政府支持则难以为继。而广东凤坪村畲族传统村落的振兴，则是建立在茶产业经济充分发展的基础之上，畲族文化传承和发展拥有坚实的经济基础，以相互促进的方式螺旋上升发展。从这一点来看，凤坪村的乡村振兴给其他地区提供了较好的样板，再次证明立足于经济发展基础之上的乡村振兴，才是可持续发展的乡村振兴。

五　广东畲族与丰顺畲族后期畲族文化重构的建议

丰顺县打造"中国畲族故里"的举措取得了有目共睹的成绩，一方面它使凤坪畲族村获得了全国性的声誉和认同；另一方面也带动了凤坪畲族村的跨越式发展。为了凤坪村畲族文化重构能够更加顺利地推进，我们认为后期凤坪村的畲族文化重构要注意以下几个方面。

第一，牢牢把握时代主旋律，用"铸牢中华民族共同体意识"理论指导畲族文化重构的全过程。当前，铸牢中华民族共同体意识是习近平总书记关于民族工作的重大原创性理论论断，是习近平总书记对党的民族理论与时俱进的创新发展，是马克思主义民族理论中国化的最新成果，是新时代民族工作的主线。具体到凤坪畲族村的文化重构中，我们必须要明确中华民族由 56 个民族组成，56 个民族中的任何一个民族都不是孤岛。畲族历史上与周边的汉族、苗族、瑶族、客家民系、福佬民系之间一直保持着持续不断的互动，这是早已为史料证明且有学者证实的史实；从今天的发展现实来看，畲族地处福建、浙江、广东等沿海省区，不但与内地各民族密切交流互动，并且还是连接内地和港澳台民族交流的窗口。因此，我们在进行畲族文化的复兴与重构中，一方面要深入挖掘畲族文化与苗族、瑶族、客家民系、福佬民系等群体之间交往交流交融的历史，探讨畲族将自己日渐融入中华文化的过程及路径；另一方面，要充分彰显梅州市丰顺县的鲜明的客家文化特色，将凤坪村的畲族文化重构置于实现祖国统一的统战工作大背景中，充分彰显丰顺畲族在实现祖国统一中的独特地位。

第二，加强省市级地方政府的参与度和通盘谋划力度，使畲族文化重构走上了组织化和系统化的道路，力争实现凤凰山畲族文化重构的规模化效应。由于行政区划的原因，传统凤凰山畲族的 8 个特色村寨现分属于潮州市和梅州市，两个市若能在广东省民宗委等相关部门的整合下加强合作，制定出一个定位准确、重点突出、步骤明确、执行有力的凤凰山畲族文化传承与发展的规划，对凤凰山畲族文化的整体复兴将产生重要意义。

第三，夯实特色经济产业发展基础，让文化重构与经济发展相互促进，让畲族文化成为畲族传统村落实现乡村振兴的重要推动力。一方面，地方政府要继续多措并举，推进凤凰山茶产业的发展，不断提高凤凰单丛茶的质量和产量；另一方面，要加大对凤凰单丛茶文化意义的挖掘和推广，进一步丰富凤凰单丛茶的文化内涵、提高其国际声誉，通过对凤凰单丛茶"提质增效赋值"，探索出一条民族特色产业高端化发展的道路。

第四，要注重畲族文化重构形式的多元化，加强文旅和文创产业的发展。由于历史和现实的原因，当前凤凰山畲族的传统文化除了"招兵节"和"篮大将军出巡节"等文化因子得以较好保留之外，其传统的服饰、民居、饮食、节日、山歌、信仰等畲族传统文化已经日渐稀薄，需要加大挖掘和研究的力度。当前，凤凰山畲族在复兴传统文化时，多以浙江、福建两省的畲族文化为借鉴，虽然不失为一种复兴的捷径，但容易走上"同质化"的道路，且难以彰显其发祥地的根性特色。因此，一方面要让更多学者来关注、研究畲族文化，另一方面更要引入活跃的文创力量进入凤凰山，为凤凰山文创产业和文旅产业发展开辟新路。当然，在文创产业和文旅产业发展过程中，外来文化精英一定不能亲自上阵重构畲族文化，而应该在推动畲族群众文化自觉的基础上，激发畲族百姓内在的积极性和创造性，最终实现畲族传统文化的文创和文旅事业。唯有如此，畲族当代文化重构才能规避江浙已经出现的"文化同质化"发展倾向。

第 一 章

概况与族源

一 广东畲族的概况及族源

（一）广东畲族的人口和分布

广东畲族主要分布在 14 个市、县。1964 年第三次人口普查时，畲族人口为 1882 人；1982 年人口约为 3080 人；据 1990 年的普查统计为 26438 人；2000 年第五次全国人口普查为 2.8 万人；2019 年第七次人口普查畲族户籍人口为 48759 人。根据数据可以看出，广东畲族人口在 1990 年普查时有较大幅度提高，很显然不是人口自然增长的结果，而是因为 20 世纪 80 年代末以后分布于河源、和平、连平、龙川等地的畲族恢复畲族身份而带来的人口大幅度增长。从畲族在全国的分布比例来看，广东畲族人口并不多，2019 年占全国畲族总人口的 6.5%。广东畲族人口居住分散，主要分布在河源市的东源县、龙川县、连平县、和平县，潮州市的湘桥区、潮安县、饶平县，惠州市的博罗县、惠东县，梅州市的丰顺县，韶关市的南雄县，汕尾市的海丰县，广州市的增城市等地。

（二）广东畲族的起源

学者们普遍认为，"至迟于 7 世纪初，畲族人民就已居住在闽、粤、赣三省交界地区"①。关于畲族的起源，学界一直有多种说法，有施联朱先生的"武陵蛮后裔"说，王克旺等先生的"南蛮后裔"说，潘光旦先

---

① 《畲族简史》编写组、《畲族简史》修订本编写组：《畲族简史》，民族出版社 2007 年版，第 9 页。

生的"徐夷后裔"说，肖孝正先生的"河南夷"说，蒋炳钊先生的"越
人后裔"说，蓝万清先生的"山越"说，石奕龙先生的"畲瑶同源，源
于瑶越"说，李筱文等先生的"百越后裔"说，陈元煦先生的"闽族后
裔"说，等等。《畲族简史》① 将各种说法归纳为两种意见：一种是畲族
在历史上和瑶族关系极其密切，同源于汉晋时代的武陵蛮；另一种认为畲
族是古代越族的后裔。这些不同的来源说，后来被简称为"外来说"和
"土著说"两大派别。②

《广东畲族研究》成书于 1991 年，该书认为广东畲族是由"外来"
与"土著"人群共同组成的。笔者通过综合梳理广东省、州、府、县的
地方史志文献和族谱资料，并综合了考古资料和梅州市地图上带"畲"
字的 100 多处地名，证明广东"畲族历史上主要集居于潮、梅地区，并
散及粤中罗浮、莲花山区，跟近现代的分布尚有一定差异"③，并由此引
申和阐述广东畲族的近现代分布由两个层次、三部分人组成。第一层次是
原土著的后裔，其中可分为两个部分：第一部分居住于粤东的畲族，原本
是当地土著的后裔，或是早期的居民，其历史上以游耕烧畲经济为主，后
在粤、闽、赣三省接合部的广阔山区辗转流迁，所谓"食尽一山而他
徙"；第二部分是分布于粤中地区畲族，主要居住于罗浮山莲花山地区，
由于此地区历史上是广东省多民族的结合区、集散地，因此这部分畲族跟
粤北南下的瑶族频繁交融，在民族身份上实现了互融，结果导致在族源上
往往自述于粤北、湖南迁入。第二层次是后期因为躲避战乱等因素而不断
流迁到广东的战乱孑遗。

笔者赞同上述关于广东畲族来源的观点，理由基于以下两点。

第一，梳理中华各民族发展史，我们发现 56 个民族在漫长的发展进
程中一直在不断地交往交流交融，没有任何一个民族是以"孤岛式"的
方式存在着，畲族也不例外。正如费孝通先生的"中华民族多元一体发
展格局"理论所示，从宏观的角度来看，中华民族是一个多民族交流互

① 《畲族简史》编写组、《畲族简史》修订本编写组：《畲族简史》，民族出版社 2007 年
版，第 14—17 页。

② 谢重光：《畲族与客家福佬关系史略》，福建人民出版社 2002 年版，第 4—7 页。

③ 朱洪、姜永兴：《广东畲族研究》，广东人民出版社 1991 年版，第 9 页。

动形成的共同体；从微观的角度来看，各个单一民族也并非是封闭发展至今，其在形成过程中也不断地接纳和吸收"他民族"成员，将其内化为"己民族"群体的一员，同时"己民族"的个体也不断为"他民族"群体所内化。因此，每一个民族的发展都是一个不断"得到"和"失去"的过程，是一个不断"涵化"他群体，也不断被他群体所"涵化"的过程。事实上，我们发现持"土著说"和"外来说"的学者均能从畲族的历史文化发展中找到支撑依据而自圆其说。正如谢重光先生所言，"在畲族起源问题上的'外来说'和'土著说'并不是绝对对立、不可调和的。他们各有不足之处，又各有合理内核。……武陵蛮、长沙蛮、百越民族、南迁的汉族，还有湘赣闽粤交界区域其他土著群体，共同缔造了畲族，他们都是畲族构成的要素。当然这些要素不是简单的叠加，而是有主有次、有先有后地接触、交流、融汇、通话，经过一个漫长的有机的辩证互动过程，才发展演化为畲族。"①

　　第二，凤凰山畲语研究的资料支持了畲族来源的多元说。游文良先生虽然是汉族，但凭借其对畲语的精深研究，为广东畲族来源的多元说提供了语言学的佐证。游文良先生在2002年曾出版专著《畲族语言》，该书在对全国畲族语言进行普查的基础上，以占全国99%畲族人口使用的语言为重点研究对象，从历时的角度把畲语划分为三个阶段：第一阶段是隋唐时期的古代畲语期；第二阶段是宋元时期的近代畲语期；第三阶段是明清到现在的现代畲语期。此后，游文良先生又联合了广东两位长期从事畲族文化工作和研究的畲族学者雷楠和蓝瑞汤②对凤凰山畲语展开研究，经过3年的合作研究，出版了专著《凤凰山畲语》。此书对于广东畲族和凤凰山畲族语言研究有重要意义，认为"凤凰山畲语确实是名副其实的'混合型'语言，'混合'进去的各部分成分都有其历史原因"，"凤凰山畲语是古老的，它包含了一部分源于古越语（古壮侗语）、古苗瑶语的古畲语部分，特别是其中有一些是现在闽、浙、赣各地畲语没有保留下来的古畲语成分；还包含一些古汉语成分和一些至今尚不明来源的古畲语成

---

① 谢重光：《畲族与客家福佬关系史略》，福建人民出版社2002年版，第7页。

② 蓝瑞汤先生是广东省丰顺县凤坪村人，笔者在本书的撰写过程中，曾多次当面访谈和电话访谈过。

分"。语言是研究民族发展的活化石，上述关于凤凰山畲语是一个混合体的结论恰好证明：广东畲族的来源是一个复杂的、多层次的过程，既包括了本土的"越族后裔"，又包括了外来的"蛮族后裔"。

二　凤凰山畲族的独特地位

粤东凤凰山区现存的畲族较少，主要分布在潮州和丰顺的 8 个自然村，其中梅州市丰顺县的凤坪畲族村、潮州市潮安县的李工坑畲族村和石古坪畲族村是凤凰山区畲族历史文化比较丰富的 3 个村落。根据第五次全国人口普查统计广东凤凰山畲族有 2500 多人，约占广东省畲族总人口的十分之一，占全国畲族人口的 0.3%。尽管人口不多，但凤凰山畲族在畲族历史记忆中具有独特的地位。凤凰山一直被粤外的闽浙赣畲族尊为畲族发祥地，这一说法不仅广泛地存在于闽浙赣等地的畲族族谱中，也以口耳相传的方式存在于畲族的记忆中。

《高皇歌》[①] 是畲族关于始祖盘瓠王（又称龙麒）建功立业的故事，在畲族民众中广为传唱。其中有"龙麒平番立大功，招为驸马第三宫，封其忠勇大王位，王府造落在广东"，"龙麒起身去广东，文武朝官都来送，凤凰山上去落业，擅长地土由其种"，"凤凰山上鸟兽多，若好食肉自去猎"，这些歌词记叙了龙麒来到广东凤凰山的缘由，并记叙了在凤凰山安居乐业、繁衍子孙的场景。"凤凰山上安祖坟，荫出盘蓝雷子孙，山上人多难做食，分掌潮州各乡村"，这些歌词记叙了龙麒王去世后，安葬在凤凰山，子孙分散到福建、浙江等地的过程。"盘蓝雷钟一宗亲，都是广东一路人"，这句话说的是畲族四大姓，无论分布在闽浙赣的哪个地方，都是从广东迁徙分布出去的。除了《高皇歌》之外，闽浙赣的畲族祖图前言和族谱的修撰说明中都有凤凰山是祖居地或发祥地的记载。正是因为《高皇歌》中畲族始祖葬于凤凰山的传说，所以全国各地的畲族都口耳相传凤凰山上有古墓。

早在 20 世纪五六十年代，我国开展民族识别大调查时，很多到闽浙一带调研的专家就听到当地的畲族百姓说，畲族的祖居地是潮州凤凰山。

---

① 浙江省民族事务委员会编：《高皇歌》，中国国际广播出版社 2016 年版。

20世纪80年代之后，居住在闽浙赣的畲族百姓，多次组团到潮州凤凰山寻根访祖。尽管后来证明，已找到的墓并非畲族始祖墓，只是畲族历史上一位影响较大的祖先的墓，但并未动摇畲族人民祖墓在凤凰山的执念。2019年12月25日上午，海内外畲族宗亲代表首次齐聚民族发源地"寻根问祖"，以参观考察、祭祀祖先、文化交流和研讨等形式，参加了"首届中华畲族发源地潮州凤凰山文化交流会"。这是近年来规模较大的一次官方组织的畲族祭祖活动，强大的号召力证明凤凰山作为祖居地的认同感一直深植于畲族民众的内心。

除了口耳相传的历史记忆，在潮州凤凰山畲族中还保留着畲族的标志性文化事项"畲族招兵节"，这一仪式是融合了畲族图腾祭祀仪式和祈福仪式的大型民俗活动。20世纪80年代初，学者们在广东省畲族社会历史调查中发现，在罗浮山、九连山、凤凰山等地保存着独具特色的"招兵节"仪式，而在粤外的其他畲族分布区域并未发现此仪式活动。自2019年开始，笔者深入凤坪畲族村展开田野调查，发现"畲族招兵节"仪式在形成与发展中广泛地采借了道教文化、佛教文化和汉族地方文化，并用本民族的祖先崇拜信仰对采借来的异文化因子进行创造性重构。从采借与重构的角度，我们可以更清楚地洞悉粤东畲族文化与闽浙赣畲族文化"同中有异"、与周边民族文化"异中有同"的特点及原因。通过"畲族招兵节"，我们可以初步看到粤东畲族文化对闽浙赣畲族文化的影响因素及影响路径。

此外，粤东畲族还保留着祭祀畲族蓝姓始祖的"蓝大将军"出巡节。每年农历四月初九，河源市东源县漳溪镇都要举办"蓝大将军"出巡节，这在当地已有500多年的历史。如今，"蓝大将军"出巡节已被列入河源市非物质文化遗产名录，成为当地畲族独有的标志性文化事项，在全国畲族村寨中也是独一无二的。

总之，凤凰山是畲族发祥地的说法虽然并未为学界所论证，但学者们研究后也公认"凤凰山是畲族历史上曾经居住较长时间的地区"，吴永章先生曾撰文认为凤凰山是畲族迁徙过程中的"重要中转站和集结地"。在过去和现在都深植于畲族民众心中，并可以预期其会长期存在，并对以后畲族的文化重构发挥越来越重要的作用。

三　凤坪村畲族族源及概况[①]

（一）凤坪畲族族源

凤坪村地处丰顺县、潮安县、饶平县三县交界处，位于凤凰山北部，属梅州市东南部丰顺县管辖。全村总户数 155 户，有 910 多人，畲族同胞 600 多人，是梅州市唯一的少数民族聚居地。凤坪村在丰顺县的正东方向，距县城约 115 千米。这里地势较高，海拔 840 米，最高峰鸡公髻约 1320 米，气候寒冷，比山下潭江地区约低 2—6 摄氏度，冬季有霜，有时下雪。由于山多田地少，中华人民共和国成立前，村民粮食不够吃，过着半年番薯半年粮的生活。但高山的气候使得该村长期处于云雾缭绕的状态，正所谓"山高云雾出好茶"，这里历来盛产好茶。

凤坪村，历史上称"周公坳"，传说过去因有周姓人居住而得名；以后又叫"梨树下"，传说有戴姓人曾居于此。畲族人民来到此地时，已有"风吹礤[②]"之名，据说是因水口（即村口）向着东北方向，北风呼啸而得名。民国时期，这一代长出了许多苦竹，故又称"苦竹洞"。中华人民共和国成立后苦竹枯萎，因其是凤凰山麓下的一块小盆地而改名为"凤坪村"。

凤坪村畲族现保存有两本族谱，一本是光绪戊申年桂月春园手抄的历代族谱——"汝南堂长房族谱"，现由潭江公社卫生院医生蓝瑞堂收藏；另一本是 1959 年 4 月 12 日的手抄本，由村民蓝木见收藏。从族谱和当地传说看，凤坪畲族祖公是从江西、福建等地迁来，来时只有父子二人，而他的老婆及儿子仍留在祖宗家乡。其开山祖之墓葬于青麻园四炽坑角湖头，墓碑上刻"显始祖蓝公之墓"，乾隆丙辰孟春吉重修，大二三房子等等同立。

[①]　本部分内容的撰写参考了《广东省畲族社会历史调查资料汇编》，1982 年 11 月广东省民族研究所编印，特此说明并表示感谢。具体见参考一：1976 年 8 月 27 日，丰顺县委统战部调查而撰写的《丰顺县潭江公社凤坪畲族大队情况》（摘编），《广东省畲族社会历史调查资料汇编》，第 23—24 页；参考二：朱洪、李筱文调查整理《丰顺县凤坪村畲族社会历史情况调查》（1982 年 5 月 20 日），《广东省畲族社会历史调查资料汇编》，第 45—55 页。

[②]　方言音，音寨（zhài），客家地区地名常用字，意为高大的石壁悬崖。

据族谱记载，其祖宗盘瓠王据"会稽山七贤洞幽岩偏僻之处，永免杂役，系抚安乐，代代子孙不纳粮税，不与庶民交婚，无占庶民田土，望青山刀耕火种、自供口腹及赐木弩游猎为生"，说明当时畲族的祖先在会稽山一带活动。从一世祖至二十六世祖都被皇帝敕名为名官大将。到了二十七世祖，则"此始祖公在福建江西出外以来，离祖姚子，未知漂流到广东潮州府丰顺县比胜社官溪甲风吹磜创肇基，当时意欲出外求利营生，未知游到此地不能回家，亡了祖宗别了故里"。汝南堂长房流落到凤坪后重立族谱，从一世祖起至今已有十八代人（第十八代人最大约 14 岁），族谱记载到凤坪的第八世祖亦茂公蓝开二十五郎，生于乾隆甲子年（1744 年），卒于嘉庆丁丑二十二年（1817 年）。如果以一代 25 年为标准，前七代人共 175 年，从八世祖诞年向上推算 175 年，测得畲族来到凤坪的时间约是公元 1569 年，即明穆宗朱载垕隆庆己巳年。

参照族谱记载推断，他们到达凤坪前已有二十六代，也以 25 年为一代计算，共 650 年，从到凤坪之日即 1569 年向上推算 650 年，可得知大约在五代十国（919 年）以前，畲族就活动在福建、江西和广东三省交界部分山区。

凤坪村还保存着祖公图一卷和两张祖公当上清朝官员的画像。祖公图的内容与凤凰山各处的大致相同，"附王原系东海苍龙，出世于大耳婆左耳"，后助高辛皇帝除患得与公主成婚，"生得三子一女"，皇帝赐姓盘蓝雷钟。凤坪蓝氏畲族，从六世至十三世生前排的字辈是：友、元、奕、世、德、如、真、全，十四世后即在中华人民共和国成立后，已不再循此规定了。早年凤坪村曾有传说，雷姓畲族原居石屋，石屋就在凤凰山下。后有学者虽在凤坪村找到了石屋，但当地人说此石屋以前并非雷姓人居住，与畲族无多大关系。至于石屋到底是什么人住过，当地人表示说不清楚了。凤坪村钟姓并不是畲族，而是从广东大埔桃源迁来的汉族，距今已有十六代。

凤坪村风景优美，有古树、奇石、飞瀑，还流传着很多美丽的传说。老人们说早年凤坪村有许多山羊在此出没，畲族祖先盘瓠王当时在这一带打猎，曾在凤坪村上村的一个大型石洞中居住过，村民们还确切地指出了山上有个大型山洞，并认为凤坪畲族村的大型石洞就是盘瓠王当时打猎居住过的地方。此外，凤坪畲族村是梅州市唯一的少数民族村落，保留着畲族标志性文化元素，如畲族山歌、畲族舞蹈、畲族招兵仪式等。

（二）凤坪村的现状

凤坪村山多耕地少，中华人民共和国成立前，凤坪畲族人民生活十分艰辛，过着半年番薯半年粮、半饥半饱的生活。中华人民共和国成立后，在党的惠农政策的引领下，凤坪村老百姓立足本村发展实际，自1980年开始改变"以粮为纲"的发展方针，决定走发展茶产业脱贫致富的路径。今天的凤坪畲族村社会经济已经得到了全面发展，茶产业已成为凤坪村农民的主要经济来源，该村现有茶园1万多亩，年产20多万斤干茶，人均年收入达到8万元。

伴随着经济发展，凤坪畲族村的村容村貌发生了巨大的变化，村民的生活质量显著提高，生活环境明显改善，社会主义新农村的建设也初具规模，一个乡风文明、村容整洁、环境优美的新农村正在形成。近几年，在省市级党委和政府的支持下，凤坪村的基础设施建设有了较大的发展，已经完成茶园路186线1.2千米的道路扩宽工程，解决了村民生活、生产的交通不便问题，也为招商引资奠定了坚实的基础。同时，丰顺县和潭江镇两级政府的指导和要求，根据凤坪村的地理优势和地形地貌特点，凤坪村政府制定了未来十年发展的远景规划，拟通过畲族特色文化村的优势，带动茶产业及文化旅游相关产业的发展，进一步提高村民的经济收入。

在积极发展社会经济的同时，凤坪村也开始认识到本村拥有的独特的民族文化资源，开始筹建畲族特色文化广场、畲族文化活动中心、畲族文化馆等，致力于抢救、挖掘、整理、保护和传承畲族特色的山歌、舞蹈、服饰等传统文化。自2019年凤坪村启动"打造中国畲族故里"仪式以来，凤坪村日渐声名远播，越来越多的人了解到了凤坪村独特而内涵深厚的畲族文化，纷纷慕名而来，凤坪村的畲族文化正迎来全面复兴发展的新阶段。

第 二 章

经济发展

　　新中国成立前凤坪村的社会经济发展状况鲜有文字记载，偶有三两句介绍性话语散见于地方史志中。因此，对凤坪村传统的生计方式及发展阶段，只能通过新中国成立后民族大调查的资料及对村里年长者的访谈内容来进行演绎。据此，笔者将凤坪村经济发展粗略分为四个阶段：新中国成立前的传统经济发展阶段；新中国成立初期至 20 世纪 80 年代初的计划经济发展阶段；20 世纪 80 年代初至 2014 年的乡村经济变革阶段；2014 年至今的乡村经济跨越式发展阶段。这种分段方式若从时间长短来考量，显然对新中国成立前的发展阶段太过笼统，似乎从时间长短来看不合理，但其实恰恰反映了我国大部分边远山村发展的实际。因为很多地处偏远的传统村落，在新中国成立前的漫长历史时期，传统的生计方式一直没有变化或变化甚微，新中国成立后，尤其是改革开放之后的发展却呈现出日新月异的局面。

一　新中国成立前凤坪畲族村的传统生计方式

　　唐朝刘禹锡《竹枝词·其九》中曾言"山上层层桃李花，云间烟火是人家。银钏金钗来负水，长刀短笠去烧畲"。"畲"在古代又指"刀耕火种"，"刀耕火种"是畲族最早的一种游耕生计方式，畲族的族称也因此得名。畲族民众在漫长的历史发展进程中，曾长期过着山居游耕生活，在积极适应山居环境的过程中发展出了一系列山居生计方式，这些生计方式与山林环境密不可分，蕴含了他们适应自然生态的淳朴智慧。

　　新中国成立前，凤坪村生计方式以粮食种植与烧炭为主，以砍茅草编席子、茶叶种植、家禽养殖为补充。早期的畲族人民的生计模式以单个家庭为主，这一生产方式决定了其较少组织性与合作性，生产力水平较低，只能勉强自给自足。由于凤坪村历史上较少进入文字资料记载，但其隶属的潭江镇却在地方史志中偶有提及，因此从潭江镇的经济发展状况中我们可以依稀窥见凤坪村早期经济发展状况。据《丰顺人文录》① 记载，潭江镇的农业开发始于明朝嘉靖年间，而凤坪村最早有人迁入则是在明末。据此我们推测新中国成立前凤坪村人民的生计方式以农业为主，主要种植水稻，其次种植部分旱地，还有砍柴、烧炭等副业生产，而这一点又恰为《广东省畲族社会历史调查资料汇编》② 所印证。

（一）种植业

凤坪村地处韩江中游，新中国成立前凤坪村耕地面积约有 300 亩，横跨韩江东西两岸，大部分属酸性土壤。尽管土地面积不少，但是凤坪村畲族民众长期处于忍饥挨饿的状况。主要原因有两点。

第一，凤坪村气候温和，四季雨水充足，但因整体海拔较高，且以山地为主，因此热量不足，并不适合水稻的生长和培育。由于水稻产量不高，凤坪村的粮食无法满足人们的日常所需，需要大量种植番薯作为重要的粮食补充。由于番薯易于成活且产量大，因此成为畲族最常见的种植物。在全国各地的畲族民众中，都流行着"半年番薯半年粮"的生活方式，"番薯丝饭"在新中国成立前也是凤坪村畲族餐桌上的主食。

第二，封建土地私有制使畲族民众基本处于少地和无地的状况，畲族民众承受着地主阶级深重的压迫和剥削。在 20 世纪 50 年代初土地改革时期，凤坪村的 29 户农民中，其中"中农 4 户、贫农 24 户、雇农 1 户"③。除了山地地形不适合发展水稻种植外，封建的土地私有制使得有限的粮食产出流到地主手中，进一步加剧了粮食的短缺。在保甲制度和封建土地私有制严重限制生产力发展的背景下，经济发展的风险被全部转移到了小自

---

① 丰顺县史志办公室：《丰顺人文录》，羊城晚报出版社 2017 年版。
② 广东省民族研究所：《广东省畲族社会历史调查·资料汇编》，1983 年，第 10 页。
③ 《中国少数民族社会历史调查资料丛刊》修订编辑委员会：《畲族社会历史调查》，民族出版社 2009 年版，第 28 页。

耕农和半自耕农身上，凤坪村畲族背负了沉重的负担。1943 年的全国性大饥荒，凤坪村遭受了沉重打击，村民只能以逃荒的形式来躲避饥荒的威胁。[①] 村民 LMJ 曾讲述新中国成立前凤坪村人们生活状况："过去苦的很。村里的大户要抽税，保长要抽丁、抓壮丁，镇上县里做官的也要下来抓人、抽丁、抽税，抽不出就打人抓人。平时还能吊一口气，要是碰上日子不好，就要出人命了。"

（二）狩猎

狩猎是山居民族生计方式中的一种类型，与农耕同样重要。在畲族早期"游耕"发展阶段，狩猎对畲族生产和生活具有重要意义，一方面可以消除野兽对庄稼和村民生命的威胁，另一方面能为畲民们提供肉食。由于狩猎具有一定危险性，且猎取猎物常常需要运气，因此早期畲民在狩猎活动开始前往往要先祭拜"狩猎先师"（有时称狩猎先公），据说祭拜的目的是让猎人在狩猎过程中获得好运气和足够的勇气。随着畲民逐渐从"游耕"发展阶段走向"定耕"发展阶段，家禽饲养业逐渐发展起来，为畲民提供了稳定的肉食供应。与此同时，伴随着农耕技术的提高，粮食种植的产量更大程度地满足了畲民的日常所需。狩猎的重要性逐渐下降，从主要的生计方式逐渐转变为农闲时的补充性生计方式。祭拜"狩猎先师"的风俗虽然保存下来，但其功能和意义已经迥异于传统，祭拜目的转变为祈祷风调雨顺、农业丰收。新中国成立后，原本无地少地的村民都分到了田地，且随着生产力的发展，田地的粮食产量有了大幅度提高，狩猎逐渐从一种补充性的生计方式转变为一项村民偶尔为之的娱乐性活动。因此，人们也不再频繁祭拜"狩猎先师"，只在凤坪村畲族"招兵"仪式中，仍然保留了这一程式化习俗。

（三）副业

新中国成立前，凤坪村畲族生活较为艰苦，家庭生计方式主要以粮食生产为主，但产量却不高，难以维持温饱。为了增加家庭收入来源，凤坪村村民长期以烧炭、砍茅草（编席子）等为副业。除此之外，凤坪村畲

---

① 丰顺县地方志编纂委员会：《丰顺县志》，广东人民出版社 1995 年版。

族还在房前屋后、田间地头种植少许茶叶，供家庭日常生活所用，多余的也出售或换取其他生活物资。新中国成立后初期，凤坪村的这些传统副业仍然延续了较长一段时间。

访谈2—1：村民LPY（女，81岁，茶农；访谈时间：2020.7）

问：您是几岁开始帮家里做事呢？

答：6岁就开始了。那时候家里苦得很，7个小孩，我是老四，下面3个弟弟妹妹我也要带。每天就是背着小的在家里顾家，山上捡柴捡到天黑，全家的饭都要做。家里大人都在种稻谷交租子，烧炭卖钱，割茅草编席子。

问：有没有种茶呢？

答：老房子旁边种了一片，基本就自己喝，多出的一点就拿去卖钱。

二　新中国成立初期计划经济时代的生计方式

新中国成立后的初期，凤坪村的传统生计方式依然延续了一段时间，以种植业和烧炭业为主。1950年，在党中央的领导下，全国展开了轰轰烈烈的土地改革运动，通过打土豪、斗地主、分田地，历史上无田少田的畲族百姓终于实现了"耕者有其田"的梦想，生产积极性被极大地激发。1955年2月25日，《中共中央关于在少数民族地区进行农业社会主义改造问题的指示》发布后，各地畲族人民按照由低到高、由小到大的原则实现了人民公社化，生产资料所有制从个体私有制转变为社会主义集体所有制。两次变革不仅使凤坪畲族人民翻身成为土地的主人，还克服了个体劳动带来的劳动力不足等困难，粮食种植产量有了很大的提高。

（一）农村集体经济

完成农业的社会主义改造之后，凤坪村共分为4个生产队，第一、二队全为畲族，第三、四队为畲汉两族组成。1967年，凤坪村耕地面积共有374亩，其中水田320亩，旱地54亩，山林面积约3000多亩。①

---

① 广东省民族研究所：《广东省畲族社会历史调查·资料汇编》，1983年，第23页。

据《丰顺县志》《潭江人文志》等相关资料记载，新中国成立初期的一系列生产关系变革，使凤坪村不合理的生产关系得到改变，套在农业和农民身上的千年枷锁被打破，凤坪村的集体经济焕发出蓬勃生机。

1952 年的"查田定产"，拉开了凤坪村农村合作社建设的序幕。获得土地的农民组织起来重新分配了生产工具，政府也因势利导、号召农民根据就近原则，形成了连片农民组织的互助组，组员在早春翻田备耕、播种插秧，到夏收夏种、秋收冬种等全过程中互帮互助，良性整合了村民的生产力，构建了新的村民关系。

1953 年，凤坪村互助组转为初级农业合作社。初级农业合作社由数个互助组组成，社机构由社长、副社长、财会人员、记工分人员、保管人员等组成，实行社长负责制，指挥全社的生产。个体的生产资料、耕牛、农具（犁耙辘轴）一律折价入社，归集体所有。

1956 年，凤坪村的初级农业合作社升级为高级农业合作社。1958 年，潭江片、大胜片、官溪片的高级农业合作社合并成为潭江人民公社。公社化期间，有能力的社员组织了缝纫队、木匠队、泥匠队等，满足了社员的日常生活需求。

在这一时期，凤坪村围绕农业生产展开了一系列的农业技术改造，其中包括用电动脱粒机代替徒手绞打禾机和脚踏打禾机进行脱粒；用牛犁耙田和机械打田取代手动翻土；用大田播种田畦和尼龙育秧取代秧盘育秧；用直身抛秧取代弯腰弓背插秧；用国家统一培育的良种取代古老自留良种法。但是，从1958 年至1979 年的二十多年间，受"左"倾思想干扰，凤坪村片面强调以粮为纲，其他农副业基本停滞，同时粮食产量增长缓慢。1976 年凤坪村粮食总产量为 9.83 万斤，1977 年 12.89 万斤，1978 年 15.84 万斤，1979 年 14.3 万斤。

（二）饲养业

这一时期，村民将主要的劳动力都投入到粮食种植中，荒废了传统的林木和茶叶种植。因此，尽管这一时期村民的温饱问题基本得以解决，但家庭经济收益增长却很慢。为了弥补日常生活之需，村民们在自留地上种植蔬菜并养殖家禽家畜，养牛和养猪是其中最重要的内容。凤坪村地处岭南山区，除河谷外少有平地，不适合农业机械作业，因此耕牛在粤北山区不可或缺。喂食牲畜的米糠、木薯等饲料主要出自自家的自留，无须过多额外的人力和物力投入，因此猪、牛的养殖业便在计划经济时期的凤坪村发展出一定规模。

村民一般将自家房屋侧面的工具间用来修建饲养牲畜的猪圈或牛圈，也有一些村民在自留地修建猪圈或牛圈。据村民 LTZ 所述，他们家兄弟多，自留地连成一片，有足够的空地修建猪圈，因此他们家的猪圈建在了菜地里，而非住房边上。这样做的好处是，一方面让家人远离猪圈的恶臭，另一方面可以便捷地将猪粪清理至菜地作肥料，可谓一举两得。

（三）烧炭业

新中国成立之初的计划经济年代，烧炭仍是凤坪村最重要的副业之一。在传统社会，人们对木炭的需求量很大，一方面因为木炭是土灶的主要燃料，另一方面因为山区冬季长且寒冷，木炭也是手炉的主要燃料。20世纪 80 年代前出生的凤坪村民都曾参与烧炭，烧炭业在凤坪村村民的记忆中留下了深深的烙印。烧炭不受季节限制，一年四季均可进行，人们可以根据自己的忙闲时段自由安排这一副业。一般 10 天可以烧出一窑木炭，一窑木炭大约有 6—10 担，合三四百斤。凤坪村的木炭除了极少部分供自家生活所需外，大部分售卖至周围的集镇及潮州市区。随着时代发展，烧炭业的弊端日渐暴露，一则太过辛苦，二则对生态环境破坏极大，因此这一副业逐渐被凤坪村人淘汰。今天，液化天然气已经进入千家万户，凤坪村的烧炭业已彻底销声匿迹了。

访谈 2—2：村民 LZX（男，45 岁，茶农；访谈时间：2020.7.19）

问：在您记忆中，烧炭是怎样的？烧炭有季节限制吗？

答：和我年龄差不多大的基本都烧过炭，那时候我们一年四季都要烧，下雨天也要烧。当时一窑能烧三四百斤（木炭），要烧 10 天才可以出炭。

问：烧的木炭能卖多少钱呢？自己家里面用多少呢？

答：100 斤卖 6 块钱——应该是 30 年前了——后来贵的时候能卖到 8 块钱。全都是拿出去卖的，没有自用的，家里面就捡些树枝来烧火。

总之，新中国成立后的初期，社会主义生产关系给传统落后的凤坪村注入了生机和活力，凤坪村的种植业，尤其是粮食种植业得到了较大的发展。但是，初期"以粮为纲"的发展方针在一定程度上忽略了传统山居农业的多样性，不利于凤坪村社会经济的全面发展。同时，计划经济在发展初期，解决了单门独户的农户经营中合作不够的问题，在短期内释放了农业合作社的生产积极性，但很快又显示出其制约劳动者主观能动性的弊端。总之，这一时期凤坪村的农业经济得到了一定程度的发展，村集体资产有所增长，为乡村基础设施的发展提供了经济支持；但由于生产力发展水平仍然处在较低的阶段，虽解决了温饱问题，但距离社会经济的全面发展提高还有很大差距。

三 改革开放至 2014 年快速发展阶段

1979 年 7 月 15 日，中央正式批准广东、福建两省在对外经济活动中实行特殊政策、灵活措施，拉开了中国改革开放的历史大幕。这一重大的政策调整为凤坪村经济发展送来了春风，这一时期凤坪村经济出现了两大特点。一方面，外出务工逐渐成为凤坪村的主要生计方式，青壮年劳动力大量进入城市务工，"打工"收入成为村民经济收入的主要来源；另一方面，凤坪村荒废已久的茶叶种植在政府的支持和引导下，逐渐恢复并走上规模化发展道路，日渐成为凤坪村经济发展的支撑性产业。

（一）外出务工

凤坪村所在的粤东地区，处于改革开放的前沿阵地，凤坪村村民也因此得风气之先，率先迈出久困于山地的双脚，成为我国最早一批城市农民工。凤坪村的务工潮兴起于 20 世纪 80 年代初期，到 20 世纪 90 年代末期达到高峰。在这一时代背景下，凤坪村村民外出务工经历了从"零星"到"团体"的规模性变化，人口外流数量与日俱增，直至 90 年代出现了村落"空心化"的发展趋势。具体而言主要分为以下几个阶段。

1. 80 年代初期到 80 年代中期：零星进城务工阶段

自 20 世纪 80 年代后，随着我国沿海开放城市的设立，广东省的工业化、城镇化进程推进迅速，城市对劳动力的需求量日渐增大且迫切，深圳和广州成为第一批外出务工村民的目的地。囿于信息和交通条件的限制，大多数村民对即将进入的城市仍心存恐惧和疑虑，担心贸然放弃农业生产进入城市会导致居无定所且生活无保障，因此只有极少数具有冒险精神的村民选择了进城务工。绝大多数村民仍固守农村，继续沿袭传承千百年的传统山居生活模式，依然靠种植水稻、烧炭、砍茅草维持生活。与此同时，谭江镇政府开始复兴凤坪村的茶叶种植，引导村民有步骤地复种被抛荒的茶园，为凤坪村特色产业的发展打下了基础。

在这一时期的凤坪村处在一个新旧思想交锋的发展阶段，村民一方面在传统文化的禁锢下趋于封闭自守，另一方面感受到改革开放的时代气息，对新生活跃跃欲试。积贫积弱的经济基础仍然严重阻碍着凤坪村社会经济的发展，村民的生计方式仍以传统的粮食种植为主，辅之以烧制木炭、饲养牛羊等。在这一时期，公路、桥梁、小水电站等基础设施建设已经初见成效，这为未来凤坪村实现跨越式发展奠定了坚实的基础。

2. 80年代中期到80年代末期：小规模进城务工阶段

到20世纪80年代中期，凤坪村第一批外出务工的村民经过几年的奋斗，积累了一定财富返乡盖房或投入生产，这些"成功者"虽然人数少，但对固守农村且处于贫困的村民造成了极大的震撼与冲击。打工致富的先行者在凤坪村产生了良好的示范效应，使得一部分留守固穷的村民改变了等待观望的态度，加入到外出务工的队伍中来。与此同时，政府推广特色茶产业的举措也在有条不紊地展开，茶叶种植在提高家庭收入方面初见成效，这使得留守的年长村民和女性村民对发展茶产业充满了信心。但从成年劳动力的年均收入来看，茶叶种植获得的收入仍然远低于外出务工收入，因此村民仍将外出务工视为职业第一选择，茶叶种植只是粮食种植的补充。总之，20世纪80年代中期到80年代末期，凤坪村家庭的主要生计模式是：老人与女性留守乡村种植粮食与茶叶，以满足日常生活的需要与小额家庭开支；青壮年劳动力则常年进城务工，其收入为家庭财富累积和大额开支的主要来源。

3. 80年代末到90年代中期：大规模进城务工阶段

1984年国家发布了《中共中央关于经济体制改革的决定》，我国中小城市经济生产的潜力被激发出来，珠三角地区的城镇化和工业化趋势明显加强，梅州市区、丰顺县城和凤坪村邻近乡镇出现了一批工矿企业，为凤坪村村民提供了近距离就业岗位和工作机会。这一时期村民们除了进厂务工之外，还可以进城从事餐饮等服务业。由于距离近且工作岗位多样化，凤坪村村民开始大规模地加入打工大潮。尤其餐饮服务业的兴起，使凤坪村妇女也能在城镇实现就业，因此这一时期只有部分年老体衰的村民及儿童留守村中，几乎所有的青壮年劳动力都进入城镇。

与此同时，已经开始起步的茶叶种植，在凤坪村稳步推进。由于种茶制茶是凤坪村村民世代相传的生计方式，这种生产技能几乎是与生俱来的，无须另外专门学习，因此即使是年老且文化程度不高的村民也完全可以胜任。这一时期，政府为了提高制茶效率，开始引导村民使用制茶机器，使制茶从纯手工向半机械化方式转化，大大减轻了种茶制茶的工作强度。总之，这一时期的凤坪村，尽管大部分青壮年劳动力涌入城镇，少部分年老劳动力留守乡村发展茶产业，但因为外出务工的地点离家很近，青壮年劳动力经常在种茶制茶繁忙的季节返乡帮忙，可以兼顾茶叶种植和外出务工，因此在乡村出现"空心化"倾向时，茶产业的发展依然稳步向前推进。

4. 90 年代中期到2014 年：进城务工高峰阶段

从 90 年代中期开始，凤坪村不再征收农业税，粮食生产的压力大大减轻。同时，以广州、深圳为首的大城市步入了发展的快车道，并带动珠三角城镇工业的迅速增长，连带梅州市和丰顺县的城镇工业也得到了长足发展，凤坪村周边市镇增加了大量就业岗位。这一时期外出务工的收入仍然远远高于在家务农和种植茶叶，因此去城市打工依然是凤坪村民的首选生计方式。由于大量劳动力外流，凤坪村的村落"空心化"特点十分显著。

访谈2—3：村民 LXX（男，44 岁，茶农；访谈时间：2020.7.19）

问：您是哪一年出去打工的？

答：我十几岁就跑出去了，大概是香港回归那几年了。我们这里九几年、零零年出去的人非常多，大部分人都走了，有的初中没毕业就跑出去了，有的高中一毕业就走了，大家都是往深圳那边跑。

农业税的停征是推动凤坪村村民外出务工的重要力量。据村民们回忆，凤坪村村民在1995—1996 年间已不再上交农业税，因此村民不再需要种植粮食以缴纳农业税，可以毫无牵挂地外出务工谋生。

访谈2—4：村民 ZZX（男，38 岁，茶农；访谈时间：2020.7.20）

问：请问您以前有没有经历过交公粮这个事情？

答：交公粮……有经过，知道一点点，每年要交固定数量的公粮或相应的钱，后来应该是我十四五岁的时候才不用交（公粮）了。

问：家里的田也是在那之后不种了吗？

答：对啊，（年轻人）都出去打工了，打工赚钱买米买菜，不用种田那么辛苦了。也就是从那时候开始，村里年轻人变少了。

这一时期凤坪村村落"空心化"特点十分显著，大量青壮年劳动力流入城镇，只在春节以及采摘春茶时出现短暂的回流。尽管城市的生活丰富多彩，但千百年来形成的安土重迁的文化积习，使凤坪村村民仍然对乡土社会充满眷念。很多村民在赚到钱后，选择返乡改造旧居、建新房、购置制茶机器、扩建制茶厂房等，人们的生活水平得到大幅度提高。

（二）外出经商

城镇化和工业化的快速发展在制造大量就业岗位、培养大批城市工人的同时，也刺激了民众的消费需求，大批村民看准商机，开始投入到城镇服务业和零售业中，凤坪村个体经营户数量快速增长。外出进行个体经营的村民，主要集中于餐饮、零售等行业，具体职业包括服务员、厨师、小贩、理发师和电子产品销售等。由于凤坪村这一时期的 BP 机和手机相关业务一度非常兴盛，所以被人们称为"通讯村"。无论是外出务工还是个体经营，其收入都远远高于种植水稻、烧炭和割茅草等传统生计方式带来的收入，也高于正在兴起的茶叶种植带来的收入。

访谈 2—5：村民 ZJX（男，38 岁，茶农，访谈时间：2020.7.23）

问：您最早是什么时候出去的，出去那会是做什么的？

答：我是澳门回归后两年，可能是 2001 年还是 2002 年，跟做工地的同村人出去的。我先到工地干了一个月，之后在餐馆做小工，之后去酒店做过。攒了一点钱后，我就和同村人一起做 BP 机，手机流行起来后，我就去做手机生意，卖卡、卖号码，后面卖电池、手机屏等配件。智能机出来后，我还做过两年贴膜。

除了部分村民外出经商外，这一阶段还出现了已经"跳出农门"的凤坪村人经商，他们或者在本职工作之外兼营副业，用以补充体制内收入的不足；或者完全放弃体制内的稳定工作，转而经营个体农业。村民 LML 就是其中的代表：

访谈2—6：村民LML（男，50岁，个体户，访谈时间：2020.7.20）

问：您为什么要放弃公职，改行做生意呢？

答：放弃公职的主要原因就是工资低。前两天的社会新闻，九十几名研究员集体辞职，我看了很有感触。我当初也是啊，高级职称才一个月两千块的工资。不说我个人，整个教育行业的工资待遇都差，连（丰顺一中的）校长都没有小车，我是认识的老师里第一个买车的。我2008年在梅州买的房，靠那点工资连按揭都付不起。还有就是担心单位不允许老师做兼职，到时候待遇更差。我2011年开始递交辞呈，但教育局不批准，2012年下了死命令，不准我走；2013年教育局才放行。但我1991年中专毕业就开始做生意了。我师专有位同学，毕业后回他镇里派出所当了片警，后面做到了派出所所长。他家里有钱，朋友也有钱，就向我买了不少茶叶。茶叶的反响不错，之后又有不少人来我家买茶叶。当时大部分人家连摩托车都没买，还是骑自行车进来的。

问：您在师专的同学后来都做什么工作了呢？

答：大部分做老师，小部分考了公务员，极个别家里有钱的毕业就当了老板。还有个同学脑子比我还灵活，他建议我向单位兜售茶叶，单位出手阔绰，从那时候开始生意就慢慢起步了。我前两年盖了新房子，主要是靠卖茶叶攒的钱。我前几年从潭江中学辞职的时候，一个月工资才两千多，出来做生意一个月挣得少也有五六千，多的能上万，待遇比教书好多了。

（三）特色茶产业

1.80年代初期茶叶种植的恢复期

凤坪村茶叶种植历史悠久，但粤北山区恶劣的自然环境和落后的交通条件，限制了凤坪村的对外交流，因此传统社会中茶叶种植主要满足村民日常生活需要，只有多余的部分才与附近的汉族以"物物交换"等方式换取生活必需品。尽管凤坪村的乌龙茶有优质的品质，但"养在深闺人未识"。在传统社会中，规整的较大面积的田地主要用来种植粮食，只有不适合种粮食的高山林地或房前屋后、田间地头的零碎空地才会种茶树以自给自足，凤坪村的村民并无扩大茶叶种植的先见，也无扩大茶叶种植的动力。

　　从1982年到1984年，党中央连续3年都以"一号文件"的形式，对包产到户、包干到户的生产责任制给予充分肯定并在政策上积极引导。"家庭联产承包责任制"成为那一时期我国农村的主要生产方式，是指农民以家庭为单位，向集体经济组织承包土地等生产资料和生产任务的农业生产责任制形式。在此背景下，凤坪村在80年代初期也开始实施家庭联产承包责任制，村民获得了生产和分配的自主权，可以自主选择种植农作物的种类。在乡镇干部的倡议和引导下，凤坪村开始尝试恢复传统的茶树种植，并且引进了新的茶树品种。乡镇部门鼓励和倡导村民减少水稻种植面积，扩大茶叶种植面积，希望能借此引导凤坪村走上特色产业的发展之路。凤坪村生产结构开始由"以粮为纲"转向"以茶为主"。

　　但种植业的转向开始并未引起村民的广泛认同与积极参与，村民一方面担心粮食产量下降会影响温饱，另一方面又担心茶树种植失败或茶叶销路不畅影响经济收入，所以大部分村民处于观望状态，不愿意将稻田改种茶树。在镇干部的反复动员下，一部分村民在一年只能收一季的"一季田"中试种了茶树，结果茶树长势良好，很快就给茶园主人带来了可喜的经济收入。茶叶种植的初步成功打消了村民的犹豫和顾虑，更多村民开始主动将原本种粮食的田地改种茶树，特色茶产业从零星种植走向规模化发展，从自给自足转向对外销售。据村民ZXX说："国家80年代就开始倡导我们种茶，90年代出台了优惠扶持政策激励大家种茶，但那时候大家有很多顾虑，既担心粮食不够吃，又担心种的茶卖不出去，种茶的积极性并不高。"

　　访谈：2—7：村民ZXR（男，37岁，茶农，访谈时间：2020.7.21）

　　问：您还记得村子里刚开始试点种茶的景象吗？

　　答：我们以前种茶没（现在）这么多，种茶都是自己喝。我去打工之前，也插过稻秧、放过牛。大概是1980年，潭江（镇）书记说，你们凤坪村来做示范点，后来我们就都改种茶。刚开始村里一些人对种茶有意见，怕万一茶叶不好卖，稻谷又没种起来，那就连吃都没得吃了。后来全部种上了，一斤茶卖十几二十块，大家看效益很不错，就都开始种茶了，到现在都没人种田了。

　　尽管越来越多的村民看到茶产业的发展前景，开始试种茶树，但在很长一段时间内，凤坪村的茶产业仍然保持缓慢发展的态势。由于国家经济发展水平限制了茶叶的价格和消费量，因此单一的茶叶种植业尚无法支撑村民走上富裕之路。这一时期外出务工的收入不但远高于粮食种植，也高于起步阶段的茶产业的经营收入，村民仍然大量外出务工。

2. 90年代茶产业向规模化发展

90年代初期，随着改革开放带来了经济快速发展，人民生活水平的提高产生了对茶叶需求量的增长。丰顺县各级政府出台了一系列优惠政策扶持茶产业的发展，不仅为茶农免费提供茶苗，还为茶农提供专业的种植指导。在一系列鼓励政策下，部分勇于开拓且勤劳的村民开始规模化地种植茶树，逐渐走上了富裕之路。这些成功典范对村民产生了积极的激励作用，凤坪村村民逐渐认识到发展茶产业的重要性，看到了种植茶叶的前途。在访谈中，很多村民都谈到了国家的优惠扶持政策对村民发展茶产业起到了巨大推动作用，并肯定了基层精英在茶叶种植起步阶段的示范效应。

访谈2—8：村民LML（男，53岁，经商，访谈时间：2020.7.21）

问：您还记得以前当地政府是如何引领大家种茶的吗？

答：政府当初推广种茶也是花了大力气的，政府牵头开发，免费提供茶苗给村民种植，还是有村民不愿意（种茶），（村民）都担心茶叶没销路嘛。这件事上，大家是要感谢政府的。我们村子这两年就发展很好，除了政府作用外，好的带头人也很重要。

访谈2—9：村民ZYM（男，56岁，村主任，茶叶合作社社长，访谈时间：2020.7.22）

问：早期政府对茶叶种植有哪些支持政策？

答：早年免费发了茶苗，派人来指导大家种茶。后来大家的积极性被激发之后，就开始把荒山开垦为茶园。这两年开发了不少荒地，茶园面积增加了很多。

问：山上还有没有荒山可以开垦茶园的？

答：有。我有朋友问我要不要一起搞，我不搞，太累了，受不了。开垦荒地需要投入，而且要种要管，需要很多人手，实在忙不过来了。

凤坪村茶产业后期迎来了较大发展，主要有以下几个方面的原因：第一，全国经济发展水平提高后，人们对茶叶品质要求增高，对茶叶的需求量加大；第二，村民中少数起步早的茶农已经获益，良好的示范效应极大地激发了村民种植茶产业的积极性，吸引了更多村民投入茶叶种植中；第三，村民早期外出务工攒下了发展茶产业的"原始资本"，能够负担修建茶叶生产的厂房、购买制茶机器、支付采茶工人的工资等。这一时期，凤坪村不但扩大了茶叶种植面积，茶产业从零星化种植向规模化种植发展，同时也实现了制茶技术从传统纯手工工艺向半手工工艺转变。与此同时，制茶机器的引入也改变了传统的生计方式，比如茶叶烘干机的使用，改变了传统制茶用木炭烤制的流程，使传统的烧炭生计方式从村民副业中消失。

这一时期，茶产业虽然稳步发展，但其收入还是低于外出务工和个体经营的收入，尚未成为凤坪村的支撑性产业。凤坪村的经济生产方式仍然以外出务工为主、个体经营为辅，由于大量青壮年外出务工，村庄已经开始出现"空心化"趋势。半自动化的制茶工艺使传统的制茶工艺更加精准可控，品质更稳定，也为后期茶产业的跨越式发展奠定了基础。

四　2014 年至今凤坪畲族村的跨越式发展期

随着珠三角实体经济发展放缓，外出务工收入的增速也逐渐放缓。与此同时，国家整体经济继续高速向前发展，市场对优质茶叶的需求量进一步增大。在此背景下，凤坪村村民发现留在村内种茶不仅可以获得比外出务工更高的收入，同时也能化解无法融入城市生活的焦虑感，让生活过得更加富足、更有归属感。2014 年之所以成为凤坪村实现跨越式发展的一个时间节点，是因为丰顺县和潭江镇出台了新的激励政策，鼓励在外经商小有成就的村民和受过高等教育的村民回家乡带动村民共同致富，两位新当选的村长和村委书记的返乡给凤坪村的发展带了新的契机。在他们的示范和带动下，大批村民选择重返乡村发展茶产业，这一切成为凤坪村茶产业跨越式发展的起点。

（一）特色茶产业成为经济发展的支柱

调研显示，凤坪村茶产业大规模发展是近十年的事情，尤其是 2014 年之后，凤坪村的茶产业迎来了跨越式发展。如表 2 - 1 所示，2014 年凤坪村茶园总面积约为 8800 亩，年产值 2028 万元，到 2019 年茶园总面积上升为约 15800 亩，年产值达到 5790 万元，2019 年茶叶种植面积较 2014 年增加了约 80%，年产值增加了 185%。如今，茶产业已经成为凤坪村畲族经济收入的主要来源，实现人均年收入约 8 万元。凤坪村真正实现了"靠山吃山"，把绿水青山变成了金山银山。据 2020 年 7 月调研显示，村民在广州市、梅州市、丰顺县城等地区购房的达 71 户，占全村总户数的 46%。

表 2－1　　丰顺县凤坪畲族村从 2014 年至 2019 年茶产业发展情况

年份	面积（亩）	产量（斤）	产值（元）
2014	8860	156000	20280000
2015	92000	170500	23870000
2016	10600	210000	29400000
2017	11600	236000	33040000
2018	12366	287000	45600000
2019	15800	386000	57900000

　　茶叶的采摘和生产受季节的影响很大，因此必须在短时间内尽快采摘"茶青"，并制作成"茶干"。茶叶采摘工作非常繁重，目前只能采取纯手工采摘的方式；而茶叶的采摘时效性很强，尤其是春茶，若不能及时采摘，则会迅速长大失去加工价值，因此茶叶的种植、采摘、加工等需要短时间内集聚大批劳动力。春茶是品质与价格最好的茶，因此春季是凤坪村的采茶旺季，也是凤坪村劳动力需求最旺盛的季节。随着产业规模的日渐扩大，雇工采茶成为凤坪村村民的普遍选择。每年春季来自福建、江西的采茶工人大批涌入凤坪村，呈现"抢收春茶"的繁忙景象。相对而言，夏茶的品质和价格都要低一些，夏茶能否全部采摘对村民的收入影响要小得多，因此，采夏茶的都是本村村民，一般不会雇用外地工人采摘，并且采摘时间的安排相对采摘春茶则要从容得多。

　　访谈 2—10：村民 LZA（男，40 岁，茶农，访谈时间：2020.7.22）

　　问：现在还在采夏茶的都是哪些人呢？

　　答：一般都是自家（人）去采（茶）。夏茶不像春茶，春茶是很快变老的，不快点采下来就不香了，采夏茶的话不用那么急。而且夏茶量没春茶多，另外花钱雇人来采茶没必要，就自己家里人采茶就好。

（二）专职的茶叶经销商出现

凤坪村茶产业发展的初期，每当"茶青"制作成"茶干"后，就有外地经销商来村里收买。随着"茶干"产量逐渐增加，部分茶农开始引进茶叶包装流水线，自己将茶叶装袋并放在门市店售卖，走上了自产自销的道路。由于省去了中间商赚差价，凤坪村村民的收入大大增加。当凤坪村茶产业出现跨越式发展后，茶叶产量也大幅度增加，凤坪村的部分村民开始专职销售茶叶，从茶农转变为专职的茶叶经销商，如凤坪村民 LML。

访谈 2—11：LZX（男，45 岁，茶农；访谈时间：2020.7.23）

问：除了等人来收茶外，有没有村民自己收茶自己出去卖的？

答：有的。有的村民做茶叶生意，会去其他村民家里收茶，像开小店那些人（包括外地店铺的经营者和村里小卖部经营者），现在都有发展去县城开茶叶店。以前我们做手机店，现在不好做，网购（手机）的多了，茶叶还是很少网购的。我们一般往福建跑，那边做茶时间久，很多福建做茶的我们都很熟。

（三）第三产业开始蓬勃兴起

近年来，丰顺县决心擦亮"凤凰山是畲族发祥地"的金字招牌，开启了"畲族故里"的打造工程，凤坪村畲族文化开始全面复兴。畲族文化的复兴，不仅为凤坪村茶产业发展注入了文化内蕴，提高了茶叶的销售价格，也提升了凤坪村及丰顺县的文化知名度，为民族文化旅游的发展及相关第三产业的兴起提供了契机。部分头脑灵活的村民敏锐地捕捉到文化发展蕴含的商机，开始致力于以文化旅游为中心的服务行业，如开办农家乐和民宿等，并尝试进行品牌化运营。当前，凤坪村的农家乐和民俗等产业尚处于起步阶段，客流量还十分不足，主要以来村庄收茶叶的经销商为主，偶尔有慕名而来凤凰山旅游的过路客。农家乐或民宿经营主要是夫妻为主的家庭经营模式，尚无外来资本的介入。村民 LML 从前是中学教师，从体制内辞职后经商，早期是茶叶经销商，后期准备发展与民族旅游相关的民宿和餐饮行业。LML 还将自家民宿和特色农产品"品牌化"，拟围绕茶叶文化和自然生态文化，结合凤坪村畲族文化，打造"畲山里"品牌。

访谈2—12：村民LML（男，53岁，商人，前中学教师，访谈时间：2020.7.23）

问：除了茶叶生意，您还有什么兼职吗？

答：我主要是做茶叶（生意）。我老婆以前在深圳做直销，卖化妆品、保健品等，在梅州开了几家店面，后来疫情暴发后就关门了。想着自家房子一直闲置着，本来准备把三楼装修一下，开个民宿，然后跟村里十几户人家一起搞一个能住宿、能吃饭的自驾游休闲驿站。之前农忙季节生意还是不错的，现在因为疫情的缘故生意冷淡了，厨师和小工都回家了。现在就是每天烤几只窑鸡，做点窑鸡盖饭给村里送外卖，等疫情过去再宣传一下了。

问：最近有什么打算呢？

答：我准备自己注册一个畲山里梅州旅游发展有限公司，把"畲山里"的牌子印到周边产品上，主营餐饮和旅游。"畲山里"寓意"畲族大山里"，努力把它打造成一个品牌。

此外，凤坪村还存在一些从事小商品销售的个体经营户，如居家开设的小卖部。这样的小卖部在凤坪村有4家，规模很小，主要售卖酒水饮料和日常生活用品。酒水饮料既包括从外面大超市批发回来的啤酒饮料，也包括村民自酿的白酒（村里称米酒）和"妇女酒"（一种黄酒或米酒）。相对于外来的啤酒和白酒而言，村民更倾向于喝自制的米酒和黄酒，因为既适合本地人的口感，价格也相对便宜。随着凤坪村村民拥有摩托车的数量与日俱增，交通变得越来越方便，村民们常常抽空到附近的镇上去集中采买所需的物资，所以村内小卖部的生意获利并不可观。

访谈2—13：ZZX（男，38岁，茶农；访谈时间：2020.7.23）

问：村里买东西一般去哪里？

答：这里（凤坪村）去买东西的话，一般是到潮州那边。潮州有个凤凰镇，东西比较齐全，吃的也很有特色。这里去潮州也不远，距离与潭江镇、留隍镇差不多。潭江镇、留隍镇、凤凰镇这三个镇都在（潮州和梅州）交界处嘛，县城就不怎么去了。

总之，此阶段凤坪村能实现跨越式发展的原因很多，是"天时地利人和"等共同因素作用的结果。一方面，党和政府历来重视民族乡村的发展，一直对民族乡村的发展提供优惠的政策，这为凤坪村的跨越式发展打下了坚实的基础；尤其是 2018 年"乡村振兴战略"提出后，凤坪村的发展更是迎来了前所未有的历史机遇。另一方面，凤坪村找准了适合本村发展的特色产业，成功地走上了特色产业振兴之路。研究表明，凤坪村的自然条件十分适合种植茶树，且有着悠久的种茶制茶历史，因此发展特色茶产业具有无法复制的优势。据说，在茶叶种植规模扩大的同时，也有村民尝试过种植果树，但最终因环境不符合而失败。

第三章

人口与流动

畲族是主要分布在我国东南沿海的少数民族，广东潮州凤凰山是畲族同胞公认的族群发祥地，研究表明畲族早在东汉时期就已聚居在广东潮州凤凰山地区，唐代至明代的史籍中也有关于广东畲族起义反抗的斗争史例。[①] 畲族人民过去因险恶的生态环境和艰难游耕生计以及历代统治阶级的压迫而不断迁徙，历尽千辛万苦才寻得深山得以安生。畲族早期主要生活在闽、粤、赣三省交界地带，经过不断迁徙，现在主要分布在闽、浙、赣、粤和皖几个省份，人口分布呈大分散、小集中格局。在传统社会中，由于统治阶级的压迫，加上生存条件艰辛、医疗条件落后，氏族宗法家庭、族内婚的观念束缚，畲族人口长期保持着低出生率、高死亡率的发展态势。新中国成立后，1954 年进行少数民族社会历史调查时，广东畲族人口总计 1321 人；1964 年第二次全国人口普查时，广东畲族人口上升到 1882 人；1982 年第三次全国人口普查时，广东畲族人口为 3205 人；1990 年第四次全国人口普查时，广东畲族人口有 26428 人；2010 年全国第六次人口普查时，广东畲族人口有 29549 人；2021 年全国第七次人口普查时，广东畲族人口有 4.21 万人。

一 人口现状

凤坪畲族村是广东省梅州市唯一的少数民族村寨。据记载，过去畲族人民由于久居深山，生产、生活和医疗条件都很差，人口数量少，1943

---

① 朱洪、姜永兴：《广东畲族研究》，广东人民出版社 1990 年版，第 72—73 页。

年闹饥荒，凤坪村就饿死 22 人。① 新中国成立后，在 1954 年进行畲族社会历史调查时，丰顺县凤坪畲族村总计 32 户，151 人；2020 年 7 月进行田野调查时，凤坪畲族村下辖 4 个村民小组，共有 153 户，778 人，其中畲族有 107 户，608 人，占全村人口的 78.1%。

（一）人口结构

人口结构是指人口总体内部各种属性的数量与比例的关系，是反映一个国家或地区人口的年龄状况、性别状况、社会状况等重要标志。② 依据年龄、性别结构对凤坪村人口数量进行统计（如表 3 – 1 所示），可以发现，凤坪村年轻人口较多，性别比例均衡。

表 3 – 1 　　　　　　　　　　　凤坪村人口年龄分布表

年龄	性别		合计
	男	女	
10 岁以下	94	83	177
11—20 岁	65	67	132
21—30 岁	52	56	108
31—40 岁	65	74	139
41—50 岁	35	42	77
51—60 岁	38	37	75
61—70 岁	26	14	40
71—80 岁	7	8	15
81—90 岁	5	9	14
91—100 岁	0	1	1
合计	387	391	778

1. 人口年龄结构

人口年龄结构也称为人口年龄构成，是指一定地点、一定地区各年龄组人口数在全体人口中所占的比重。③ 年龄结构是民族人口构成的重要内

---

① 朱洪、姜永兴：《广东畲族研究》，广东人民出版社 1990 年版，第 72—73 页。

② 才让加：《中国少数民族地区人口经济研究》，民族出版社 2007 年版，第 147 页。

③ 田雪原：《人口学》，浙江人民出版社 2004 年版，第 291 页。

容，也是人口发展状况的标志。国际上通常根据少年、青年、老年之间比例关系作为人口年龄构成的指标和标准，将人口年龄结构类型划分为年轻型人口，即增长型；成年型人口，即稳定型；老年型人口，即缩减型。一般认为0—14岁的少年占总人口的比例达到40%以上是年轻型人口，60岁及以上人口占总人口的比例在10%以上，或65岁及以上人口占比7%以上为老年型人口。

据调研资料统计，凤坪村20岁以下的青少年有309人，占全村总人口的39.71%；61岁以上老年人口有70人，占全村人口8.9%。依据各年龄段的人口数量来绘制凤坪村人口年龄性别金字塔（如图3-1所示），可以从中看出，金字塔呈现下宽上窄的形状，成年人口较多，少年儿童比例高，目前尚未出现老龄化问题。这表明凤坪村人口年龄结构介于增长型和稳定型之间。

年轻人口为乡村发展提供了充足的劳动力，有利于乡村社会经济发展，也有利于畲族传统文化的传承。但青少年人口基数大的社区又会面临许多发展中问题，比如青少年数量多，育龄人口群体大，在生育率水平不变的情况下，未来人口增长速度必然较快，由此会带来青少年的抚养、教育、就业和住房等一系列问题和矛盾。在其他传统少数民族村寨中，人口年轻化的现象并不常见，凤坪村出现这种现象的主要原因在于2014年后兴起的规模化茶产业，使得劳动力需求急剧增加，良好的种茶收益吸引在外打工的年轻人积极返乡参与家乡经济建设。总之，凤坪村当下正处于充满活力、蓬勃发展的时期。

2. 人口性别结构

人口的性别结构是指在一定时间、一定地区男女两性在全体人口中的比重，通常用百分比来表示。[①] 人口性别结构的测量方法主要是性别比和出生婴儿性别比。性别比也叫性比例，分为男性比和女性比两种。联合国规定使用男性比作为测量性别比的方法，即同一年龄组内每100位女性所对应的男性数量。出生性别比值在102—107范围内被国际社会公认为正常值，在其他范围内则被认为异常。

根据调研数据绘制凤坪村性别比例饼图（如图3-2所示），凤坪村男

---

① 田雪原：《人口学》，浙江人民出版社2004年版，第303页。

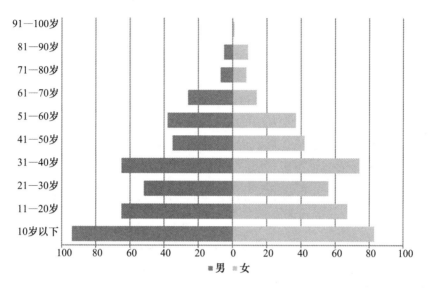

图 3-1 人口年龄性别金字塔

性 387 人，占人口总数的 49.70%；女性 391 人，占人口总数的 50.30%。
将凤坪畲族村不同年龄段与性别比例数据进行统计分析，我们发现在
10—30 岁年龄段，男性 211 人，女性 206 人，男女比例基本持平；而在
30—50 岁年龄段，男女比例有些失衡，分别达到 65∶74（30—40 岁）和
35∶42（40—50 岁）。整体而言，凤坪村男女出生比例均衡，整体性别比
例基本持平。造成 30—50 岁比例稍显失衡的原因可能是男性外出务工人
数多于女性。

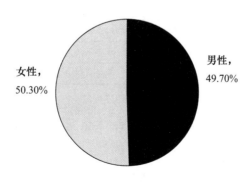

图 3-2 凤坪村男女比例

（二）人口素质

人口素质是指一个国家或地区的人们认识世界和改造世界的综合条件和能力，"条件"既包括人口自身的条件也包括外部环境条件，而"能力"是指人类的创造性能力和预测性能力。[1] 人口素质主要包括人口文化素质和人口身体素质。

1. 人口文化素质

人口文化素质是指通过各种形式所获得的科学文化知识和实践经验能力。[2] 民族人口的文化素质是一个民族教育、文化、科技发展水平的体现，是民族地区社会经济发展的原动力，是决定社会经济发展的高度和广度的重要因素。反之，社会经济发展又对人口文化素质的提高有重要影响。国家通过教育投资来提高少数民族人口的科学文化水平、劳动技能水平以及认识自然和改造社会的能力。人们在认识自然和改造社会的实践活动中获取科学文化知识，又用获得的科学文化知识指导实践活动，总之人口文化素质与社会经济发展之间密不可分。

调研发现，近年来凤坪村人口文化素质有显著提高，各年龄段的村民受教育情况有两个特点（详见表3-2）。

表3-2 凤坪村蓝氏各年龄组受教育情况[3]

年龄/学历	大专及以上	中专/中师/高中	初中
60岁及以上	男6人、女2人	男5人	男3人
50—59岁	男3人	男2人	男1人、女1人
40—49岁	男7人、女3人	男5人、女3人	
30—39岁	男7人、女3人	男2人、女1人	

第一，受教育人数出现波动。凤坪村60岁及以上年龄组受教育人数

---

[1] 唐贵忠：《人口学》，中国人口出版社2003年版，第61页。
[2] 唐贵忠：《人口学》，中国人口出版社2003年版，第61页。
[3] 本表格根据《广东丰顺凤坪畲族——蓝氏族谱》中的资料编制。《广东丰顺凤坪畲族——蓝氏族谱》由凤坪村畲族蓝氏族谱编修委员会于2011年编订印刷。

相对较多，50—59 岁年龄组的村民的受教育程度相对偏低，49 岁以下年龄组受教育程度明显提高。出现这一情况的原因有二，其一，新中国成立初期开展扫盲运动，重视少数民族干部培养，凤坪村积极响应国家号召，推荐优秀青年上大学，因此 60 岁以上的老人正好赶上了推荐上大学的好时机，得以受到良好教育。其二，"文化大革命"对教育活动产生消极影响，因此 50—59 岁受教育的人数迅速减少。

第二，男女受教育比例渐趋均衡。在新中国成立初期直到 80 年代中期，凤坪村各年龄组的受教育人数中以男性居多。改革开放后，女性受教育人数不断增多，且受教育水平不断提高，村内青少年在完成九年义务教育之后基本都会选择继续升学。男女受教育比例日渐均衡，一方面得益于国家政策支持及教育条件的改善，例如小学危房改造工程、教育信息化工程、特岗教师计划、少数民族教育扶持政策等使所有学生获得了平等受教育的机会；另一方面得益于村民整体教育观念的改变，男女平等的观念深入人心，村民们认识到女性也应该有平等的受教育权。

2. 人口身体素质

人口的身体素质既包括先天素质，也包括后天素质，是指人的身体发育健全程度和健康状况，如体质的强弱、生命周期的长短、智力结构的高低、动作是否敏捷与耐力的持久性、心理人格是否健全、心理承受能力等内容。人口的身体素质可以反映一个国家或民族的生活质量、身体健康水平、心理健康水平和医疗卫生状况等。[1] 当前学界普遍认为平均预期寿命、婴儿死亡率和人口猝死率是集中反映人口身体素质的最主要指标。[2] 平均预期寿命与人口身体素质成正比，婴儿死亡率、人口猝死率与人口身体素质成反比。身体素质除了受先天遗传的影响以外，基本上受社会经济发展的影响，生产力水平、国民收入、生存环境决定着人们营养摄入和空气质量等人类基本生存要素。由此可见，人口身体素质与社会经济发展有着直接联系，因此民族地区要取得社会经济发展，必须提高民族人口身体素质。

调研发现，凤坪村人口身体素质近年有明显提高，原因在于：第一，

---

① 唐贵忠：《人口学》，中国人口出版社 2003 年版，第 61 页。

② 黎宗献：《人口质量与我国经济和社会发展》，中国人口出版社 1994 年版，第 95 页。

新中国成立后禁止近亲之间结婚，改革开放后人口流动使得通婚圈扩大，凤坪村畲族打破了传统的族内婚，甚至出现了跨省通婚、跨国通婚等现象，有效降低隐性遗传病的发生率。第二，当代凤坪村村民所从事的体力劳动强度大大降低，摆脱了传统社会的强制劳动方式和劳动量，村民们的身体健康状况得到了很大改善。第三，乡镇医疗卫生条件得到改善，新农村合作医疗得到普及，小病得到及时医治，大病就医有保障，人们的寿命大大延长。总之，适当的体力劳动、合理的饮食结构、改善的医疗条件和扩展的通婚圈等，不断提高凤坪村人的身体健康程度、平均寿命和人均智商。

综上，纵观凤坪村近70年的人口变化，主要有以下几个特点：第一，人口增长为自然正增长趋势。改革开放以后，凤坪村人口数量大大增多；实行计划生育政策后，人口增长趋势逐渐放缓。第二，人口结构基本合理。人口年龄结构具有年轻型人口特点，青少年人口多，尚未出现人口老龄化问题；男女性别比例均衡。第三，人口身体素质明显增强。改革开放后，我国经济发展有了根本性好转，医疗条件得到改善，及时科学地治疗疾病，婴儿存活率提高，死亡率显著下降，平均寿命得到延长；人民生活水平提高，营养充分摄入，健康状况得到改善。第四，人口文化素质显著提高。国家推行计划生育政策，倡导"少生优生"，在控制人口数量的同时，提高了人口质量；九年义务教育的普及、高等教育教学条件的改善使人均受教育水平普遍提高，高文化素养人口增多，人口文化素质大大提高。

二 人口流动

畲族历史上曾经是个频繁迁徙的山居民族，"食尽一山而他徙"是畲族传统社会发展的常态，很多文献都曾记载了畲族历史上在闽浙赣粤边界迁徙的史实。但我们这里探讨的人口流动特指改革开放之后，畲族人口在短期离开后又返回原居地的现象，即指离家外出工作、读书、旅游、探亲和从军一段时间，未改变定居地的人口移动，它比人口迁移更为普遍，通常表现为周期流动和往返流动。[①] 人口流动是我国社会经济发展和城镇化

_____

① 罗小凡：《劳动力转化与人口流动》，湖南师范大学出版社1997年版，第25页。

过程中的必然现象，改革开放以来，人口流动的规模表现出增强的趋势，各民族之间、各地区之间的人口流动和经济文化交往也越来越频繁、复杂。

（一）人口流动的阶段及特点

根据村委会提供的人口数据得知，凤坪村常住人口为500人左右，占总人口的64.3%。流动人口比过去少，村内劳动力充足。笔者从人口流动时间、空间和目的三个方面考察凤坪村人口流动的特点，将其分为以下四个阶段。

第一个阶段（1978—1989年）：劳动人口的弱外流[①]时期。改革开放初期，广东作为率先开放的沿海地区，其工业化发展速度远胜于内地，劳动力需求高，深圳和广州更是呈现出对劳动力的迫切需要。尽管凤坪村离深圳、广州距离并不远，但由于小农经济的保守心态，绝大多数村民对外出务工持犹豫态度。村民一方面担心务工收入无法保障自己在城市立足，另一方面又担心放弃粮食种植将失去传统的生计保障。因此，大多数村民不愿意放弃传统生计方式，依然靠种植水稻、烧炭生计方式等满足温饱，或是被动地接受镇政府推广的茶叶种植项目。只有少数有冒险精神的村民选择离开农村，奔赴临近市区及省外各地务工。总之，在改革开放初期，凤坪村外出务工尚未形成规模。这一时期，茶叶种植获得的收入仍低于外出务工收入，农业税的存在和外出务工的不确定性使大部分家庭仍然不愿彻底放弃粮食生产。这一时期外出务工的人员以青壮年为主，而且一般是农闲外出务工，农忙则回家帮助老人和妇女种植水稻。1984年《中共中央关于经济体制改革的决定》发布，中小城市经济生产的潜力被大大激发，珠三角以外的乡镇企业被注入了生机和活力。梅州市区、丰顺县城和凤坪村邻近的乡镇出现了一批工业企业，容纳了大量村民近距离打工；与此同时，蓬勃兴起的乡镇企业也带动了餐饮等服务行业的发展，第三产业

---

① 杨忍、徐茜、张琳、陈燕纯：《珠三角外围地区农村回流劳动力的就业选择及影响因素》，《地理研究》2018年第37卷第11期，第2305—2317页；王心蕊、孙九霞：《旅游发展背景下农村劳动力回流迁移研究——影响因素与代际差异》，《旅游学刊》2021年第36卷第4期，第58—69页。这两篇论文中采用"弱回流"一词来描述人口回流的趋势和强弱程度，本书借用此观点描述凤坪村人口外流的趋势和强弱程度。

的兴起为村民提供了更多的就业机会。此时，茶叶发展引入了制茶机器，这主要是为了应对茶树种植面积增加带来的劳动力不足的问题。烧制木炭的生计方式在这一时期最终被村民淘汰，因为这是一项高投入、低产出的生计方式，在生计方式多元化的背景下，显然不再具有性价比。从烧制木炭的劳动中解放出来的劳动力，在兼顾稻田种植和茶树种植的前提下，也间歇性地流入城镇，加入了打工人潮中。

第二个阶段（1990—2007年）：人口强外流时期。90年代以后国家不再征收农业税，粮食生产的压力大大减轻。同时，经过前期的经济发展的积累，广州、深圳为首的大城市步入了发展快车道，并带动珠三角城镇工业的迅速增长。梅州市和丰顺县的城镇工业也获得了长足的发展，为周边的乡村提供了大量的就业岗位。第一批外出务工的村民在历经几年劳动后积累了一定财富，吸引了更多村民以外出务工作为主要谋生手段。凤坪村村民发现，外出务工收入远高于在家务农的收入，因此越来越多的村民外出务工，并且致力于在城镇定居下来。许多进城务工的村民不再将视野局限于进厂打工，而是敏锐地发现了城镇化发展进程中，城镇大量出现的服务行业和零售行业，因此凤坪村村民投身个体经营的数量快速增长。把握发展机遇的村民通过勤劳致富，不仅保障了家人的丰衣足食，还有部分村民在县城或周边城市买房常住，实现了从"农民工"到"城市居民"的华丽蜕变。这一阶段，凤坪村绝大多数的村民流入城镇打工，只在春节期间短暂回流，春节过后又重返城市打工，年末的时候又返回村里，形成有规律的、循环往返的"候鸟式"流动。

第三个阶段（2008—2013年）：劳动人口的弱回流时期。凤坪村外流人口一般从事技术含量较低的手机销售工作，随着互联网的迅猛发展，网店的兴起改变了人们的消费行为，曾经繁荣一时的手机销售工作机会迅速减少。与此同时，国家对东部城市产业结构也进行了调整推进，技术含量低的工作职位减少，外流务工村民的经济收入也大不如前。此外，多年的打工经验使村民对城市、城市生活有了更深的认识和了解，发现城市融入并不是一个简单的问题，除了要有一定的经济实力之外，还必须妥善安排好留守家乡的老人。2008年，凤坪村的茶叶种植走上了规模化发展道路，茶产业的发展空间越来越广阔。在利益的驱动和家园观念的召唤下，许多村民返回乡村从事茶业种植、加工与销售。这一阶段，村民相比前一阶段有更长的时间留驻乡村，凤坪村外出打工人群出现了弱回流现象，乡村振兴初见端倪，乡村经济发展重现生机活力。

访谈3—1：ZYM（男，56岁，村主任，访谈时间：2020.7.17）

问：您之前是不是也在外面打工，2008年是村里刚开始种茶，到2013年村民看您回来种茶有了收益之后，那一年陆陆续续回来多少人？

答：对啊，我们这几个村，尤其潭江镇这边，出去做科技（手机、BP机）的很多，那时候很挣钱的，我也是做那个的；后来科技发展太快啦，慢慢地挣不到钱了，加上我身体不好，做了腰椎间盘手术，就在2008年回家里种茶了。我应该算最早的回来带头种茶的，所以我搞的最快，我跟他们的看法也不同的。种茶要5年才能看到收益。慢慢到了2013年，更多人从城里回来种茶。2013年我那个茶田就有收益了，我注册了芹菜湖合作社。一些人在2014年、2015年左右回到村里，不过那时候回来的不多。前年和去年（2018年和2019年）回来种茶最多。

第四个阶段（2014年至今）"两栖式"流动阶段。人口流动的"两栖式"流动，是指人口在城市和农村之间进行无规律往返的一种生活方式。凤坪村村民自2014年之后，不再单纯地以城市或村庄为长居地，而在城镇与村庄之间进行无规律地往返。这种人口流动方式与部分地区出现的"钟摆式"人口流动有一定区别，"钟摆式"流动是由于城市规模日益扩大和现代交通工具的发展，在单位时间内（一天或几天）大量人口像钟摆那样有节奏地往返于居住地与工作场所或学校之间，形成人口流动的一种特殊现象。但凤坪村村民的"两栖式"流动却是以一年为观察周期，根据种茶、制茶和茶叶销售等事件进行的规律不明显的移动。

2014年之后，茶叶种植带来的经济收益逐渐提高，凤坪村开始大规模种植茶树，先是在坡地开荒种植，然后将原本种植水稻的田地改种茶树。大面积的茶树种植让村民们有了相对稳定的收入来源，茶产业收益的提高吸引了村寨劳动人口回流，年轻人返乡回流的现象越发普遍。伴随着凤坪村的茶产业逐渐步入规模化发展阶段，几乎每家每户都以种植茶叶为主要生计方式。茶产业的发展带来了全新的人口流动方式和规律，村民一般在春夏秋三季忙于茶叶采摘、茶叶加工和销售，在外上学的子女也会在暑假期间回家帮忙采茶；冬季则致力于茶园护理、施肥以及茶叶销售工作，冬季相比其他三季有更多的时间在城镇工作和生活。凤坪村人口流动明显受到了茶产业的影响，根据茶产业的发展规律，根据季节变化而变化。

访谈3—2：LYD（男，34岁，村委书记，访谈时间：2020.7.16）

问：书记您是一直留在村里吗，什么时候当选的书记呢？

答：不是，我一直在外面上学，高中毕业之后出去当兵，那时候2008年汶川地震嘛，我觉得国家需要人手，2009年我就去当兵了。当了4年兵回来，就在附近打工，2014年被村里叫回来当书记。因为我高中毕业，加上当兵退伍了，也符合当选条件。

综上可见，凤坪村人口流动具有三个特点。第一，凤坪村人口流动的根本原因是经济因素。人口流动是一个很复杂的过程，但经济因素是影响凤坪村每个阶段人口流动的决定性因素。第二，凤坪村人口流动具有阶段性特点。在不同的阶段人口流动趋势略有不同，改革开放至2007年期间，人口外流趋势明显，2008年至今人口回流趋势逐渐增强。第三，当前人口流动更具灵活性。与过去的"钟摆式"流动相比，凤坪村当前人口流动模式更接近于"两栖式"流动。[①]

（二）人口外流的原因及影响

人是社会经济发展的载体和基础，人口与经济在矛盾运动中发展变化，经济是制约人口外流活动过程的决定性因素，人口对经济发展又具有反作用。[②] 因此，经济因素是影响凤坪村人口外流的主要因素，人口外流又对凤坪村社会经济发展产生影响。

1. 人口外流的原因

20世纪60年代，美国学者S. Lee提出了系统的人口迁移理论"推—拉理论"，我国部分学者将其运用于分析城镇化进程中农民工进城与返乡的原因。该理论将人口流动的原因归结为"推"和"拉"两种力量，认为"推"是消极力量，"拉"是积极力量，二者的合力决定了人口的去留。导致凤坪村人口外流的因素主要有自然环境、经济、社会文化和政策

---

① 徐天琪、叶振东：《论"两栖人口"——四论农村劳动力转移》，《人口研究》1987年第6期，第8—12页。该文中借用生物学的"两栖"概念，提出了"两栖人口"，是指变更户口，越过乡镇界限，以劳务输出为目的的农村劳动者。相比"候鸟式"，"两栖式"没有严格的时间规范，根据劳动者自身需求而灵活流动。

② 吴忠观：《人口经济学概说》，四川人民出版社1985年版，第9、32、36页。

等几个方面，其中，经济是影响人口外流最主要的因素。

第一，自然环境是影响人口外流的因素之一。凤坪村位于广东省东部凤凰山地区，凤坪村村民们主要分布在山腰和山顶。村民在山上开辟梯田，从事农耕生产，但可耕种面积小、土地瘦瘠、土质硬、石头多、土壤条件差、粮食产量低、连温饱都无法满足。凤坪村的气候具有雨季和旱季分明的特点，由于溪流少，遇上旱季少雨常闹旱灾。凤坪村地势比周围高，冬季有结冰现象，农作物收成比周边其他地区低。上述种种原因导致村民辛苦劳动但收获有限，恶劣的自然生态条件成为凤坪村人口外流的"推力"之一。除了生态环境，落后的交通环境也对人口外流产生了推力。凤坪村所处的山区交通条件落后，出行成本高，生活非常不方便。改革开放前，由于国家对人口流动的管制非常严格，因此几乎没有人口外流现象。改革开放后，为了搞活市场经济，国家鼓励人口自由流动，凤坪村的百姓纷纷流动到交通便利、基础设施建设完善的城镇工作和生活，人口外流趋势逐渐增强。

第二，经济因素是影响人口外流的首要因素。各地区之间经济发展不平衡是人口流动的主要原因，由于城镇化的推进，城市的就业机会相对更多，收入相对较高，因此成为人们流入的集中地。改革开放以来，我国东部沿海城市经济快速发展，西南地区大量劳动人口进入沿海地区务工，"孔雀东南飞"已成为一种趋势，人口流动呈现自东向西、从乡村到城镇的特点。率先开放的广东地区是中国改革开放的"试验田""窗口"和"示范区"，较之其他地区就业机会更多、基础设施更加完善、打工获取的收入更高，这些对凤坪村人口产生了强大"拉力"，吸引他们离开家乡到此打工。

第三，流入地的文化教育水平对人口外流产生强大拉力。一般而言，人们倾向于从文化水平低、教育资源缺乏、教育设施落后的地区流入文化水平高、教育资源优越的地区。相对于乡村而言，城镇的教育水平肯定更高，教育条件更为优越，因此凤坪村村民们为了自己或子女能够接受更好的教育，也倾向于进入城镇定居。如果说早期村民们进城是为了打工挣钱，那么后期村民们返乡种茶收入超过进城务工后，仍然选择在城市买房定居，就是为了下一代的教育。因此，城市好的教育水平对人口流入产生了强大拉力。

第四，国家和地方政策是影响人口外流的重要因素。1958年1月

《中华人民共和国户口登记条例》正式颁布，确立了户口迁移审批制度和凭证落户制度，以法规形式限制农村人口迁往城镇。同年9月中央出台了《关于精简和减少城镇人口工作中几个问题的通知》，指出要严格控制农村县镇迁往大中城市的人口。之后，国务院又陆续批转了公安部的人口流动相关规定，进一步对农村人口向城市迁移进行严格的控制。因此，在改革开放前，已有国家政策倾向于将农村人口固定在农村，凤坪村农村人口也无法向城市流动。

1984年10月，国务院下发了《国务院关于农民进入集镇落户问题的通知》，凡申请到集镇务工、经商、办服务业的农民和家属，在集镇有固定住所等可以办理常住户口并发给《自理口粮户口簿》①，这一政策标志着多年来将农村人口固着于土地的政策开始松动。此后，相关部门陆续发布完善流动人口的管理规定，中央也出台了一系列政策，试图从多方面保障流动人口的合法权益。如1995年《中央社会治安综合治理委员会关于加强流动人口管理工作的意见》颁布，此政策促进了农村剩余劳动力就地就近转移、加强了对农村剩余劳动力跨地区流动就业的调控和管理；2003年国务院办公厅发布了《关于做好农民进城务工就业管理和服务工作的通知》《工伤保险条例》《关于进一步做好进城务工就业农民子女义务教育工作意见的通知》，提出要取消对农民工进城的不合理限制，解决农民工的工资拖欠克扣和子女入学问题，并建立健全农民工的工伤保险和医疗保险制度。2004年，广东全面取消"农转非"限制，为农民工进入并扎根广东城镇扫清了政策障碍。这一时期，广东的城镇工业得到了较好发展，凤坪村人口更是得"天时地利"的条件，进入了广东省、梅州市、丰顺县的各级城镇打工、经商、定居。

2. 人口外流的影响

人口外流对乡村社会经济文化产生了不可忽视的影响，其中有积极的一面，也有消极的一面。

（1）积极影响

第一，生活水平得到显著提高。外出务工使得家庭经济收入大幅提

---

① 《国务院关于农民进入集镇落户问题的通知》，2016－10－20/2019－07－15. http：//www. gov. cn/zhengce/content/2016－10/20/content－5122291. htm。

高，凤坪村村民的生活条件有了明显改善，主要体现在衣食住行几个方面。首先，衣着品质提升。凤坪村的村民们对服装的要求不再停留在简单的遮体保暖，开始追求服饰的款式、材质、舒适度和时尚感等，这是城市生活文化对乡村人民审美观潜移默化的影响。其次，饮食品质提升。商品经济的发展为人们提供了丰富的食物资源，凤坪村人民群众的食物消费数量、质量明显上升，人们对食物的要求从"吃饱"向"吃好"转化，更加关注食物的营养与健康。再次，住房条件改善。家庭储蓄相对丰厚的村民们在城镇买房，在凤坪村成为一种风气，凤坪村村民在广东省、梅州市城镇买房情况比比皆是。据不完全统计，凤坪村村民在广州市区买房的有6户，在中山市区买房的有5户，在东莞市区买房的有4户，在深圳市区买房的有4户，在潮州市区买房的有2户，在惠州市区买房的有1户，在梅州市区买房的有34户，在丰顺县城买房的有7户，在潭江镇买房的有8户。除了在城镇买房外，村民们还在村里相继建起了新房，既能享受城镇生活的便利，也能享受乡村生活的静谧。最后，出行方式更便捷。凤坪村的基础设施建设有了很大改善，村内实现了家家通公路，村外通往各处的公路网络也基本建设完成，几乎家家户户都购买了摩托车或汽车作为出行的代步工具，出行非常便利。

第二，子女受教育水平大大提高。中国人非常重视后代的教育，流动人口更是关注子女能否受到城市优质的教育资源，最终实现从农民工子女向城市居民的跃升。凤坪村人口外流对子女受教育水平有积极影响，首先，九年制义务教育得到普及。凤坪村有民族小学，学生在这里完成六年制小学之后，只能选择到潭江镇去读初中。由于潭江镇中学距离凤坪村有较远距离，必须住读。一方面，住校家庭需要负担镇上租房的房租；另一方面，陪读的父母无法继续耕种农田，这样的代价使很多家庭难以承担，导致很多孩子中途辍学。今天由于城镇经济得到了较好发展，陪读父母可以在潭江镇一边打工赚钱一边陪读，因此青少年辍学现象已基本消失。其次，孩子受教育条件大大改善。如前文所述，今天凤坪村有接近50%的村民在各个城镇购买了商品房，因此也获得了入读当地小学的资格。城镇学校教育条件、教育资源、教学环境、教学水平远远优越于农村，凤坪村村民的子女获得了城市青少年同等的受教育环境。总之，外出务工使得村民不仅能使孩子获得更优质的教育资源，能兼顾陪读和谋生，还能攒下一笔子女教育经费，供孩子未来接受高等教育，为家庭实现阶层跃升提供资金储备。

第三，凤坪村的通婚圈得以扩大。凤坪村位于广东凤凰山北部，距县城115千米，属于高寒山区，地势偏远闭塞。凤坪村畲族在传统社会中，对外交流少，主要奉行"族内婚"。随着与相邻其他族群之间的交流互动日渐增多，凤坪村村民与邻村之间相互通婚增多。但受制于落后的交通，通婚圈只能局限于步行能达的周边村落。改革开放后，随着交通条件的改善，城市化水平的提升，越来越多的村民选择外出打工，这增加了凤坪村外出务工青年对外交流的机会，有力地打破了传统的通婚圈，其择偶圈也扩大到天南海北来城市打工的异性群体，通婚圈从原来的村内通婚和邻村通婚逐渐变成了跨省甚至跨国通婚。通婚圈的扩大是人口流动的必然结果，这不仅改变了凤坪村的人口结构，还促进了各民族之间的交往交流交融。

（2）消极影响

第一，人口外流也给乡村社会经济发展带来挑战。2008年以前，凤坪村外流人口数量多，青壮年劳动力流失使村寨土地无人耕种，乡村经济发展难以为继。同时，流失的劳动力一般为高素质劳动群体，他们的流失不但使乡村失去了劳动力，更重要的是失去了向上发展的可能性，已有的乡村学校和村级基层政府也难以有效运转。

第二，人口外流使得民族文化传承困难重重。凤坪村青少年随父母流入城镇学习和生活，离开民族村寨的文化生境，民族文化传承场域缺失。比如凤坪村茶文化，茶文化是其传统文化中的重要组成部分，茶文化几乎渗透进村民日常生活的方方面面，村民中流传着很多与茶相关的谚语。所有文化的传承，都离不开凤坪村独特的自然环境和人文环境。比如凤坪村的茶农基本不需要额外地外出接受茶艺的培训，几乎是生下来就会，原因在于父辈种植茶树、制作茶叶时，孩子已经耳濡目染习得了。如今，村民们流入城市，孩子在城市中接受教育，已经远离了茶文化传承的文化生境，传承场域的缺失使茶文化的传承难以为继。除了茶文化之外，凤坪村的服饰文化、节日文化、民间信仰等也因为传承场域的缺失等因素难以为继。

第三，人口外流使乡村基层民主建设面临困境。首先，凤坪村外流人口大量外流，其中大部分是中青年农民，这导致乡村基层人才相对短缺；其次，由于人口大多数外流，在参与基层民主建设时，村民均属于缺席状态，无法正常享受民主权利、履行民主义务。虽然，近些年来可以利用新媒体等方式建立各种虚拟空间开展基层民主活动，但是由于虚拟空间也带来了人口参与基层民主建设积极性不足的问题。

（三）人口回流的原因及影响

1. 人口回流的原因

根据国家卫健委发布的《中国流动人口发展报告》，从 2015 年开始，流动人口规模发展出现新的变化，全国流动人口规模从此前的持续上升转为缓慢下降，人口回流是 21 世纪中国人口流动的最新趋势之一。人口回流的原因非常复杂，大致可以分为两类：一类是主动回流，由于农村或者落后地区经济近几年得到了很大的发展，流动人口愿意回到家乡生活；另一类是被动回流，是由于生活压力、工作压力、教育压力、医疗压力等外部因素迫使流动人口回流。凤坪村自 2014 年开始人口回流，其原因主要有以下几点。

第一，特色茶产业成为村民收入的主要来源。

凤坪村特色茶产业的兴起，村民返乡种茶获取的收益远远高于在城镇打工的收益，这成为吸引村民回流的重要拉力。凤坪村的田地因海拔不同被分为两大类：海拔较低的田地水稻可以一年二熟，被称为"一年两熟地"；另一类海拔较高的田地只能一年一熟，被称为"一年一熟地"。最初政府倡导田地改种茶树时，绝大多数村民对这一举措持怀疑或观望的态度，担心改种茶叶后会带来粮食减产，让村庄陷入粮食危机中。后经政府反复动员，村民仍然只愿意将"一年一熟地"改种茶树。当村民发现茶叶种植的收入远远高于粮食种植后，觉得用种茶的收入购买粮食，经济收益更高更划算，便开始大规模发展茶产业。他们不仅将原来的"一年一熟地"和"一年两熟地"均改种茶树，在田间地头种满茶树，还不辞辛劳开拓荒山为茶园。近年来，丰顺县政府致力于复兴凤坪村的畲族文化，将畲族文化作为特色文化植入凤坪村的茶产业，提高了凤坪村茶产业的文化附加值，其茶叶价格快速增长。村民从茶产业中获取的经济收益，已经远远超过了在外打工的收益，因此大批原本在外务工的凤坪村村民回到乡村从事茶产业，凤坪村人口开始大规模回流。

访谈3—3：村民ZXR（男，45岁，茶农，访谈时间：2020.7.19）

问：现在的茶叶收购价格如何？

答：不如春茶。刚做的香茶能卖到五百块一斤，现在就不行了，（夏茶）一百二十来块一斤。

问：我上次听他们说这个村子人均收入有六万多块钱。

答：不止。像我和爱人，两个人加起来有十几万的毛收入，刨去花销还剩十万左右吧。

第二，"城市融入困难"成为凤坪村人口回流的巨大推力。凤坪村村民流入城市虽然获得了远超传统农村的经济收入，但由于文化隔膜难以融入现代城市生活，沦为城市的"边缘人"。与此同时，村民们想念留在家乡的年迈父母或者无依靠的妻儿，怀念淳朴的乡土人际关系，这种情感羁绊成为村民返乡的重要推动力。此外，还有部分村民表示无法习惯大城市的嘈杂和污浊的空气，想念乡村的安静和清新的空气。总之，在城市"推力"和农村"拉力"的共同作用下，大量凤坪村村民开始回流。到2014年，凤坪村跨越式发展的前景越来越明晰，村民回流人数与日俱增，到今天几乎所有外流的村民都回到了家乡。

访谈3—4：村民LWR（男，40岁，茶农，曾做过木匠，访谈时间：2020.7.19）

问：您一直都是经营茶山的吗？

答：不是的，2014年以前我是在外面打工的。

问：是什么原因让您回来的呢？

答：打工人在城里没地位啊。以前在广州、深圳，我们都是外地人，文化也不高，城里消费贵，赚来钱存不下来，看村里那些种茶的生活很舒服，就回来咯。现在村里空气好，山好水好，种茶叶每年能攒下钱，苦也没城里打工苦，能回来就回来咯。

问：为什么早几年没有回来种茶呢？

答：早几年什么都不懂，没门路，而且就算有人带带，我也没本钱呐。年轻时候也爱玩，大城市好玩的多，现在家里老婆孩子带起来不能玩咯。打工赚点钱回来，老婆孩子都在身边也好。

第三，国家政策号召村民返乡创业。2006年12月31日发出2007年的一号文件《中共中央、国务院关于积极发展现代农业扎实推进社会主义新农村建设的若干意见》中，提出要鼓励外出务工农民带技术、带资金回乡创业。2008 年发生国际金融危机后，农民工返乡的趋势有所增强，中央先后出台了多项推动农民工返乡创业就业的政策措施，同时推动新农村建设发展。凤坪村正是从 2008 年开始规模化种植茶叶，人口回流趋势显现。2018 年，中央发布了《中共中央国务院关于实施乡村振兴战略的意见》和《乡村振兴战略规划（2018—2022 年)》，其中强调要全面深化农村改革，提升乡村发展整体水平。

为了推动凤坪村的经济发展，首先要让有文化、有能力的青壮年村民返乡，让这些村庄能人产生示范作用，带领村民共同致富。2014 年，潭江镇镇政府动员在梅州市经商的村民 LYD 和 ZYM 返乡担任村委书记和村主任，带领村民发家致富。LYD 书记是畲族，生于 80 年代，自 2010 年从部队退伍后在梅州市经商，自 2014 年至今担任凤坪村村委书记，既有能力又有想法，敢想敢干，充满活力。ZYM 主任是汉族，生于 60 年代，早年在广东省各地经商，2014 年回村担任凤坪村村委主任，年富力强、熟悉村情、多年经商使他积累了丰富的市场经验。这两人组成的黄金搭档自 2014 年以来配合默契、取长补短，工作卓有成效。

凤坪村基础设施建设大为改善，农村的交通、卫生等条件得到根本性改善，村民收入呈几何倍数增长，村民的幸福感和获得感与日俱增。此外，国家越来越重视生态环境的保护，推出了"退耕还林"等相关环保政策，原本被视为"穷山恶水"的偏远山村，已然成为"绿水青山"和"金山银山"的综合体。这一切自然、文化、社会环境的改变，都加速了凤坪村村民的回流。

2. 人口回流的影响

第一，伴随人口回流趋势逐渐上升，民族文化教育的困境有所缓解。适龄儿童多在村内唯一的凤坪畲族学校读完小学，随后到其他镇或市区就读中学。同龄学生的数量增加有利于学校顺利开展民族传统文化教育活动，当前凤坪畲族学校共有 100 多名适龄学生，学校开设了畲语课程和茶艺课程，十分符合本村独特的民族文化，有利于畲族文化传承下去。

第二，人口回流为乡村经济发展注入活力。首先，人口是乡村社会经济发展的载体，人口回流使凤坪村的发展具有基础的载体条件。其次，人口回流也意味着资金回流，长期外出务工积累的资金为村民返乡创业提供物质基础。再次，人口回流也意味着科技和劳动技能的引入。村民在外出务工期间获得了特定劳动技能的培训，习得了电子商务的经营方式，返乡后为建设家乡提供技术基础。最后，外出务工的村民在大城市开阔了眼界，锻炼了把握市场经济规律的能力，这些都为村民返乡发展经济奠定了坚实的基础。

第三，人口回流使乡村基层民主建设得到加强。基层民主的贯彻落实需要村民委员会的组织推动以及村民们的积极参与。在凤坪村的基层事务管理中，村民委员会是执行主体，担任着维护农村基层稳定和发展的任务。2014 年，钟奕宙返乡当选村主任，与换届上任的村委书记蓝永达一同为村委会注入了新的活力，两人文化素质较高，工作配合默契，基层民主工作得以有效地开展。与此同时，大量村民回流返乡使乡村基层民主建设从虚拟空间回到现实空间，身处其中的真实处境使村民更具参与性和关己性，增强了村民的责任意识。

三　人口流动与通婚圈

通婚圈是伴随着两性婚姻关系的缔结而形成的一个社会圈子，通婚关系是村落建立稳定联系的重要途径之一，通婚圈是村落之间建立联系最重要的社会网络。[1] 通婚圈可分为等级通婚圈和地理通婚圈两类。[2] 地理通婚圈是通过地理距离进行测量的，指婚配对象来源的空间范围，它能够反映一个家族、社区、地区乃至国家与其他区域之间社会经济交往状况。[3] 改革开放以来，我国人口流动的空间和规模都明显扩大，通婚对象的选择范围也随之增大，跨省通婚现象已十分常见。以地理区域大小分类，传统凤坪村的通婚圈地理范围局限在邻近几个村落之间的"30千米村落通婚圈"，今天凤坪村的通婚圈早已超越 30 千米的半径，跨省

---

[1] 唐利平：《人类学和社会学视野下的通婚圈研究》，《开放时代》2005 年第 2 期，第153—158 页。

[2] 李若建：《人口社会学基础》，中山大学出版社 1992 年版，第 68 页。

[3] 周皓、李丁：《我国不同省份通婚圈概况及其历史变化——将人口学引入通婚圈的研究》，《开放时代》2009 年第 7 期，第 100—115 页。

通婚与跨国通婚等现象频现。

（一）凤坪村通婚圈类型

1. 省内通婚圈

省内通婚圈是指缔结婚姻的双方的空间距离被局限在省级行政区域内，根据研究需要，我们发现凤坪村的通婚圈主要集中在省内，省内通婚圈又可分为传统通婚圈和除此之外的省内通婚圈 2 个圈层。①

（1）30 千米左右的传统通婚圈

凤坪村距离潭江镇 25.6 千米、距离凤凰镇 29.5 千米、距离留隍镇28.4 千米，步行时间大约 7 到 8 个小时，驾车时间大约 45 分钟。20 世纪80 年代以前，由于交通条件相对落后，凤坪村的通婚圈半径大致保持在30 千米，通婚圈的核心在村落内部（如图 3 - 3 所示）。凤坪村分为上村和下村，上村村民为蓝姓，下村村民为钟姓，基于同姓通婚的禁忌，凤坪村内部蓝、钟两姓之间有漫长的通婚历史。凤坪村的蓝姓村民是畲族，钟姓村民是汉族，凤坪村蓝、钟两姓之间的通婚是典型的畲汉民族之间的通婚。这种通婚模式充分表明，历史上畲族和汉族之间有着悠久的交往交流历史，彼此之间感情深厚，早已经形成了一个文化共同体、血缘共同体。

访谈 3—5：村民 LYX（男，75 岁，凤坪畲族学校前校长，访谈时间：2020.7）

问：校长，咱们这个村以前畲族和汉族有明显的区别吗？比如语言方面。

答：没有啊，一直都是一样的。这里的钟姓和蓝姓都会说畲话的。以前上村住的是蓝姓，下村是钟姓，后来两个姓通婚，上村的搬到下村去，都混在一起啦。

（2）30 千米之外的省内通婚圈

随着社会流动范围逐渐扩大，外出务工成为凤坪村青年结识婚配对象的主要途径。凤坪村的通婚半径也逐渐扩大，婚配对象不再局限于半径为

---

① 本处对通婚圈层的划分，参考王磊《农村人口地理通婚圈的变动及成因——以 2010 年 7省（区）调查为基础》，《中国农村观察》2013 年第 5 期论文中依据行政区域单位进行地理通婚圈层划分。

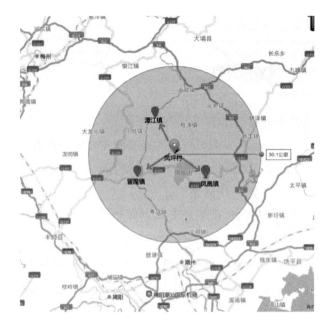

图3-3 凤坪村传统通婚圈半径

30千米的周围的村落，而是扩展到潮汕地区的各个市镇，婚后定居地点多以男方的居住地为主。调查得知，凤坪村除了蓝、钟两姓外，其余姓氏均为外地女性嫁入或男性入赘到此。调研发现，2000年以前外地女性嫁入凤坪村后，与娘家的关系较为疏远，原因是娘家大多不同意女儿嫁到凤坪村这样社会经济发展水平相对落后的村落。但是自从凤坪村的茶产业发展起来后，嫁入凤坪村的女性与娘家走动得较为频繁，原因是凤坪村社会经济发展起来后，成为符合娘家的所谓"高嫁"之地，由此可以看出近年来凤坪村经济的跨越式发展之名已经广为人知。

2. 跨省通婚

跨省通婚是指缔结婚姻的双方的空间距离超出了省级行政区域单位。改革开放后，随着社会经济的不断发展，城市化水平不断提升，人口流动更加频繁，凤坪村村民外出打工的人数也不断上升，跨省通婚现象也开始增多。据统计，凤坪村外姓人口数量为144人，占全村人口比例的18.5%。女性嫁入的情况通常多于男性入赘，一般都是本地男性青年外出务工时结识外地女性，带回村结婚定居。经访谈得知，早期嫁入凤坪村的外地女性，一般对当地生活条件感到不满意，近年村里发展茶产业之后家庭收入大大增加，嫁入女性对当地生活满意度越来越高。

访谈3—6：村民XXH，湖北人（女，45岁，嫁到本村，茶农，访谈时间：2020.7.16）

问：您跟您老公是怎么认识的呢，还有其他人从外地嫁过来的吗，能和我们具体说说吗？

答：当时在汕头打工认识的。那年端午节，他说带我回家过节，就一起回来了，那时候年纪小不懂事。来了之后才发现这里很山（当地口语，"山"用作形容词，表示很偏僻的意思）。那时候交通不便，家里没有车，他们不送我出去就没法出去，也不让我回家。然后有了两个孩子，嫁到这里第一次回家是10年之后的。在这里还有一个湖北老乡。村里的女人，全国各地嫁过来的都有。湖北、广西、贵州、四川、江西都有的，本省还有潮汕来的，基本都是当时在外打工认识的嘛。

访谈3—7：村民LHX（女，46岁，嫁到本村，茶农，访谈时间：2020.7.16）

问：您是哪里人，来这边多久了，能和我们具体说说吗？

答：我是贵州的，嫁到这边20多年啦。我们1997年在汕头打工认识的，当时来的时候这里是很偏僻啊，但比我家那边还要好一点。我跟他回来后，不久就有了小孩，就走不开身了，交通也不方便，一直没回娘家。直到小孩长到三四岁了，我才回去。刚来的时候还没有种茶，主要种水稻，一年要种三次。现在小孩子也大啦，不用带啦。种茶每年请工人，每年有固定收入，好很多啦。

凤坪村也有一些外地男性入赘的情况。这种现象多出现在女儿较多且没有儿子的家庭，入赘进门的女婿随女方家居住，姓名在女方家的族谱出现，女婿继承女方家产，孩子随母亲姓。这表明凤坪村女婿入赘既是为了赡养老人，也是为了传宗接代。

访谈3—8：村民LTZ（男，65岁，退休教师，访谈时间：2020.7.16）

问：您家有几个孩子？
答：我有5个女儿。
问：有没有招一个上门女婿？
答：有，大女婿是招来做上门女婿的，孩子随我们姓蓝。我们这里都是这样的，家里没有儿子的话就要选一个女儿招上门女婿，不然女儿都嫁到外面，家里就没人管了。大女儿和女婿现在在梅州上班，女婿在派出所工作，小孩也要在那里上学。

3. 跨国通婚

跨国通婚是指缔结婚姻的双方的空间距离跨越了国界。凤坪村在90年代中期曾出现多例跨国婚姻，主要是越南女性嫁入凤坪村。由于过去乡村社会相对闭塞，经济发展较为落后，凤坪村女性外嫁多于外地女性嫁入的情况，男性受到一定程度的婚姻挤压。有些家庭条件和个人条件特别差的村民，既无法在周围村落找到合适的结婚对象，又缺乏外出打工结识结婚对象的机会，因此只好花钱通过民间中介娶越南女性为妻。据不完全统计，凤坪村娶越南女性为妻的家庭有十多户。如今日子过得越来越好，越南女性对现在的生活也比较满意，这些跨国婚姻家庭也过得和谐美满。

访谈3—9：村民XXX（47岁，越南人，嫁到本村，茶农，访谈时间：2020.7.17）

问：阿姨您来这边多久了，在这边生活还习惯吗？能不能和我们具体说说呢？

答：我来这里20多年了，20岁来的，现在40多岁啦。当时老爸老妈逼我嫁人，我不嫁嘛。我不喜欢他，老爸老妈逼我嫁给他，不嫁要被打死，我就跑啦。我跟二姐一起，从越南过广西那边，走山路过来。后来她说打工，她先走啦，找不到了。有几个姐妹，说带我去玩，开车到广西边上，然后走路过来，走到最后鞋都走坏了，就直接光脚走啦。现在就我自己在这边，她们其中有一个带我来中国的时候死在路上了。我过来打工就有跟他们（中介）联系，电话联系。我开始过来一点中国话都不会说的，现在20多年啦，会说很多啦。刚开始一点都听不懂啊，哑巴一样，他们让你吃饭就吃饭，让睡觉就睡觉，洗澡就这样洗澡。在这边生活了十多年后才回家。一开始没钱回家，那时候回家要几千块钱。现在不贵，有身份证、护照，三百多四百元就可以回去啦。这边跟越南那边也差不多，比越南那边买东西方便一点，在这里海鲜、牛肉什么的都可以买到。我们结婚证也有啊，不知道被我老公放到哪里去啦。这是我前几年回家弄的一些材料，我1997年来到这里的嘛，过了十五六年（2012/2013年）回去办的。这两年去修了一张婚纱照，我带你去看呐。（我老公）一般吧，还可以，他今年五十多岁啦。比我大十多岁，58 岁啦。我们就一个女儿，十多岁，还在读书。

访谈 3—10：村民 LHX（女，46 岁，茶农，访谈时间：2020.7.16）

问：阿姨我听说这边有一些越南媳妇，您认识吗？

答：对，ZZT 的妈妈是越南人，以前很多啊，现在没有了，有人介绍来的。越南人刚来这里听不懂中国话，什么都不知道。以前越南媳妇还会走，觉得嫁的地方穷，住不习惯就走。ZZT 妈妈也嫁了两次，十几岁就结过一次，四十多岁才到这里来，来这里 18 年了，会说这里的话。孩子可以上户口的，大人不行。现在村里条件好了，越南媳妇也不跑了，很安心在这里种茶卖茶。

另外，凤坪村有 3 户大龄单身，调研发现，多因贫困导致独身。这 3 户人家中有 2 户为五保户，现在他们在政府的帮扶下，生活水平得到了明显改善。

访谈 3—11：村民 LHQ（男，63 岁，茶农，五保户，访谈时间：2020.7.17）

问：大叔，您为什么没有结婚啊，您现在自己种茶采茶吗？

答：没有合适的嘛，没有找到，后来也不找了。种茶不多，每年能收 160 斤差不多。一年挣 1 万块左右嘛。每个月花 1300 块钱左右，抽烟比较费钱，一天要两包。政府从去年开始的，每个月发 700 块。这个房子也是政府补贴盖的，他们出 1 万块钱，自己再添 2 万，这个电视也是政府补贴的。以前生活比较困难，现在就好多啦。

以上调研和访谈资料充分体现了改革开放以后凤坪村的通婚圈明显扩大，凤坪村的村民不再被传统通婚观念限制和阻挠。过去凤坪村曾出现男性受到婚姻挤压的现象，从而出现跨国婚姻形式和大龄未婚现象，近年来凤坪村男性在婚恋上处于优势有利地位，主要原因在于经济发展水平稳步提高，人口流动趋于频繁，社会交往更加活跃，男女交往的途径更为多元等。

（二）通婚圈扩大对凤坪村的影响

通婚圈扩大是社会经济发展后人口流动加剧的结果，通婚圈扩大一方面会对传统的家庭关系产生一定挑战，另一方面有利于提高人口素质，增进各民族的交流互动。

　　首先，和谐家庭关系的建立面临更多挑战。凤坪村传统的 30 千米通婚圈被打破后，婚配对象来自不同的地域，其文化背景、生活习惯完全不同，嫁入凤坪村的女子不仅要努力融入和适应新家庭的人际关系，还必须应对全新的自然环境和文化环境的冲击。因此，社会适应与融合过程影响到家庭关系的扩展和维持，和谐的夫妻关系、婆媳关系和姻亲关系等会面临更多挑战。

　　其次，扩展通婚圈有利于后代素质的提高。遗传学、人口学研究表明，夫妻双方的血缘关系越远，子女的体质和智力也会越高。① 两个在血缘上没有关系而在地理上又相隔甚远的男女婚配，基因纯合的机会少，所以患隐性遗传病的后代也少，而且孩子的体质、天赋也会明显优于父母。总之民族间通婚、异地通婚有利于后代基因改善，可以使中华民族的后代头脑更为聪慧，身体更为健壮。

　　最后，扩展通婚圈有利于促进各民族共同发展繁荣。由于历史、社会和地理等各方面原因，少数民族与汉族、各少数民族之间的发展存在较大差距。新中国成立后，党和政府出台了很多优惠政策，帮助民族地区发展，缩小民族地区之间的差距。扩展通婚圈，促进各民族之间在工作、学习、生活等方面的全面互嵌，可以有效地缩小各民族地区之间经济发展差距，实现中华民族大团结与一体化格局。

---

　　① 林深：《扩大通婚圈　提高人口素质》，《人口与计划生育》1993 年第 1 期，第 57 页。该论文指出：扩大通婚圈、异地择偶能提高儿童的智商；陈明侠《关于民族间通婚问题的探索》，《民族研究》1993 年第 4 期，第 18—28 页。该论文也指出：实行民族间通婚有利于提高中华民族的素质，这不仅是我们祖先在人类发展的长河中通过自然淘汰而认识到的法则，而且它的科学性也为现代医学科学所证明。

第 四 章

教　育

　　教育是提高个人基本素质，维护民族团结进步，加强社会和谐稳定，推动国家全面发展的基本手段。教育可以划分为家庭教育、学校教育和社会教育三大类，三者都是相对独立的实体，各自承担着不可替代的教育责任。凤坪村作为村级行政单位，受制于其规模，只能开设学校教育中的基础教育。今天，在党和政府的领导下，在社会各界的支持下，凤坪村的学校基础教育有了长足的发展。

一　学校教育

　　学校教育是指在固定的场所、有专门的教师和一定数量的学生，有一定的培养目标、管理制度和规定的教学内容的教育方式。在中国的传统社会中，学校教育主要是"私塾教育"，私塾教育一般以传统文学典籍为主要内容。新中国成立后，中央人民政府政务院于1951年颁布了《关于改革学制的决定》，明确规定了中华人民共和国的新学制，这是我国当代学校教育发展的新阶段，不但丰富了教学内容，同时保证了劳动人民子女受教育的平等权利。

（一）凤坪村学校基础教育发展历史

　　凤坪村学校基础教育起源较早，不同阶段呈现出不同的特点。新中国成立前，凤坪村的主要以私塾教学为主；新中国成立后，国家开展扫盲运动，凤坪村学校教育开始起步；为了提高村民的文化水平，国家投资建设学校，这也是凤坪村真正意义上学校教育的开端。

1. 新中国成立前的基础教育

新中国成立前，由于凤坪村地处封闭山区，交通不便、经济发展水平落后、政府不重视等各种原因，凤坪村的教育水平很落后。这一时期由于没有足够的资金修建专门学校，而且村民受教育意识淡薄，凤坪村教育活动主要是以私塾教育的形式展开。

私塾是旧时宗族、家庭或教师设立的教学处所的统称。[①] 访谈得知，凤坪村的私塾教育的教书先生是由东家[②]从外地邀请而来，教书先生一般是有文化、读过书、会识字的汉族人。私塾没有专门的场地，一般设在村内的空房子里。学生不用自带桌椅，东家会将设施安置齐全，两个学生共用一张桌椅。私塾教育的内容主要以识字为主，教材是《三字经》。由于生活贫困，能进入私塾读书的一般都是村里较为富裕家庭的男孩，女孩是不允许读书的，入学的学生虽然不用交学费，但是东家规定学生每半年需要交几斤的菜和粮食给塾师，学生轮流给老师交粮，一个学生负责塾师两天的饭菜。

凤坪村的私塾教育内容和形式比较单一，主要是以识字和思想品德教育为主，且受教育群体局限于村中富裕家庭的男孩子。

访谈 4—1：村民 LFL（男，80 岁，茶农，访谈时间：2020.7.25）

问：您当时读书的情况是怎样的？

答：我 1942 年出生，7 岁上学，那时候没有学校，东家从外地请先生。我们就去空房子里读书。一个村子十多个人去读书，东家准备桌椅，两个学生一张桌椅，每个学生轮流两天负责给老师拿菜和粮食，老师在教书的地方做饭。东家规定我们半年要拿多少斤菜和粮食给先生，放假前也要给老师粮食让他带回去。先生教我们识字。先生咿咿呀呀地一句，"上大人，人之初，性本善。"那时候没有书本，发给我们草稿纸，让我们写字，描红，上面的红字格的要填字。读书是一年两次，读半年放假。有钱的几家请私塾先生了，那几家孩子就可以去读书，其他的没有钱请，他们的孩子就没有办法去读书。开学上学时，父母都会给孩子煮两个鸡蛋、搞

---

① 中国社会科学院语言研究所词典编辑室：《现代汉语词典》，商务印书馆 2012 年版，第421 页。

② 东家指召集受教育学生家长、聘用教书先生、组织安排相关教学事务的村民。做东家的村民，一般是村里经济条件较好，且有一定公心和号召力的村民。

两棵葱、韭菜，鸡蛋寓意结实健康，葱寓意聪明，韭菜寓意长长久久。

2. 新中国成立后的基础教育

新中国成立后，党和国家高度重视民族地区教育，尤其民族地区的基础教育，各级政府实施了一系列措施，推动民族地区基础教育的发展。凤坪村是梅州市唯一的少数民族村落，国家及广东省各级政府对其基础教育尤为重视。广东省政府召开教育发展会议时，不但邀请畲族代表蓝文岑参加，还让他对民族地区如何发展教育发表意见。蓝文岑老先生不但提出要重视民族地区教育，还提出了一些具体的措施和建议。省委、省政府采纳了蓝文岑老先生的意见并筹资兴建学校，这就是今天的凤坪村民族小学。自此之后，凤坪村村民终于拥有了平等接受教育的权利，村民受教育程度日渐提高。

图 4 - 1　凤坪畲族学校　（李佳摄）

（1）新中国成立后到 20 世纪 70 年代初的非完小时期

凤坪村小学的建设从新中国成立后到 70 年代一直还是处于非完小时期。凤坪村是梅州市唯一的民族村，凤坪畲族学校是梅州市唯一的民族学校，其兴建经历了一个较为曲折的过程。1952 年，广东省人民政府开始拨款资助凤坪村建学校，但由于新中国成立初期国家并不富裕，因此所拨款项并不足以建好学校。为了学校能够顺利完工，凤坪村村民主动捐款，并亲自参加到学校的施工建设中。经过一整年建设，"凤坪畲民小学"终于在 1953 年建成并投入使用。"凤坪畲民小学"是周边村落中最早建成的小学，因此很多周边村落的孩子也会来这里读书。当时学校的建筑面积约为 389 平方米，教室和教师房各 4 间，厨房 1 间。学校最初只开设一至四年级的小学课程，五年级则要到邻近的潭山村和大胜村就读。

建校初期，学校共有两位老师和 20 多名学生，只开设语文和数学两门课程。由于学校通常只有 20 多名学生，两位老师，所以采取混合班级的形式上课，分两个"复式班"：一二年级班和三四年级班。学生按照年级编排座位，两位老师轮换教学。学校老师受镇中心小学管理，用客家方言给学生上课，开设的课程只有语文和数学，五年级以后学生若想继续读书，就要去外村，五年级后还会开设科学和品德课。

由于国家大力支持和照顾少数民族地区教育的发展，凤坪村村民上学无须交纳学费，只需要上交课本费。此外，学校还会给少数民族学生发放一定的补贴，金额大概 3 至 5 元不等，以此鼓励更多的畲族子女读书。虽然课本费每本书只需要几角钱，但很多村民还是买不起；而且很多家庭由于家庭贫困，希望子女能够早日帮忙干农活，所以仍有部分家庭子女无法完成义务教育，中途辍学。

访谈 4—2：村民 LMQ（男，73 岁，茶农，访谈时间：2020.7.24）

问：您还记得当时您上学时候的情况吗？

答："我 7—8 岁上学，只上了二年级，那时候学校只有 2 位老师，学校只有四年级，五六年级要去大胜小学读。我们这里是少数民族地区，毛主席时代上学不用交学费，只需要买语文、算术课本，一共一块多钱。学校还会给我们少数民族学生发补贴，一个人 3 至 5 块钱，在当时，钱的面值算比较大了，但很多人还是上不起学，最后没有读书了，在家干活。"

随着国家对各个民族地区教育体制的不断改善，凤坪畲族学校在 70 年代初开始开设五六年级。学校只有 4 位老师，师资力量不足，所以仍然实施混班教学，分成"一二三年级"和"四五六年级"两个大班。座位仍按年级编排，两个人一张桌子，老师分别给不同年级的学生上课，没有轮到上课的学生，就独自写作业，虽然提高了教学效率，但是学生人数还是太少，有时候会出现断班的现象，所以即使设置了五六年级，但是这一时期还不能算真正意义上的完小。

（2）20 世纪 70 年代至今的完小时期

随着 1978 年党的十一届三中全会召开，改革开放政策的实施，国家各项发展计划逐渐走上正轨。凤坪村畲族学校教育也在这样的时代背景下不断调整，进入有序发展阶段。1979 年，学校进行规范化管理，改革开放使村民的经济生活水平不断提高，村民在享受物质文化改善的过程中，也开始注重精神文化的提升，村民越来越多地把孩子送进学校，学生数量逐渐增多，每个年级都可以正常安排和实施教学任务，从50年代建设到80年代初，发展历程将近三十年，教育体制越来越规范，教学质量也在不断提升。1983年政府拨款对学校进行了改造和扩建，"凤坪村畲民小学"总面积扩建至近800平方米，建成了村里的第一栋两层楼房作为教学楼，面积约有300多平方米。在现村委会办公室所在地建成了12间教师宿舍、2间厨房和1间办公室。同时，为了体现上级领导对民族地区学校教育的发展和重视，也为了展现凤坪村学校教育的特点，学校更名为"凤坪畲族学校"，并沿用至今。学校响应国家提出的学生应该实现德智体美劳全面发展的号召，开设了语文、数学、科学、品德、美术等课程。从这一时期开始，凤坪畲族学校才称得上完全意义上的完小。2003年，使用近二十年的教学楼和校舍年久失修，成了危房，严重影响了学生安全。在国家希望工程的推动下，政府拨款对"凤坪畲族学校"实施危房改造，把前期教学楼和教师宿舍全部拆除重建，建成一栋三层教学楼，同时还新建了教师宿舍。

广东省政府为了鼓励教师教学，提高乡村教师教学积极性，在1996年还设置"奖教金"，金额为5万元，专门给在民族地区教学的老师发放。

访谈4—3：LYX（男，75岁，前凤坪村畲族学校校长，访谈时间：2020.7.25）

问：省市里有给民族地区老师什么优惠政策吗？

答：有。1996年，广东省政府为了更好地鼓励教师教学，培养人才，出台惠教政策，即设置奖教金，金额为5万元。每位老师每年都会给予奖励，但是这项奖教机制在2001年被废除了。

当下凤坪畲族学校各方面发展都获得了长足的发展。在师资力量方面，上级教育局不仅为凤坪畲族学校每个年级配备专业老师，同时加强对教师专业素养的培训，定期组织教师外出学习，提高教师教学水平。在学校基础设施建设方面，学校的教学设备不断完善，每个教师都配备办公桌、电脑，教室安装多媒体电脑及投影仪，为老师提供好的教学环境。学校还为学生设置图书室、美术室、计算机室，建设文化墙，宣传畲族文化，全方位为学生提供良好学习条件。在学校课程安排方面，除了语文、数学外，还开设英语、体育、科学、品德、美术、舞蹈、计算机、茶艺课程，从德智体美劳全方面对学生进行培养教育。此外，学校积极响应国家少数民族传统文化建设要求，实施畲族文化进校园教育活动，开设畲族语言学习课，畲语教学以三年级为起点展开，每周1节畲族语言课程教学，由本地畲族老师教学生学习简单的畲族亲属称谓、交往礼仪、畲族历史发展等内容，让孩子从小学习畲族传统文化，传承畲族文化。

访谈4—4：WYE（女，44岁，现任小学校长，访谈时间：2020.7.24）

问：我们学校开设了哪些课程？

答：我们开设的课程有语文、数学、英语、科学、品德、美术、计算机、舞蹈、体育、茶艺课，另外我们有专门的畲语课，都是请本地会说正宗畲族话的人来教，因为现在畲族受外面影响说的畲语都有好几种口音，都不是太正宗。所以我们开设畲语课，就由老师教学生正宗的畲语发音，亲属称呼，畲族历史渊源及传统文化，三年级开始让学生上这个课，每周1节。

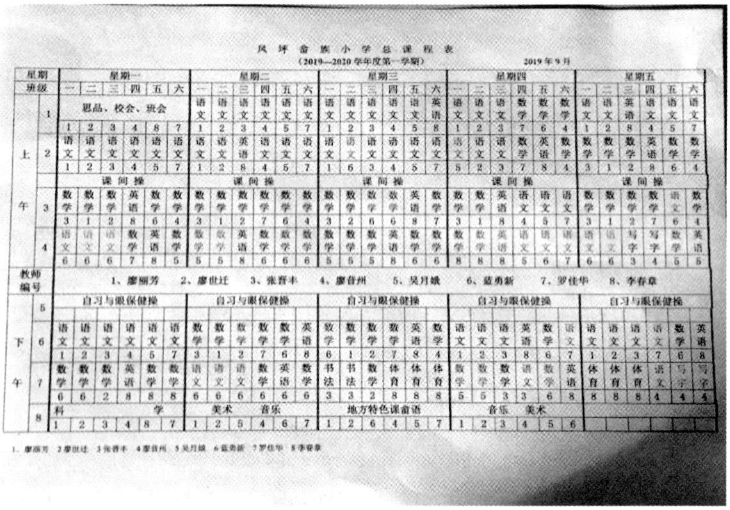
凤坪畲族小学总课程表
（2019—2020学年度第一学期） 2019年9月

星期一 / 班级	一	二	三	四	五	六
上午 1	思品、校会、班会					
	1	2	3	4	8	7
2	语文	语文	语文	语文	语文	语文
	1	2	3	4	5	7
	课间操					
3	数学	数学	数学	英语	数学	数学
	3	1	2	8	6	4
4	语文	语文	语文	数学	英语	数学
	6	6	6	7	8	5
下午 5	自习与眼保健操					
6	语文	语文	语文	语文	语文	语文
	1	2	3	4	5	7
7	数学	数学	数学	英语	数学	数学
	6	6	2	8	8	8
8	科学					
	1	2	3	4	8	7

星期二 / 班级	一	二	三	四	五	六
上午 1	语文	语文	语文	语文	语文	语文
	1	2	3	4	5	7
2	语文	语文	英语	语文	语文	语文
	1	2	8	4	5	7
	课间操					
3	数学	数学	数学	数学	数学	数学
	3	1	2	7	6	4
4	数学	数学	英语	数学	数学	数学
	5	5	8	6	6	6
下午 5	自习与眼保健操					
6	数学	数学	数学	数学	数学	英语
	3	1	2	7	6	8
7	语文	语文	语文	数学	英语	数学
	6	6	6	6	6	6
8	美术 音乐					
	1	2	5	4	6	7

星期三 / 班级	一	二	三	四	五	六
上午 1	语文	语文	语文	语文	语文	英语
	1	2	3	4	5	8
2	语文	语文	语文	语文	语文	语文
	1	6	3	4	5	7
	课间操					
3	数学	数学	数学	数学	英语	数学
	3	2	6	6	8	7
4	数学	数学	数学	英语	数学	数学
	5	5	5	8	6	6
下午 5	自习与眼保健操					
6	数学	数学	数学	数学	英语	数学
	6	1	2	7	8	4
7	书法	书法	数学	体育	体育	体育
	3	3	2	8	8	8
8	地方特色课畲语					
	1	2	6	4	5	7

星期四 / 班级	一	二	三	四	五	六
上午 1	语文	语文	语文	数学	数学	数学
	1	2	3	7	6	4
2	语文	语文	语文	数学	英语	数学
	5	2	3	7	8	4
	课间操					
3	数学	数学	英语	语文	语文	语文
	3	1	8	4	5	7
4	数学	数学	英语	语文	语文	语文
	8	8	8	5	6	7
下午 5	自习与眼保健操					
6	语文	语文	语文	英语	数学	语文
	1	2	3	8	6	7
7	数学	数学	数学	语文	数学	英语
	5	5	3	3	6	8
8	音乐 美术					
	1	2	3	4	5	6

星期五 / 班级	一	二	三	四	五	六
上午 1	语文	语文	英语	语文	语文	语文
	1	2	8	4	5	7
2	数学	数学	数学	英语	数学	数学
	3	1	2	8	6	4
	课间操					
3	数学	数学	数学	数学	语文	数学
	3	1	2	7	6	4
4	语文	语文	写字	写字	数学	英语
	6	6	3	4	5	5
下午 5	自习与眼保健操					
6	语文	语文	语文	语文	数学	英语
	1	2	3	7	6	8
7	体育	体育	体育	语文	写字	写字
	8	8	8	4	4	4
8						

教师编号：1、廖丽芳 2、廖世迁 3、张晋丰 4、廖昔州 5、吴月娥 6、蓝勇新 7、罗佳华 8、李春章

1. 廖丽芳 2廖世迁 3张晋丰 4廖昔州 5吴月娥 6蓝勇新 7罗佳华 8李春章

图4-2 凤坪畲族学校课表 （李佳摄）

访谈4—5：ZJY（女，汉族，14岁，学生，访谈时间：2020.7.26）

问：你们茶艺课有专业的老师教吗？

答：六年级学生教我们茶艺，因为他们从二年级开始学，他们是经过专业老师教的，后来就由他们教我们学习茶艺。教我们如何泡茶，泡茶时

都有哪些礼仪，讲解一些茶文化知识。

图4-3　校园文化墙之一（李佳摄）　　图4-4　校园文化墙之二（李佳摄）

图4-5　教室办公室（李佳摄）　　　　图4-6　多媒体教室（李佳摄）

图4-7　美术室（李佳摄）　　　　　　图4-8　计算机室（李佳摄）

（二）凤坪村学生外出接受基础教育情况及特点

凤坪村学生外出接受义务教育有两种情况：第一种是当凤坪民族学校是非完小时期，凤坪村小学只设置了一至四年级，村民子女在五六年级时必须去外村读。在外村求学的过程中，畲族村民子女有时会因为民族文化的差异与同校的汉族子女发生冲突，引起打架斗殴事件，其原因一方面是因为凤坪村长期经济发展较落后容易遭到歧视，另一方面则是因为畲汉之间的文化差异所引起的不适。如今，伴随着党的民族平等团结的政策深入基层，畲族民众的民族自信心和自豪感增强，周边老百姓也对他们越来越了解，并对其享受的民族优惠政策充满羡慕，对他们当下飞速发展的茶产业深表敬佩，因此已经完全不存在歧视凤坪畲族的现象了。尤其是2019年开始，丰顺县政府决定擦亮"广东畲族发祥地"这块金字招牌，打造少数民族特色村寨——"中国畲族故里"。与此配套，政府还出台了很多优惠的民族政策，如制定了"凡是凤坪村考上大学的畲族子弟都可享受每年1万元奖学金"的政策。这些举措不仅有利于周边汉族了解畲族传统文化，推动了彼此之间的交流互动，同时也进一步激发了畲族子弟的自豪感。

凤坪畲族外出接受义务教育的另一种情况是：现在村民主动放弃在凤坪村接受义务教育的机会，将子女转到城镇，接受更加优质的义务教育。凤坪畲族学校作为梅州市唯一少数民族学校，政府对其发展尤其重视，为学校提供资金改善学校教育教学环境，使得学校的师资力量大大增强，教学设施极大改善。然而，当前学校一至六年级学生依旧很少，每个班只有十几个人，每年依然存在招生太少甚至招不到学生的现象。调研发现，凤坪村很多家长都倾向于把孩子送到城镇地区读书，比如潭江镇、丰顺县及梅州市等城市。

正如前文所述，伴随着凤坪村茶产业的快速发展，有近一半的村民在各大城镇买了商品房，也因此获得了接受城市教育的机会。许多村民平时在城市居住，待收茶时节才返回家乡。大多数家长认为大城市社会发展水平高，各方面设施较完善，教育环境好，教学质量高，更有助于孩子成绩的提升。同时，孩子从小在大城市生活读书，会接触更优秀的人，眼界和思维就会得到拓展和提升。据吴校长介绍，现在凤坪村有100多个孩子在外面的城镇地区读小学。

（三）近七十年凤坪村受教育情况及特点

新中国成立后，随着国家教育政策深入推行，凤坪村村民受教育程度也越来越高。笔者根据凤坪村 2021 年编撰印制的《广东丰顺凤坪畲族—蓝氏族谱》制作了该村各个年龄段的受教育情况的表格（见表 4 - 1 至表 4 - 5），据此分析凤坪村受教育情况，得出以下结论。

表 4 - 1　　　　20—40 年代出生人口受中等和高等教育情况[①]

姓名	出生日期	学历
LCP	1928 年	大专
LHD	1933 年	大专
LCX	1933 年	大专
LRT	1940 年	大专
LQY（女）	1943 年	大专

表 4 - 2　　　　50 年代前后出生人口受中等和高等教育情况

LHH	1950 年	中专
LYX	1948 年	大专
LRG	1948 年	中师
LFS	1952 年	中师
LJH	1949 年	初中
LRH	1948 年	初中
LFJ	1948 年	初中
LLX（女）	1956 年	大专
LYX	1955 年	大学
LGH	1958 年	中师
LTL	1953 年	中专

---

① 表 4 - 1 至表 4 - 5 均根据《广东丰顺凤坪畲族—蓝氏族谱》中的资料数据整理。凤坪村畲族蓝氏族谱编修委员会，编《广东丰顺凤坪畲族—蓝氏族谱》，2011 年内部印刷。

表4-3　　　　　　　　60年代出生人口受中等和高等教育情况

姓名	出生日期	学历
LZH	1964 年	高中
LJH	1969 年	大学
LZH	1966 年	大专
LML	1969 年	大学
ZCM	1966 年	初中
LSZ（女）	1969 年	初中
LZB	1967 年	中专

表4-4　　　　　　　　70年代出生人口受中等和高等教育情况

姓名	出生日期	学历
LXH	1974 年	研究生
LAB	1978 年	大学
LY	1978 年	大专
LTY	1972 年	大专
LJF	1975 年	大专
LRH	1975 年	中专
LYX	1976 年	大专
LAJ	1975 年	中专
LSX（女）	1971 年	大专
LAQ（女）	1977 年	中专
LAJ（女）	1979 年	大专
LSJ（女）	1975 年	中师
LJZ（女）	1976 年	中师
LXY（女）	1979 年	大专

表4-5　　　　　　　　80年代出生人口受中等和高等教育情况

姓名	出生日期	学历
LWYE	1980 年	大学
LRJ	1981 年	中专
LJL（女）	1981 年	中专

续表

姓名	出生日期	学历
LYK	1981 年	大学
LXK	1984 年	中专
LW（女）	1984 年	大专
LWX（女）	1985 年	大专
LWY	1987 年	大专
LYD	1988 年	大专
LK	1984 年	大专
LZL	1987 年	大专
LYG	1990 年	大专
LJZ	1989 年	本科

1. 受教育人数及程度受国家政策影响较大

凤坪村村民在50年代至60年代受教育的人数较多，且受高等教育的人数多。新中国成立初期中国的文盲率高达80%，为了快速提高国民文化水平，扫除文盲成为十分迫切的任务。与此同时，国家非常重视对少数民族干部培养，认为这是实现民族平等团结的基础和重要表现。在此背景下，凤坪村村委响应国家号召，积极开展民族干部培养活动，积极推荐畲族村民上大学。这一时期村民上大学主要以推荐为主，因此20年代至40年代出生的凤坪村人，赶上了推荐上大学的机会，如表4-1所示接受中等以上教育的共有5人，且5人全部接受的是高等教育，接受高等教育的占比是100%。50年代前后出生的凤坪村人，接受中等以上教育的共有11人，其中接受高等教育的有2人，其受高等教育的比例约为19%。造成这一现象的原因，一方面是因为"文化大革命"对教育的影响，学校正常教学活动被终止，村民无法正常上学；另一方面则是因为1977年恢复高考后，人们上大学需要经过考试，上大学的难度大大增加。60年代出生的凤坪村人，接受中等教育以上的有7人，其中3人接受了高等教育，其受高等教育的比例为43%。70年代出生的凤坪村人，接受中等以上教育的共有14人，其中接受高等教育的有9人，约占总人数的64%，值得一提的是还有1人接受了研究生教育。80年代出生的凤坪村人，接受中等以上教育的共有 13 人，其中接受了高等教育的有 10 人，约占总人数的 77%。据此，我们可以得出结论，凤坪村受教育人数越来越多，受教育程度越来越高，尤其是受高等教育的比例逐年攀升。这一方面与我国高等教育已经从精英教育阶段进入大众化教育阶段的背景有关，另一方面也表明凤坪村的经济快速增长与人员受教育程度提升形成了良性互动。

2. 男女受教育比例不均衡

从以上不同年代受教育人数可以看出，凤坪村各个时期受教育人群中都是男性居多，女性受教育人数较少。如表 4 - 1 所示，20 年代至 40 年代出生的凤坪村人，接受中等以上教育的 5 人均为男性；50 年代前后出生的凤坪村人，接受中等和高等教育的 11 人中，有 1 位是女性，约占总人口的 9%；60 年代出生的凤坪村人，接受中等和高等教育的 7 人中，有 1 位是女性，约占总人口的 14%；70 年代出生的凤坪村人，接受中等和高等教育的 14 人中，有 6 位是女性，约占总人口的 43%；80 年代出生的凤坪村人，接受中等和高等教育的 13 人中，有 3 位是女性，约占总人口的 23%。上述数据表明，凤坪村女性接受中等以上教育经历了一个从无到有的过程，而且女性受教育的人数比例正在节节攀升。

男女不平等问题从来不仅仅是性别不平等问题，马克思主义妇女理论认为，妇女解放是人类解放的一部分，性别平等只是实现人的自由而全面发展这个总目标的一部分。在中国，实现妇女解放与摆脱民族国家危机、实现民族国家复兴的总目标融为一体。新中国成立后，党和国家特别注重保护妇女的平等权益，1955 年毛泽东主席提出"妇女能顶半边天"，自此男女平等的观念日益深入人心。1992 年 4 月 3 日，经第七届全国人民代表大会第五次会议通过《中华人民共和国妇女权益保障法》是为了保障妇女的合法权益，促进男女平等，充分发挥妇女在社会主义现代化建设中的作用，根据宪法和我国的实际情况而制定的法律，规定"妇女在政治的、经济的、文化的、社会的和家庭的生活等各方面享有同男子平等的权利"。《中华人民共和国妇女权益保障法》中第三章即为"文化教育权益"，规定"国家保障妇女享有与男子平等的文化教育权利"。正是在这一大背景下，凤坪村村民打破了传统的"重男轻女"观念，重视对女孩的教育培养，使得凤坪村的女性获得了平等的受教育权，从而得到了更大的发展。

二 社会教育

（一）成人教育

1949 年 9 月 29 日，具有临时宪法作用的《中国人民政治协商会议共同纲领》明确提出"中华人民共和国的文化教育为新民主主义的，即民族的、科学的、大众的文化教育"；同时在第五章"文化教育政策"中规定："加强劳动者的业余教育和在职干部教育，给青年知识分子和旧知识分子以革命的政治教育，以应革命工作和国家建设工作的广泛需要。"①

党和政府为了积极推进国家教育发展，除了建设学校教育，加强基础教育外，还要求各地根据实际情况，结合村民实际状况，开办夜校，为村民提供学习机会。据参加过夜校的村民介绍，凤坪村夜校开办地就是现今的凤坪畲族学校，由从事学校教育的老师给村民上课，主要教学内容以识汉字为主。村委会要求只要不识字、文盲的村民都要去夜校学习。村民对政府的号召积极响应，白天种地干活，晚上成群结队地去学校学习，学习热情十分高涨，在凤坪村掀起一股学习文化知识的热潮。

访谈 4—6：村民 LMQ（男，71 岁，茶农，访谈时间：2020.7.17）

问：我们这里当时除了学校教育外，有没有其他形式的教育？

答：有的。我父亲那时候读书，有段时间有夜校。因为很多没有办法上学的人，没有文化，上级又要求有什么指标，所以村里就办夜校。就在现在学校那个地方，由当时学校老师抽出时间帮忙上课。当时就学习简单的汉字、算术，都是自愿去学习，人还挺多的，都是吃完晚饭，洗完脸和脚过去。夜校里的老师都是义务帮忙，没有工资。夜校就办了一段时间，很快就停了。

（二）民族干部培养

新中国成立后，由于民族地区大多分布在偏远地区，经济发展水平滞

---

① 新中国六十年成人教育大事记编委会编：《新中国六十年成人教育大事记》，北京工业大学出版社 2010 年版，第 1 页。

后，政治制度也不完善，为了尽快推动民族地区发展，国家需要在民族地区培养大量领导干部。当时，国家少数民族干部数量较少，无法满足推动民族地区快速发展的需要。毛泽东同志认识到少数民族的力量，所以提出民族干部培养任用政策，要求"青海、甘肃、新疆、宁夏、陕西各省及一切有少数民族地方的地委，都应开办少数民族训练班或干部训练学校"①。各地积极响应党中央要求，开展少数民族干部的培养选拔工作，在少数民族地区设立民族院校、民族干部培训班等。同时，根据各少数民族地区实际，推荐有上进心、忠诚于党的少数民族积极分子去参加民族干部培训。这些举措为民族地区培养了大量优秀的民族干部，提升了民族地区的管理水平，推动了民族地区社会经济的快速发展。

凤坪村自新中国成立后一共开展了两次民族干部培养。第一次是20世纪50年代开展的民族干部推荐和培养工作，村民蓝潮平、蓝汉鼎、蓝传熙被推荐到广州南方大学少数民族干训班，3人结业后返回凤坪村参加工作，为凤坪村的社会经济发展做出了自己的贡献。20世纪60年代，凤坪村又推荐蓝凤楼、蓝瑞强去海南通什学习，主要学习普通话、拼音等文化内容，学习1年返回凤坪村参加工作，蓝凤楼曾在生产队当队长。这一时期，还有部分畲族村民被推荐上大学，按照民族干部的模式来培养，如蓝瑞汤、蓝青英被推荐去广东韶关医学专科学校学习深造，蓝奕轩被推荐到华南师范学院学习深造。这些被推荐出去受过高等教育的村民学成返乡后投身凤坪村的发展建设，为凤坪村的社会经济发展做出了较大的贡献。比如，蓝奕轩返乡后在村小学教书，为凤坪民族学校的发展奠定了基础，此后他又去潭江镇从事行政管理工作，成为一名优秀的民族干部。总之，在党和国家的领导下，凤坪村的民族干部培养工作开展得卓有成效，凤坪村干部文化素质大大提升，有力地推动了凤坪村的乡村发展。

访谈4—7：村民LFS（男，70岁，茶农，访谈时间：2020.7.17）

问：您知道我们村民族干部培养吗？

答：知道呀，新中国成立后村里有3个名额，让去民族学院学习。蓝潮平、蓝汉鼎、蓝传熙报了名，然后村里看他们也比较忠实就推荐他们去

---

① 毛泽东：《关于大量吸收和培养少数民族干部的指示（1949年11月14日）》，中央文献研究室编：《建国以来重要文献选编》第1册，中央文献出版社1992年版，第39页。

了。他们学完以后就回村当干部，蓝潮平回来后就在潭江镇当副社长，就相当于现在副镇长，后来又回到凤坪村在大队茶厂当厂长。

问：民族干部培养一共有几次？

答：去了两批，第二次是蓝奕轩作为少数民族代表参加了，被推荐到华南师范学院上大学，学完回来就在村里教书，后来镇上（以前是乡）需要民族干部，就让他去当乡长，后来又到镇上工作，最后是以干部身份退休的。还有一个学医的，学习回来之后，在丰顺医院当院长。

除了学习文化知识和专业技能外，对民族干部的培养还要加强对其的党政教育，因为党的领导是国家繁荣富强的基础和前提，是我们社会主义建设取得成功的根本保障。凤坪村一直重视加强对民族干部的党政教育，村委会领导班子经常出去开会学习，认真领会党和国家最新的会议精神，并将其落实到自己的本职工作中。此外，还及时召开村民大会传达各级各类会议精神，让群众及时了解党和国家发展动向。并且，坚持每月开展一次党政教育活动，督促党员干部群众不断增强自身的党性修养。近几年，凤坪村开通了公路，交通条件大大改善，同时茶产业的飞速发展使老百姓的生活越来越富裕，老百姓对村委的干部满意度越来越高，领导干部与群众之间关系越来越融洽。

访谈 4—8：村民 LFJ（男，75 岁，前村委书记，访谈时间：2020.7.20）

问：您当书记时，怎么开展党政教育？

答：主要就是开会，学习党和国家会议内容，不过那时候条件差，外出不容易，当时去开三级会议，一开就很多天，讲怎么生产，怎么发展，回来后在村里开大会，把会议内容和国家政策方针传达给群众，那时候开展党政教育活动的次数不多，现在基本上一个月一次。

（三）生产劳动技能教育

畲族作为一个以刀耕火种为主的古老民族，主要分布在偏僻山区，在传统社会中过着不断迁徙的山居生活，大多生活比较艰苦。因此，在畲族人民的传统观念中，劳动技能的获取是大多数家庭首要关注的问题，读书识字对贫苦家庭而言是一种奢望，是富裕家庭才会考虑的事。凤坪村畲族定居该村有 600 多年的历史，主要从事山居农业，包括种植、狩猎、烧炭、种茶等生计方式，这些劳动技能通过父子相传的家庭传承方式被保留下来，有些因为时代变迁已经失传，有些则因为时代发展被传承和创新。

1. 种植技术教育

新中国成立前，凤坪村村民的主要农作物是稻谷和番薯，每家每户都会种几亩稻谷和一些番薯。据村民 ZXR 介绍，稻谷是村民日常生活粮食，所以种植稻谷是每位村民的必备技能。村民在家庭生活中，耳濡目染习得了种植稻谷的技术。凤坪村有水田 420 多亩，分布在海拔 800 多米的半山腰，分为一年两熟和一年一熟两种田地类型。凤坪村的水田以梯田形式呈现，梯田在我国南方山区常见，在北方山区却不常见，因为南方山区雨水充沛、植被茂盛、便于储水，也就便于建造梯田。夏秋季节一般雨水充沛，能够充分满足水稻生长的需要，也有赶上雨水较少难以维持水稻生长的时候，农民们就会利用前期积蓄的雨水进行灌溉。村民们祖祖辈辈积累了丰富的梯田种植经验，形成了一整套耕地、整地、育秧、插秧、施肥、防虫害的生态知识与劳动技能。在传统社会中，子女从十二三岁就开始跟随父母下田劳作，在实践中掌握农耕技术。

除了种植水稻之外，凤坪村村民还非常擅长种番薯。凤坪村的水田面积有限，又加之田地海拔较高，田地多为"冷浆田"①，因此产量较低，粮食产量不能满足村民的需求。为了饱腹，村民必须大量种植番薯。番薯是一种高产且适应性强的粮食作物，在畲族分布的地区广泛种植。畲族百姓生活有"半年番薯半年粮"的说法，"番薯丝饭"是畲族传统饮食的一大特色。凤坪村村民掌握了一整套番薯种植的技术，如起垄施肥、栽插、施肥、控旺等技术，还熟练掌握了番薯的储藏方法、"番薯丝"的制作方法等。畲族子女在劳动和生活的过程中，逐渐掌握这些劳动技能，并代代相传至今。

不过，随着凤坪村人口经过了外流务工、回流种茶的生计方式变迁，很多青壮年已经不会种植水稻和番薯了，这些传统的劳动技能也逐渐在凤坪村失传。

2. 狩猎技术教育

游耕与狩猎在相当长的历史阶段中一直是畲族两大重要生计方式，畲

---

① 冷浆田，即分布于高山上的田地常从地底涌出泉水，涌出的泉水温度低，被当地老百姓称为"冷浆田"。

人在历史上以"善射猎"著称，曾有过"家家皆猎户"的时代，人们外出总是携带着锋利并敷有毒药的弩矢。① 凤坪村村民居住在凤凰山下，新中国成立前，村民非农忙季节就会上山打猎，主要猎物有野猪、刺猬和山羊。村民狩猎一方面是为了满足肉食的营养需要，另一方面则是为了防止野兽破坏粮食作物，例如野猪和刺猬都会踩踏稻谷，影响稻谷产量。村民的狩猎技术都是从父辈那里继承和学习的，这些狩猎技术代代传承。但是今天凤坪村村民已经很少狩猎了，因为很多动物被列为保护动物，而且肉食的获取已经非常容易，无须狩猎得到，因此狩猎技术的传承难以为继，年轻人几乎不会打猎。

访谈 4—9：村民 ZYX，（男，61 岁，茶农，访谈时间：2020.7.17）

问：你们会打猎吗？谁教您的？

答：会啊，那时候都上山打野猪。当时种完地，没事干，就上山打野猪，那些野猪会踩踏稻谷，把稻谷都破坏了，影响产量，所以我们要打它，把它赶跑。我们打猎都是老一辈人教的，现在很少有人打猎了，山上猎物很多都不能打了。

3. 烧炭技术教育

在传统社会中，大部分畲族都掌握了烧炭技术，因为这是畲族传统生计方式中的重要一项。凤坪村畲族也有烧炭的传统，村民在山上垒窑子，砍伐树木将其放到窑子里烧，把烧好的木炭挑到街上去卖。烧炭虽然赚的钱不多，但却是畲族在贫穷年代的主要收入来源之一。自从改革开放凤坪村村民进入城市打工，烧炭业就渐渐淡出了人们的日常生活，烧炭技术也无人学习了。

访谈 4—10：村民 LFX（男，62 岁，茶农，访谈时间：2020.7.17）

答：以前比较穷，家里要吃要穿都要靠烧炭卖钱。烧炭是有技术的，炭烧的不好，就卖不到钱，这技术也是祖传的，首先要在山里用泥巴垒个宽 1.5 米、高 1.2 米的窑子，然后去山里砍树，把砍的树放到窑子里烧，里面加火，那时候窑子里会很热，然后出去看烟囱出现青烟，就不烧了，木炭就基本烧好了。

---

① 方清云等：《敷木山中的畲族红寨——大张坑村社会调查》，华中科技大学出版社 2018 年版，第 64 页。

4. 种茶技术教育

凤坪村的种茶历史悠久，几乎每位村民习得了种茶制茶的基本技艺。种茶技术一般是家庭中代代相传的，无论男女都可以学。传统的制茶技艺是纯手工的，每家制出的茶不但因茶叶本身的品质呈现出差异，也因制茶工艺各家不同而略有不同。种茶虽然并不难，主要包括栽苗、浇水、施肥等，但制茶程序却比较复杂，包括很多环节，大致包括采茶、晒青、晾青、做青、揉捻、上筛、烘焙这几项程序。随着社会发展，凤坪村制茶基本上依靠机器，制茶比以前更加快捷方便，产量大大提高，质量也更加好。大面积种茶，对种茶技术要求也越来越高，很多村民都会去潮州等地学习精细种茶方法。县里为了保证村民茶产量的稳定，也会定期来凤坪村开展种茶注意事项宣传活动。在上级领导的指导和村民的自我摸索下，凤坪村茶产量在逐渐增长。村民产业越做越好，生活也越来越富裕。部分外村或外地嫁入凤坪村的媳妇，也逐渐习得了种茶的全套技术。在传统社会中，凤坪村的制茶技术主要是家族传承。但今天在政府优惠政策的鼓励下，在团结互助的行业氛围下，制茶技术的传承已经打破了传统的封闭传承，而变成了开放式的传承。村民的子女虽然因为要接受九年制义务教育，很多都在村外读书，不会像传统社会那样很早就参与制茶劳动，但寒暑假回家帮忙时，也会耳濡目染习得制茶技艺。除了传承模式发生改变外，传承的技艺也变得越来越精细。

访谈4—11：村民ZXY（男，52岁，茶农，访谈时间：2020.7.18）

问：我们这里种茶，村里会给我们讲怎么提高茶产量吗？

答：村里没有。都是上面丰顺县会来这里宣讲，大概一年一次。宣讲怎么施肥、浇水，茶叶用完药之后，多久能采摘，茶叶那个农药怎么打，比如15天、12天或者20天这样打一次，有下雨就10天打一次，没有下雨就20天左右打一次，都是丰顺县组织部派技术员下来讲，在学校门口的操场上摆个桌子，村民自己去看看就知道了。

访谈4—12：村民ZXR（男，50岁，茶农，访谈时间：2020.7.17）

问：你们以前种植什么？现在为什么都在种茶了？

答：以前种粮食稻谷、番薯，但是不够吃。有的家还养一两头猪，其他就没有了。其实我们以前也种茶，是生产队的，种的不多。后来村领导提议开荒种茶，慢慢就种得多了，茶苗都可以去潮州瑶平买，而且村里也会教我们种茶，其实村民大多数也懂得怎么种茶，就是怎么精细种植知道的不多。村里会请专业的技术人员来教茶幼苗要怎么种植，怎么浇水，怎么打药。村里大多数人都会种茶，有些是听家里说的，有些是在村里宣传下学的。制茶麻烦得很，你要摘茶、晒茶、晾青、炒茶、卷茶等。像现在摘茶就很麻烦，你要是摘香茶的话，早上有露水不能摘啊，等到露水干了才摘啊，下午三四点没有太阳的时候，就不用摘的啊，没有太阳晒，就做不出香味。制茶有很多程序，有时候操作技术不到位，就会影响茶的质量。特别是炒茶的时候，温度太高了就会焦，现在有机器了，都可以设置好时间和温度，这样就不会把茶炒坏。

访谈 4—13：村民 LZZ（女，50 岁，茶农，访谈时间：2020.7.17）

问：种茶制茶的技术只有男孩才学吗？

答：男女都可以学种茶制茶，因为小孩从小都在旁边看，看着看着就会了，但浪茶需要教一下，这个过程需要技术。茶从茶园采回来，要用太阳晒，一般两点钟到四点去晒，晒的差不多了，就要收起来，然后晚上七点钟的时候，要慢慢翻，翻个四到五次，茶香就慢慢出来了，这个过程就叫"浪茶"。"浪茶"这个过程没搞好，茶质量就不好了。"浪茶"要特别注意温度，温度很不好把握，需要边做边用心感觉。虽然男女都会，但日常分工中，制茶的大部分都是男的，女的一般是领着工人去采茶。

三 家庭教育

家庭是个体出生后最早置身的文化空间，家庭成员是个体接触并维持亲密关系最久的社会个体，因此家庭及其成员从生活的方方面面影响着个体思维方式和行为方式的形成。[①] 2021 年 10 月 23 日，第十三届全国人民代表大会常务委员会第三十一次会议通过的《中华人民共和国家庭教育促进法》中指出，家庭教育是指父母或者其他监护人为促进未成年人全面健康成长，对其实施的道德品质、身体素质、生活技能、文化修养、行为习惯等方面的培育、引导和影响。家庭教育是学校教育与社会教育的基础，会对孩子人生观、世界观、价值观、性格等产生潜移默化的影响，在

---

① 庄若一：《家庭教育之社会责任——促进个体社会化》，《安徽文学》2018 年第 6 期。

人的一生中起着奠基的作用。

（一）良好的性格品质教育

畬族非常注重家庭教育。孩子从小就要学习家训，熟悉如何对待亲属长辈，如何交友待人、与邻居相处等，还把家训写入《蓝氏族谱》中，希望能代代传承下去，可见畬族人对家庭教育的重视。村民的家庭教育既重言传，又重身教。在传统社会中，畬族孩子一般8岁或9岁就要跟随父母去田地里干活。这样做的目的一方面是让孩子体会父母的辛苦，对父母的养育产生感恩之心，另一方面也是为了让孩子懂得生存艰难，明白只有发奋读书才有出路。今天，虽然凤坪村的生活水平有了很大提高，孩子也因为学习繁忙而没有更多机会参加农业劳动，但父母还是会在寒暑假要求孩子参加采茶制茶劳动。另外，在凤坪村调研的过程中，我们发现无论是村民还是孩子见到我们都很热情，我们的提问他们都很耐心地回答。孩子们遇到陌生人来家造访都会主动打招呼，若熟悉的长辈或老人来家，孩子们会非常自觉让座敬茶。

访谈4—14：村民LFX（男，62岁，茶农，访谈时间：2020.7.18）

问：村里怎么教育孩子从小养成好品质？

答：首先让他去做苦工，体验父母的辛苦，这样他才会认真读书，长大才会有出息，而且才会感恩父母的付出。平时读书放学了，就要喊他们帮忙收茶，从小就要学会帮父母干活。让娃尊老爱幼，我们做父母的要做在前面。以前我老爸生病了，我让老婆杀只鸡炖给老爸吃，到现在我大儿子还记着这件事。过去，我自己敬阿公了，尽孝心了。我的孩子就会学习，孩子一直对老人很有孝心，他们夫妻也很和睦。而且，孩子小的时候，我们就告诉他们见着人了要叫人，不要跟其他人打架。

（二）畬族语言传承

语言是一个民族区别其他民族显著的特征，也是群体成员情感沟通的重要工具。畬族是一个有语言没文字的民族，畬族家庭是孩子学习语言的重要场域。凤坪村畬族与周边汉族交往交流十分频繁，在此过程中彼此文化互渗，汉族习得了畬族的某些文化，畬族也学会了汉族某些文化。从某种程度上来说，凤坪村的蓝姓畬族与钟姓汉族已经相互交融、不可分离了。在此过程中，我们发现凤坪村的"畲话"却被很好地保存了下来。虽然凤坪村的钟姓汉族也会说畲话，但这并不能否定"畲话"的独特性，原因在于凤坪村之外的汉族并不会说"畲话"，凤坪村的"畲话"与闽浙赣畲族所讲的语言一致。凤坪村中老一辈人生活在大山深处，大多数只会讲畲话；新时代的年轻人和孩子不仅会说畲语，还会说普通话。凤坪村年轻人和孩子在村里讲畲话，在外讲普通话，他们常常根据实际情况自由切换语言模式。"畲话"对他们而言意味着本民族的历史和文化，意味着家乡的青山绿水，意味着永远铭记的乡亲和乡情。嫁入凤坪村的汉族媳妇、从小就外出学习的小孩，都在努力学习说畲话。基于老百姓的需求，上级政府非常重视民族传统文化的保护和传承，鼓励学校开办特色畲语课程，让孩子在学习基础课程之外，加强民族语言的学习。这充分体现了国家的民族平等民族团结的基本准则，也充分彰显了政府对畲族文化的独特性的尊重。

访谈 4—15：村民 ZYX（男，汉族，59 岁，茶农，访谈时间：2020.7.18）

问：村里人都会讲畲话吗？

答：我们这里所有人都说畲话，因为我们一直都在这里住啊，受上村畲族影响，我们也会说畲话。我孩子他会说汉语也会说畲话，平时还是说畲话多，我们在家都说畲话，有些外面嫁进来的媳妇也在学说畲话。

访谈 4—16：村民 XGF（女，47 岁，嫁入的媳妇，茶农，访谈时间：2020.7.18）

问：您会说畲话吗？您认为孩子应该说普通话还是畲话？

答：会，我跟村民学的，说的不标准，孩子肯定都要说啊，自己作为少数民族，民族话不能忘，也要会说，现在普通话也很重要，也要会说。在本地说本地话较多，方便交流。

综上可知，畲族很注重家庭教育，从孩子幼年时期就开始教育孩子在交友、待人、接物等方面应具有的品德。虽然每个家庭教育方式不一，但都重视言传身教。"畲话"是我国畲族认同的一个重要的文化标志，今天的凤坪村村民仍然在现实生活中广泛应用，这充分彰显了畲族百姓强烈的民族认同感和强大的文化自信。

结　语

　　凤坪村畲民自新中国成立以来一直居住在大山之中，社会经济发展基础非常薄弱。在党和政府的关心和支持下，学校教育从无到有、从弱到强，学校教育体制逐渐完善。虽然从非完小到完小经历了一段艰难时期，但现在凤坪村的民族学校已经达到现代化教育的基本要求。与此同时，凤坪村村民的子女还有机会进入城镇中学读书，接受与城镇居民子女同样优质的教育，这是畲族受教育平等权利的体现。此外，党和政府还为已经成年的凤坪村村民提供了夜校培训和劳动技能培训，一方面让他们获得外出交流的能力，另一方面也为乡村社会经济发展提供了智力支持。总之，今天凤坪村村民的教育水平全面提升，凤坪村下一步的发展将再上一个新台阶。

第 五 章

民　居

　　文化涵化是文化创新和重构的重要途径，它是指由两个或两个以上不同文化体系间持续接触影响而造成的一方或双方发生的大规模的文化变异。① 我国是一个多民族国家，中华各民族在几千年的文化交流互动中，形成了"你中有我，我中有你"的中华民族多元一体格局。凤坪村为梅州市所辖，梅州是客家民系的最终形成地、聚居地和繁衍地，更是全世界客家华侨的祖籍地和精神家园，被尊称为"世界客都"。地处客家文化的汪洋大海，凤坪村的畲族文化也被打上了深深的客家文化烙印。此外，凤坪村行政区划在历史上长期隶属潮州，清乾隆三年（1738 年）才划归梅州，因此凤坪村畲族文化中也有浓厚的潮汕文化底色。所以，在凤坪村传统民居建筑中，我们既可以看到客家文化的痕迹，也能看到潮汕文化的深刻影响。

一　凤坪村"下山虎"民居的结构与功能

　　据统计，凤坪村内现存古民居共 31 座，时间最早的有近一百年历史。凤坪村的民居被称为"下山虎"式建筑，又名"双跑狮"式，是指该建筑由三面房屋一面墙壁组成，是潮汕建筑样式之一。粤东地区包括汕头、潮州、揭阳、汕尾等潮汕四市，以及梅州丰顺、大埔等地的常见民居即为此样式，在山区农村较为普遍。"下山虎"式民居形状如下山之虎或爬行之狮，房屋以中轴线对称分布，为三开间，正屋居中，中央开间为整座房

---

　　① 林耀华：《民族学通论》，中央民族大学出版社 2018 年版，第 397 页。

子的正厅，两侧各一"大房"。正屋前方为天井，天井两侧各有一"格仔"和一"厝手"与"大房"相连，"厝手"与"大房"均作卧室使用，形成了"一厅二房二厝手"的格局。这样，以大门为嘴，两间前房（"厝手"房）为两只前爪，后厅为肚，后厅两侧两间"大房"为两只后爪，下山之虎的形态便被勾勒出来了（见图5-1）。

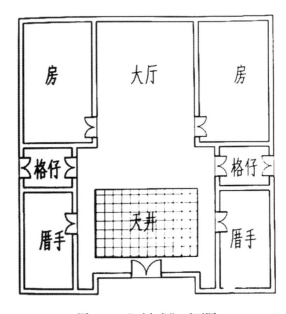

图5-1 "下山虎"平面图

资料来源：摘自《丰顺县潭江镇凤坪村村庄整治概念规划》。

（一）正厅

开门入室首先映入眼帘的便是正厅，正厅位于房屋正中央。正厅不仅是家庭聚餐的场所，更是家庭祭祀、婚丧嫁娶的重要场合。正厅一般会紧靠后墙中央放置一张条案（当地人称其为"龙神桌"），条案下方地面中间的位置多设置龙神的神龛，保佑家宅平安、人丁兴旺等，条案一般用作贡桌，各家会根据需要摆放观音像、财神像、香炉等。有些村民家庭会在条案两侧和前方摆放八仙桌，作为置物桌或餐桌使用。

正厅后墙上方常会悬挂镜框作为装饰，有些家庭也会将毛泽东像悬挂于此。家里父母长辈的遗像会悬挂在两侧，以右为先。"镜框左边是我的家婆，她去世就挂上去了，右边空着是为我的家公预留的，因为右边比较大嘛。"①

图5-2 正厅 （王嘉琦摄）

（二）大房

正厅两侧"大房"均为卧室，大房内一般紧靠后墙摆放一张木床，侧面放置柜子、桌子、椅子等家具，受空间限制，墙面会安装挂钩挂衣服。由于房间仅有一扇窗户朝向屋外，房间采光较差，有时白天也需要开灯。大房高约三分之二的地方（高度根据自己的需求）会用木头铺设一层"顶"，将房屋高处隔离出一个"半层"，主要用于储物，修建时间较晚或重新修缮过的老房子还会在紧贴后墙的位置铺设楼梯上顶。

以前"半层"的主要功能是储存物品，但是现在由于茶产业的兴盛，雇佣工人较多，没有足够的居住空间，所以也会有家庭加固"半层"并放置床铺以供采茶工居住。

"以前上面从来不住人的，是用来放东西的，小时候会爬上去玩，放一个像榻榻米一样的那种垫子，上面很黑还会有很多虫子，我们都不敢住的。但是现在采茶的时候要请很多工人来，没有那么多地方给住，就只好把这里修一修偶尔给工人住一下。"②

---

① 访谈对象：LXY，女，47岁，茶农，访谈时间：2020.7。
② 访谈对象：LXY，女，47岁，茶农，访谈时间：2020.7。

图5-3 大房的"半层"卧室 （王嘉琦摄）

（三）格仔

与两侧大房相连的为两间"格仔"，大房屋门朝向格仔，通过格仔可以到达正厅和天井。格仔在靠近大房的一侧，左右墙壁均设有门或门洞，分别通往屋外和正厅。通往正厅的门或门洞位于大房门窗中间的位置，通往屋外的一侧设置边门，两侧边门和两侧"格仔"通往正厅的门处于同一水平线上。村民日常出行会根据需要选择走大门或者边门，择优出入，但在重大仪式如婚礼、葬礼时，只允许走正门。

"平时三个门都会用的，结婚和葬礼的时候肯定是不能让人家从侧门走的，要从正门堂堂正正地走进来。"①

"格仔"的主要功能是作为厨房或会客厅使用。兄弟分家前，共用一个厨房，两侧"格仔"则一边为厨房，一边为会客厅；兄弟分家后，兄弟两家各自生活，两边的"格仔"便都演化为厨房；也有家庭人口众多，无力新建房屋的时候，"格仔"便兼具厨房、会客和卧室三种功能。

访谈5—1：村民ZYF（女，50岁，茶农，访谈时间：2020.7.19）

问：这两个中间的房子（格仔）如果都是厨房，那客人在哪里招待呢？

答：因为我们家几个儿子都已经结婚了呀，两边分给两个儿子家住，就有两个厨房。来了客人就在厨房这里坐着聊天，后来儿子多了连厨房都

---

① 访谈对象：LFS，男，68岁，访谈时间：2020.7。

图5-4　"格仔"可连通天井与屋外　（王嘉琦摄）

做成卧室了，厨房也可以做成小客厅。

"下山虎"厨房一般使用土灶，用建房的黄泥垒成四方的灶台，放一口大锅，下面设有添柴口。这种灶台与北方汉族使用的土灶有两处明显不同，北方土灶有鼓风设置，灶内无烟囱设计，但凤坪村"下山虎"民居的土灶与烟囱一体，无鼓风设计。有些家庭还会在灶台上方供奉灶神，称其为"灶里的财神爷"。

这种土灶一般建在"格仔"与"厝手房"相连的墙壁一侧，灶门朝向天井或屋外方向，斜上方嵌入墙内的有木质碗橱，随着生活条件好转，有些家庭还会在靠近边门的一侧安置水缸或安装水管，方便用水。

访谈5—2：村民LQH（男，54岁，茶农，访谈时间：2020.7.19）

问：这个添柴口上面垒起来的是什么？有没有鼓风的地方？

答：是烟囱，烟直接就从这里出去外面了。不需要鼓风的地方我们的柴也烧得很旺的。

问：这个灶台上面是灶神吗？

答：不是灶神，这是我们的财神，灶里的财神。

图5-5 村民家供奉的灶神 （王嘉琦摄）

（四）厝手房

两侧的厝手房是正屋除两间大房外的另外两间卧室。厝手房与格仔相连，但墙壁之间没有打通，两间厝手房的屋门相对，朝向天井。厝手房相对大房来说面积较小，常作为小辈的居住场所。

随着生活条件逐渐改善，年轻人对生活环境的要求逐渐提高，许多年轻人在旧房边建造新房，旧房多闲置，或用来养殖禽类，或经改造用来做茶。当前，旧房多由老人居住，或是老人住在大房，厝手房作为储物间；或是老人住在厝手房，大房改装成制茶的工作室。还有一些"下山虎"民居经过了修缮或重建后，将格仔和厝手房改造为开放式的会客厅，但仍然保留了大房以及屋内的陈设。

（五）横屋

由于山区土地面积小、地形条件复杂、交通不便等诸多因素，凤坪村的古民居建筑形制较小，这使得家庭人口增加后的住房需求难以满足。因

图 5 - 6 厝手房 （王嘉琦摄）

**图 5 - 7 厝手房和格仔改为开放式
会客厅 （王嘉琦摄）**

图 5 - 8 厝手房和格仔改为厨房 （王嘉琦摄）

此，许多家庭会在"下山虎"的正屋两侧扩建横屋。横屋的建造时间多
为正屋建成后一二十年乃至更长时间，核心家庭的儿女成年结婚后要与父
母分居，但原有的正屋难以满足儿女的分房需求，扩建横屋解决了这一问
题。村里现存的民居中有只在房屋一侧建横屋的情况，也有在两侧均建横
屋的情况。

横屋的内部结构与"下山虎"的正屋有诸多相似之处，类似向左或
向右旋转 90 度简化后的"下山虎"。横屋由一厅三卧一天井组成，以右
侧横屋为例，大厅朝向正屋的侧面外墙，厅前有天井，大厅右侧设两卧
室，卧室外墙与正屋后墙平齐，左侧设一卧室，卧室外墙凸出于横屋大
门。横屋的各间房屋和天井面积与正屋相比较小，左侧横屋与右侧横屋仍
依正屋中轴线呈对称布局。

横屋通过正屋侧门与正屋相连，后卧前方空地常用作厨房和餐厅，大

厅与横屋的大门距离较近，是日常娱乐、喝茶等活动的场所，重大节日、祭祀等活动仍在正屋大厅进行。

访谈5—3：村民LQH（男，54岁，茶农，访谈时间：2020.7.20）

问：横屋是什么时候做的？各个房间都是用来做什么的？

答：我们兄弟两个结婚以后自己做的。平时做饭、吃饭、睡觉就都在这边，横屋的大厅就可以吃饭呀、聊天呀、喝茶呀什么的，然后另外三间房就都是卧室，后面卧室前面的这个空地也可以吃饭。平时有什么大事的时候，结婚呀什么的都在正屋的大厅做，供奉也在正屋大厅。

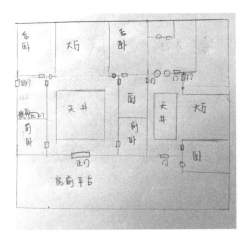

图5-9　右侧有横屋的"下山虎"平面图　（王嘉琦绘制）

图5-10　两侧均有横屋的"下山虎"民居　（王嘉琦摄）

图5-11　从横屋大门拍摄右侧横屋内景　（陈前摄）

二　凤坪村"下山虎"民居的变迁

"下山虎"式民居是凤坪村畲族和汉族共同居住的民居，也是潮汕人常见的民居样式，体现了畲民与汉族民系①在民居文化上的交流互动。当前凤坪村畲民所居住的房屋主要分为两类：第一种是传统的"瓦寮"，即单层的"下山虎"民居；第二类是边前后的"两层楼""三层楼""四层楼"的"下山虎"民居，这是村民在改革开放之后引入现代建筑技术和现代建筑材料修建的钢筋混凝土建筑，是传统与现代结合的产物。

（一）改革开放前凤坪村的传统民居

在早期山居游耕时代，畲民以树枝、茅草、树皮搭建茅寮，又称"畲寮"，"畲寮"分为山棚和泥间两种。自畲民在凤凰山区定居后，传统的游耕转变为定耕，畲族的民居不再是短期居所，而是长期居住且能传之后代的居所。同时，定居有利于财富的积累，畲民有更多的财富投资于民居建设，因此畲族民居也逐渐从茅寮发展为瓦寮，也称"瓦厝"，即屋顶用瓦片覆盖的房子。瓦寮的建造一般就地取材，用山上常见的树木、毛竹为墙。凤坪畲族自定居在凤坪村后，学习了潮汕人的"下山虎"民居样式，开始用树木、毛竹、夯土、石头等砌筑。新中国成立后，随着山路的修通，凤坪村"下山虎"样式民居逐渐从木质结构发展成砖瓦结构。今天我们在凤坪村看到的被称为传统民居的房屋，是该村现存最古老的民居样式，大都距今有两百多年历史。因民族文化旅游的需要，这些原本破败的建筑经过了全新整修，变得干净敞亮，重新焕发出蓬勃生机（如图5－12）。

（二）改革开放后至21世纪初的"下山虎"民居

改革开放后，村民的经济收入增长很快，外出务工积累了一定财富，也开阔了眼界，纷纷返乡建楼房，两层"下山虎"成为凤坪村新民居的

---

①　潮汕人大部分是福佬人，福佬人和客家人都是汉族民系。因此潮汕文化和客家文化，都是汉族文化的发展和变迁后产生的新的文化样式。

图 5-12 "下山虎"民居外观 （王嘉琦摄）

标配。两层"下山虎"民居的一楼的形制与传统"下山虎"建筑大体一致，房屋内部除传统的客厅、厨房、卧室之外，还将现代卫生间引入室内。二楼也按照一楼的形制对称建造，中间为小客厅，两边分别为两间卧室，三间房前面一楼为露天平台以效仿"下山虎"天井的形制，这种二层小楼还在露天平台上开一个"露天天窗"，使得一楼客厅大堂中间露天，但为了安全起见，大部分家庭都选择安装上透明玻璃。相对于最初的传统单层民居，这种两层小楼空间更大，也更加坚固。

（三）21 世纪以来的"下山虎"民居

当前，村子里的楼房大多建于十几年前，约是在第一批村民们开始返乡种茶谋生之时建造的。自 2000 年之后，凤坪村村民的经济收入不断提高，生活水平不断改善。尤其 2014 年后，为了追求更高质量的生活环境，许多村民将老房推倒修建新房，其住宅形制在两层"下山虎"民居基础上，继续向纵深方向发展。新楼房一般为 2—4 层，一楼的格局类似于半边"下山虎"格局，一般一楼右面有厅，左面为厨房和做茶的工作室，二楼左面有厅，右面为卧室，两层楼房更像是将"下山虎"拆成左右两部分后的叠加。凤坪村茶产业发达，村里家家户户种茶卖茶，因此几乎每户楼顶建有天台，不少人家还在楼顶做了阳光瓦防水，以便于阴雨天晒茶。

图 5 – 13 村民楼房露台的阳光瓦 （王嘉琦摄）

三 凤坪村传统民居"下山虎"的建造过程

凤坪村"下山虎"民居是畲族文化与福佬文化、客家文化涵化的结果，其建造过程主要有以下几个阶段。

（一）选址

建房前首要的准备工作是请风水先生（又称地理先生）看风水，选择房屋修建的最佳方位，确定最吉利的朝向。房屋可建在村民自家的宅基地上，也可以与其他村民商量交换建房土地。风水先生会在选定的土地上，用罗盘根据周围的山势、水口等条件进行判断，指出建房应该注意的诸多问题以供房主参考。

村子里的房屋大多根据山势、光照等问题选择朝向，一般为坐东北朝西南。大约在 20 世纪 80 年代，在东北侧山麓土地开发趋于饱和后，西南侧山麓也被少量开发，出现了一些坐西南朝东北的房屋。房屋的选址一般背山近水，风水先生则会根据山脉走向、水流的源头及流向等因素确定房屋的具体朝向、地基的高度、动土的日期，如果遇到风水不好又无法迁移的情况，还会在建房前开展一些仪式来辟邪，如在厅堂位置埋"七宝"（七宝：粟、麦、豆、茶叶、铜钱、灯芯、竹钉）。

访谈 5—4：村民 LFS（男，68 岁，茶农，访谈时间：2020. 7. 20）

问：您盖房的时候，房子的朝向、阳光、水源这些有什么讲究吗？

答：有啊，会从附近的村子请来风水先生看一下，像房屋朝向、动土日子他都会告诉你的。他会看水源的流向，拿一个罗盘看这个水是从哪里流下来的，好不好，然后根据这个调整房子的朝向。房子地基放高一点，放低一点，盖的时候要出多少，进去多少，这些都会说。

（二）准备材料

由于地处深山，交通不便，凤坪村古民居的建材全部取自大山，经过村民手动加工后就可用于建筑。这些建材一般由三种材料制成：黄泥、石头、木材。黄泥用于制作建筑的墙体以及屋顶的瓦片，木材一般选用杉树，用于制作整个房顶的结构、制作门窗，石头用于平整地基和装饰。房主根据经济条件不同，准备建筑材料花费的时间也不同。经济条件好的，会一次性备好建筑材料，一个月就能把整座房子盖好；经济条件差的，则会边建房边准备材料，先盖一部分，边盖边筹备后续工作，整个筑房过程可能会持续几年甚至几十年。

访谈5—5：村民LQH（男，54岁，茶农，访谈时间：2020.7.21）

问：盖房子这么多材料要准备多久呀？盖好一座房子要多久？

答：也不用直接准备齐，先盖一些出来，边盖房子边准备材料。盖房子的时间就没法说了，有钱的话，一个月就做好了。穷人家就只能慢慢做，有钱了就做一点，再有钱了就再做一点，有的人家一座房子几十年都没有做完，也是正常的。

（三）动工

在备好部分或全部材料后，到了风水先生选定的破土日，房屋的建设工作就正式开始。房屋的建筑需要请一位木匠和一位泥匠，当地人称木匠为"鲁班先生"，称泥匠为"何叶先生"。

建房第一步是平整地基。房屋的高低与风水有关，因此风水先生会根据测算给出一个地基高度，筑房的人将地基做到指定高度。地基用石头铺设，石头有防止雨水侵蚀房屋的功能。

建房第二步是筑墙。与现代建筑不同的是，凤坪畲族传统民居在筑墙前没有立梁柱这一步，而是直接砌土墙。村民LQH认为老房子的墙体是没有承重墙这一说法的，每一面墙的厚度均为一尺左右，都非常结实。

村里现存的传统民居墙壁的建筑方式主要有两种。一种由黄泥打夯筑成，将处理好的黄泥灌进墙体的模子里，用夯砸实，再将模子上移，重复该步骤直至墙体筑成。另一种做法是先用黄泥制成黄泥砖，然后用黄泥砖筑墙。先将黄泥浸水后加入稻草增加土砖的硬度，然后借助牛力在泥上反复踩踏以增加黄泥黏性，最后将踩踏好的黄泥放入木质的砖模内，制成黄泥砖，黄泥砖晒干后即可使用。筑墙时，将黄泥砖交错铺开后，中间用黄泥连接，筑成房屋土墙。

访谈5—6：村民 LXY（女，47 岁，茶农，访谈时间：2020.7.21）

问：您家里自己做过土砖吗？土砖做好后用什么把它们黏起来呢？

答：做过的，我们做房子之前都要先自己做好土砖的。去山上挖黄泥，弄湿了然后在田里晒，人和牛一起去踩黄泥，加点稻草，放进模子里晒干了就可以用了。连接黄泥砖的也是黄泥，但那个黄泥里会放一些石灰，进一步增加黏性。黄泥砖要错开往上码，然后用黄泥黏在一起，就很结实了。

20 世纪凤坪村经济状况较差，建房成本高，因此房屋建设周期长，所以在筑房时一般会先把正厅及两侧大房做好，其他诸如格仔、厝手、横屋等可以选择延期建设或直接不建。

第三步为盖瓦。盖瓦是整个房屋成型并保持常年坚固不倒塌最重要的一个环节，屋顶的瓦片可以防止雨水侵蚀，确保土墙不倒塌。瓦片是由黄泥烧制而成，过去凤坪村有专门烧瓦的工厂，有特定的瓦片模板用来烧制瓦片。盖瓦前，需要制作檩条、椽子等，准备妥当后将黄泥烧制的瓦片铺制上去。铺设土瓦时，瓦片之间不需要黏结，以大瓦为阳做瓦槽，以小瓦为阴做瓦瓴，这样就以"阴阳盖"的形式把可能漏雨的缝隙封闭了。

访谈5—7：村民 LQH（男，54 岁，茶农，访谈时间：2020.7.21）

问：您家里做老房子的时候瓦是自己做的吗？瓦烧多久才可以够一栋房子用？

答：有一个瓦厂，我就自己去山里挖黄泥，然后弄湿了用牛踩，踩的黏黏的，就去到瓦厂那里烧，用他们的模子烧，给他一点钱。烧瓦要很久的，不过我们那个时候做房子也没有钱一口气做完，就先烧一些，边做边烧的，没有瓦的地方就给他包起来防止下雨把墙弄坏掉。

第四步是在墙体上贴石头。石头一般贴在靠东的两面墙体上，老房的正面墙体一般也都会铺设石头，其主要目的是防止从山的东侧袭来的台风，同时还起到了装饰的作用。

（四）请龙神

新宅建成后需要进行请龙神的仪式，又叫做安龙神。龙神是家家户户都敬奉的保护神，可以保佑这一户人家健康平安、人丁兴旺等。村民们新房建成后，通过一套复杂的仪式将龙神请回家，龙神与这个家庭的联系就通过大厅地上的"龙神口"建立。凤坪村现存的传统民居中，很多家庭的大厅条案下都有一个用砖铺成的小口。据村民介绍，这个小口叫做"龙神口"，而大厅小口之上的条案也被称为"龙神桌"。此外，在传统民居屋后还有用砖和石头砌起的半圆形建筑，被称为"化胎"，化胎一般建在屋后山坡的斜面上，"化胎"被认为是龙穴所在。凤坪村有句老话"千金的门楼，万金的化胎，四两的家"，用以形容化胎在传统建筑中的重要地位。

如今现存的民居大多为新中国成立后所造，受公社化、破四旧的影响，大部分建筑的"化胎"已被拆除，而"龙神口"被部分保留下来。

图 5-14　大厅的龙神桌
（王嘉琦摄）

图 5-15　龙神桌下的"龙神口"
（王嘉琦摄）

图 5 - 16　化胎　（王嘉琦摄）

图 5 - 17　被拆掉的"化胎"
遗迹　（王嘉琦摄）

四　凤坪村"下山虎"民居的文化内涵

（一）风水观念

根据文献记载，凤坪村畲民在此居住至少已有 600 多年，山居生活中积累的宝贵经验许多都蕴含在"风水"文化中。人们认为房屋建筑有好的"风水"才能保佑整个家庭兴旺发达，"风水"欠佳也要通过一些方法来改变，风水观念决定村民建房选址、房屋朝向以及内部结构等。房屋破土动工、灶台的安置等都要请风水先生选日子、选朝向，屋内常年供奉龙神，灶台上方常年供奉灶神。凤坪村民重视看风水，尽管风水先生的酬劳较高，村民还是坚持这一做法。据村民 LFS 介绍，村民十分尊重风水先生，不但按照惯例给足风水先生的钱，而且往往比惯例再多给一点。LFS以前是凤坪民族学校的老师，他说当他一个月工资只有 160 元的年代，请一次风水先生就要花掉 100 元，由此可见风水先生酬劳高且非常受尊重。

调研时，常常听到村民们在谈论自己家或其他人家里发生的好事时，往往将其归因于民居的风水好。村民 ZJL 在介绍自家老房子时说："我们家房子风水是最好的，我家公在世的时候自己就会看风水，他找了这么一个地方，我家的几个孙子全都考上了大学。"村民 LTZ 在谈到姐姐蓝帕英家的房子时说道："我姐姐家的房子是我爸爸给她做（看风水）的，我爸爸是村子里的风水先生，她那个房子风水很好，她住在里面生了好几个儿子。"

风水观念在凤坪村传承至今,新中国成立后破除封建迷信的活动开展后,凤坪村的风水观念有所淡化,但部分年老村民依然会在建新房时坚持看风水。我们第一天到达凤坪村,就发现在凤坪村村道边的一栋房子的大门朝向与相邻两家的有差异,显得特别奇怪。后经访谈了解到该户村民认为自己大门正对着村委、小学和道路是非常不吉利的,所以她略微调整了大门的朝向。此外,在村子里调研,我们常常看到部分村民新建的楼房大门上方挂着一个八卦,据村民 LTZ 介绍,这是因为大门正对的地方有许多楼房遮挡,从风水的角度讲会有不干净的东西进到家里,因此挂一个八卦把这些邪物避开。我们在村里还发现一些新建的楼房居然使用一个旧大门,簇新的房体与斑驳的旧门显得非常不协调,原本以为是为了物尽其用,其目的是勤俭持家。调研后才知道,使用老房拆下来的大门或者在新门上加装旧门的门环,是因为门环中也蕴含着"好风水",五圈相叠的金属门环,象征道家文化的五行,一圈比一圈高,象征子孙后代青出于蓝。房屋周围的树木种植也有讲究,种树忌种松树,因为松树被砍掉后不会像其他很多树一样继续发芽生长,而是会很快死掉,房屋周围种植松树会对子孙后代有不好的影响,因而忌种松树。

图 5-18 大门上方的八卦
(王嘉琦摄)

图 5-19 五层门环
(王嘉琦摄)

(二) 实用观念

凤凰山区濒临大海,时常受到台风的侵袭,因此如何应对台风和雨水的侵蚀是凤坪村民居面临的最大挑战,传统民居中的朝向选择、材料选择以及房屋布局等也会充分考虑到这两个方面。由于深山地形崎岖,大片平地难找，加之建房材料难以获取，凤坪畲族的传统民居建筑面积较小。为了防止台风将房屋顶的瓦片吹走，为确保屋顶安全，畲民的传统住宅一般较为低矮。房屋朝向选择上，凤坪村的房屋一般没有正东或正北的朝向，多为坐东北面西南，这种朝向可以保证台风袭击房屋时两面斜着的墙壁共同分散风力。房屋地基较低时，墙壁低处会用石头铺成，高处再完全使用黄泥，房屋朝向台风的两面墙壁也会铺满石头，这一切都是为了防止风雨渗透和破坏房屋。房屋外侧窗户较少，也是为了减少台风带来的危害。天井的设计就是为了增加房屋的采光，大房窗户靠近大厅和天井，目的也是更好地从天井处取光。尽管村民为了防止台风和雨水做了很多努力，但是传统民居还是常常受到损害，其中受损害最直接最大的就是屋顶。由于修建技术的限制，传统民居屋顶的瓦片未经灰浆黏结，以"阴阳盖"的形式铺成，容易脱落，因此村民时常需要修补屋顶瓦片。

图 5 - 20　墙面贴满石块地域台风
（王嘉琦摄）

图 5 - 21　采光的多边形窗户
（王嘉琦摄）

（三）家族观念

在传统社会中，凤坪村村民在孩子结婚时几乎很少会修建新房，他们一般会将旧房的一间卧室收拾整理后给新婚夫妇居住，婚后与父母同在旧房中生活，虽然有些家庭会在婚后分开烧饭用餐，但是仍居住于同一座房子，共同在同一厅堂进行婚丧嫁娶、祭祀等活动。少数较富裕的家庭，则会在原"下山虎"民居旁再新建横屋，由建立独立家庭的成年子女居住。所以无论从家庭成员的心理上，还是从房屋的格局上，都保持着既彼此独立又紧密相连的状态。

改革开放后，许多村民开始修建楼房，部分成年子女家庭开始搬出旧房独立居住，但是大多数老人习惯于仍然居住在传统民居中。通常情况下，新房和旧房相隔不远，有许多新建的楼房和旧房已经打通相连，在日常生活中家庭之间仍然保持着相互独立又相互联系的关系。还有部分家庭在修建了新房之后，分散居住在村子里，但是每逢特定的节日会相约一大家子的人共同回到老房中进行祈福祭祖等活动。现今村子里仍然可以感受到较为强烈的家族意识，有许多家庭会定期聚齐拍摄全家福。据此我们可以看出，传统民居在每位家庭成员心中已经远远超越了物态的存在，而是家族凝聚力的神圣空间。

访谈5—8：村民LTZ（男，63岁，茶农，访谈时间：2020.7.22）

问：现在老房子您还去吗？

答：去呀，有一些仪式的时候会去那里做，过年的时候也会一起去那里。我们几兄弟所有成员在那个门口拍了全家福，我自己家每年也都要拍全家福的。

凤坪村传统民居的家族意识还体现在它承担了祠堂的功能。新中国成立前，凤坪村有4个祠堂，1座钟氏祠堂和3座蓝氏祠堂，供奉着凤坪钟氏的祖先和蓝氏3个支系的祖先。新中国成立后，4个祠堂被拆毁，并将原祠堂占地分配给村民建房。祠堂被毁前是特定时节村民祭拜祖先之地，也是家族举行大型的婚丧嫁娶事宜之地。祠堂被毁后，祭拜和婚丧嫁娶等活动则转移到每个家庭的正屋大厅中。

访谈5—9：村民ZJL（女，75岁，茶农，访谈时间：2020.7.22）

问：祠堂里面主要做什么的？

答：祖先的牌位放在那个祠堂里面，有重大节日都会去祭拜。祠堂被推倒的时候烧牌位，我们去把部分牌位藏起来。等新祠堂建好的时候，我们再把东西全部放回去，以后去那里祭拜。

图 5－22　互相连通的新旧民居　（王嘉琦摄）

（四）生态观念

畲族历史上是个山居民族，有漫长的山居生活历史。在此过程中，畲族也积累了丰富的山居生活经验和智慧，畲族民居中无处不透露着自然生态和谐共生的特点。畲民能够合理地利用自然生态环境，因地制宜地创造生产和生活的条件，包括就近取材建造房屋等。同时还能够根据房前屋后的地势和田地的实际情况种植不同的植物。比如水田一般安排种植水稻，旱地和坡地则安排种植生命力顽强的番薯南瓜，房前屋后的低矮坡地还会安排种上茶树，屋子附近种植橡树以驱除蚊虫。

访谈 5—10：村民 LTZ（男，63 岁，茶农，访谈时间：2020.7.22）

问：为什么村里有那么多橡树呢？

答：橡树能防蚊虫，用了它蚊虫会少很多的，村子里很多人家都会种的。风从那里吹过来，就刚好把他的香味吹到家里了，蚊子闻到这个味道就不会来了。

畲族屋子一般背山近水，目的也是更好地满足生活所需。在传统社会中没有自来水，村民将剖开的毛竹节节打通相连，以此将山上的泉水引入自己家中。山泉水清冽，且常年流动不息，无须过滤净化就可以饮用，家中的一切生活用水均来源于山泉。即使今天已经有了自来水，村民仍然习惯在大山里寻找水源做成水窖，引一根管道通到家中。此外，家门口也有河流流经，河水清澈也可作为生活用水。

图 5 - 23　房屋前的菜园　（王嘉琦摄）

访谈5—11：村民LQH（男，54岁，茶农，访谈时间：2020.7.23）

问：您家的水是山上的水吗？有没有枯水期？

答：水就是我们从山上自己找水源引下来的，山泉水很清、很干净，直接就可以喝，没有脏东西，也不需要交水费。枯水期也有，到时候我们就会去找水，以前这房子前面是小河，河水不像现在这么脏，那时候很清澈，也可以用。

图 5 - 24　鸡舍　（王嘉琦摄）

图 5 - 25　屋后的水窖　（王嘉琦摄）

五　"下山虎"民居文化内涵的继承与发展

"下山虎"民居是凤坪村的传统民居，它有几个特点：第一，畲族和汉族都采用这种建筑形式，因此"下山虎"民居很难从文化特征上判断到底是哪个民族的文化样式。客观地说，"下山虎"民居充分融合了福佬文化、客家文化、畲族文化。在我们调研的过程中，我们还发现有个别畲族建房的形制有"围龙屋"的特点，虽然是个例，但表明同一地域的不同文化样式之间的互动是非常常见且难以避免的事实。第二，"下山虎"民居在当代凤坪村出现社会跨越式发展的背景下，已经被当代文化深刻影响了，从传统的单层发展为多层，并且在局部做了创新。自 2014 年后，凤坪村的回流人口越来越多，村民的经济收入也越来越多。外出开拓了眼界的村民对建房有了更多追求和想法，如果说此前凤坪村仍然停留在对传统"下山虎"形制的局部改变，或者是建多层的"下山虎"民居之外，那么今天的村民会用现代建筑的文化观审视自己的传统民居，提出要修建现代化的别墅。

但是，无论是传统民居还是现代别墅，传统的风水观、家族观、生态观仍然得以体现。近些年，在新建住房时村民仍会请地理先生来看风水，虽然这些观念如今已经慢慢淡化，比如，建房前仍然遵循风水先生的建议；传统大厅的龙神桌如今安置在电视下面；一家兄弟姐妹、父母子女大多相邻居住，或直接将相邻的几栋房子打通，可以经常串门聊天喝茶。

结　语

畲族一直是个不断迁徙的民族，在迁徙过程中与周边族群的文化交流十分频繁。为了适应凤凰山区的自然生态环境，凤坪村畲民将传统畲族建筑"寮"的建筑形制改成潮汕地区汉族传统民居"下山虎"的形制，经历了从单层"瓦寮"、双层"下山虎"和多层"下山虎"民居三个历史阶段，并在此基础上建造"横屋"来适应新的家庭环境，体现了民族间文化交流的过程。改革开放以来，打工潮的出现使凤坪村青壮年劳动力外出务工，学习并吸收了现代文化，面对现代建筑文明的冲击，传统"下山虎"形制的民居在凤坪村正在日渐发生变化。当前凤坪村畲族民居与当地汉族民居没有明显的差异。近些年凤坪村逐渐意识到打造文化独特性的重要性，政府开始致力于民族传统文化的复兴，已开始宣传畲族传统文化，并出资再建畲族祠堂，目的是想在保持"下山虎"民居文化本真性的同时，吸收借鉴现代建筑的优势，打造出独具特色的新时代畲族民居。

第六章

服　饰

王明珂教授将服饰视为一种文化性身体建构，是一个人或一群人"身体"的延伸，透过此延伸部分，个人或人群强调自身的身份认同。[①]服饰文化是一个民族传统文化的重要组成部分，也是彰显民族身份的重要标志。凤坪村现存关于畲族服饰的文字材料相对较少，我们只能从现存的实物或访谈中对凤坪村畲族服饰文化的发展轨迹进行探索。

一　凤坪村畲族服饰的历史变迁

畲族主要分布在东南沿海，与周边民族之间的互动特别频繁，服饰逐渐与周边的汉族服饰没有差别了。福建和浙江两省是畲族人口相对集中的地区，因此这两地的畲族服饰还保留着较为鲜明的民族特色。广东潮州凤凰山在畲民的记忆中是畲族发源地，但此地的畲族人口日渐减少，服饰文化也日渐流逝了。

（一）新中国成立前：畲族服饰文化逐渐流逝

新中国成立前的凤坪村畲族传统服饰的文字资料缺乏，笔者通过访谈了解到大部分村民没见过祖辈服饰中有花边、彩带、凤凰等图案装饰，也没有找到保存下来的服饰实物或图片。村民 LFS 表示自己在年幼时，曾见过祖父母有穿着贴有花朵图案彩带的衣服，到了父母一辈图案装饰的服装就消失了，根据他的年龄推算，其祖父母的服饰应该出现在 20 世纪初。

---

① 王明珂：《羌在汉藏之间》，中华书局 2018 年版，第 14 页。

据此我们推测，粤东畲族服饰特色的逐渐消失时间大概是 19 世纪末 20 世纪初。

访谈 6—1：村民 LFS（男，70 岁，茶农，访谈时间：2020. 7. 17）

问：您有没有见过带图案的衣服？

答：我小时候我的奶奶有那样的衣服，但是到我的妈妈这里就没有人穿了。衣服上面就有像现在发的这种衣服一样的花，衣服边上是彩色的。也有那种黑布鞋上面绣了花，也有绣凤凰的。不过这种衣服只有我奶奶有，我妈妈从来都没穿过有图案的衣服。后来因为太穷，家里又忙，就没心思做了。

（二）新中国成立后到改革开放前：畲汉服饰日渐趋同

20 世纪 30 年代至 50 年代，凤坪畲族服饰逐渐与周边汉族服饰趋同。这一时期凤坪村村民的服饰具有实用性强、款式和花样朴素的特点。根据对村里 70—90 岁老人的访谈发现，这一时期凤坪畲族村民结婚服饰没有格外精心的准备，只是在自己已有的日常服饰中挑选一套较为干净整洁的即可。少数经济条件较好的村民，则选择新做一套服装，但其颜色、款式、质地等与日常服饰相同，大多为蓝色，几乎未发现结婚穿红色服装的情况。

1. 服饰质地

在传统社会中，畲族服装从种植苎麻到纺线织布到剪裁成衣都自己完成，新中国成立后凤坪畲族的服装制作不再自己完成，而是倾向于购买麻布请裁缝师傅制作，因此传统的服装制作工艺逐渐在村民的日常生活中消失。这一时期服装的质地较单一，大多仍为麻布材质，十分清凉舒适，便于村民上山劳作，不会感到闷热。

2. 服饰颜色

畲族历史上就有"种靛"或"种蓝"的传统，"靛"和"蓝"两种植物是蓝色和黑色的染料的来源。凤坪畲族服饰历史上就以蓝、黑两色为主，鲜少见到其他颜色。新中国成立后，受生活条件和传统积习的影响，畲民做衣服所选用的麻布颜色仍以纯黑和纯蓝为主，上衣、下裤、盘扣、腰带均为同一颜色，色彩单一，且无图案点缀，以实用和方便为主。

访谈 6—2：村民 LCH（女，82 岁，茶农，访谈时间：2020. 7. 18）

问：您以前穿的衣服是什么颜色的？身上每一个配件都是这个颜色吗？

答：蓝色的，上面下面都是蓝色的，然后裤子很宽，有一个布条把他在（腰）这里捆起来，裤子就不会掉。身上所有的部位都是用一样的布做的，全部是这个颜色。

3. 服饰款式

新中国成立后，凤坪畲族传统服饰的款式基本与当地汉族人相同，女装类似于民国时期的旗袍，为右衽门襟、立领、盘扣；男装为左衽门襟或对襟，盘扣，着对襟者居多。男装女装均为上衣下裤，女装很少有裙装。上装盘扣有 5 颗、6 颗、7 颗之分，5 颗盘扣代表未婚，6 颗代表已婚并育有子女，7 颗代表已婚且已有孙子孙女出生，村民可以根据上装中盘扣的数量来判断家庭人口情况。但这种区分后来逐渐消失，越来越多的畲民不分年龄均身着 5 颗盘扣的服饰。这一时期，外来服装时尚已经开始慢慢进入凤坪村，部分男性开始着"中山装"款式的现代服饰，而且此款式被认为是过年过节的正式着装或者时髦着装。与此同时，妇女着装相对保守，仍然保持了传统的右衽门襟、立领、盘扣的形制特点，这种特点直到20 世纪 60—70 年代才开始变化，女性服饰也逐渐取消了右衽门襟的款式，开始进入对襟款式时代。

访谈 6—3：村民 LTZ（男，63 岁，茶农，访谈时间：2020.7.22）

问：您小时候见到的老人家穿的衣服都是这样吗？5 颗扣子系起来，正面 2 颗，侧面 3 颗。所有人都这么穿吗？

答：也有 6 颗和 7 颗的。结婚有小孩了，就在侧面加 1 颗扣子，看到了就知道他做了爸爸妈妈了，做爷爷奶奶了就再加 1 颗，别人看到了就知道他有孙子孙女了。后来穿的人很少了，大家都更喜欢穿 5 颗扣子的，穿 6 颗 7 颗扣子的人很少了。

访谈 6—4：村民 LPY（女，81 岁，茶农，访谈时间：2020.7.23）

问：您穿过画像上（图 5-14）的这种衣服吗？

答：穿过的，就是也在这里（颈下锁骨处）系扣子，然后这里（上身右边侧面）也有。那个是男人也有这样的衣服的，男人的扣子在左边，女人的扣子在右边，男左女右嘛，男人和女人的衣服样子长得差不多的，就是扣子的方向不一样。女人的衣服还是这个样子（右衽门襟）的时候，男人就很少穿侧面系扣子（左衽门襟）的了，大家都穿中间系扣子（对襟）的衣服比较多。

图6-1　20世纪70年代村民夫妻画像　　（王嘉琦摄）

（三）改革开放后：现代服饰盛行

随着商品经济的发展，服装类型越来越多元化。这一时期，凤坪村传统服饰逐渐被市场上售卖的各类现代服饰取代，村民的衣着逐渐与我国其他地区的人们着装趋于一致。在城市打工或定居的村民能够自由地在城市的各大服装专卖店购买服装，在凤坪村留守的村民则可以在凤坪村的"集市"（凤坪畲族学校门前）上自由选购。这一时期的服饰具有多元性、时尚化、更新快等特点。第一，服饰具有多元性。随着改革开放和人口流动，凤坪村的畲族广泛地进入广州、深圳、汕头等沿海城市打工，城市人的着装深深地吸引和影响了村民的着装。凤坪村村民努力融入城市生活，学习了城市人的生活习惯和着装习惯，现代的裤子、裙子、衬衫、开衫、T恤等成为村民们的日常服饰。第二，服饰开始有了时尚化的追求。作为中国改革开放的前沿阵地，广州、深圳聚集了大量的年轻人，两城市服饰一直都走在中国服饰时尚化追求的前沿。每当一种服饰时尚流行时，两城的大众都纷纷效仿。凤坪村的村民在融入城镇化的过程中，也学会了捕捉流行时尚，根据城市流行服饰来不断调整自己的着装。第三，服装款式更新越来越快。此阶段的村民服饰已经完全脱离了传统的"自制"阶段，因为随着服装行业的发展，服装制作的成本迅速下降，购买服装的成本远远低于自己或请师傅剪裁衣服的成本。与此同时，村民们对服装审美要求越来越高，凤坪村剪裁制作服装的师傅的手艺更新的速度无法满足村民对美的追求。因此，这一时期凤坪村村民更愿意购买市场上的更加便宜和时尚的服饰。

图6-2　村子"集市"售卖的衣服　（王嘉琦摄）

（四）2018年至今：畲族特色服饰复兴与重构

2014年，凤坪村人口开始大规模回流，凤坪村的茶产业开始跨越式发展。丰顺县委、县政府开始致力于挖掘凤坪村畲族传统文化，希望通过复兴畲族特色文化，为凤坪村的经济发展注入生机和活力。自2018年开始，凤坪村开始重视对畲族传统文化的挖掘和保护，畲族服饰文化的挖掘、整理、复兴、重构工作被提上日程。一方面，凤坪村村委会派出专班到畲族服饰文化保存较好的福建、浙江两省考察，并从浙江景宁引入了畲族传统服饰；另一方面，凤坪村村委还在村民中加大了畲族传统服饰文化的宣传，在村子主干道两侧立起宣传牌介绍畲族服饰，也在村委会设立专门的展厅来展示福建、浙江等地的畲族服饰文化。2019年，香港丰顺同乡联谊总会向凤坪村捐赠了970套畲族服装，这些服装的款式在浙江景宁的畲族服饰的基础上进行了改造，与凤坪传统服饰的款式类似，但花纹更加鲜艳。女性服饰由上衣、裤子、围裙、头饰四部分组成，男性服饰由上衣、裤子两部分组成。每年丰收节或重大节庆时，村民们会统一着民族服饰参加庆典。自此，消失多年的畲族传统服饰文化得以复兴和重构，重新进入了凤坪村老百姓的日常生活。

图6-3 村委会展厅内的畲族服饰 （陈前摄）

访谈6—5：村民LXS（女，31岁，茶农，访谈时间：2020.7.16）

问：这些民族服装都什么时候穿呀？热吗？

答：丰收节的时候，村里会叫我们穿去。这衣服肯定热呀，但是这样能发展我们的民族文化嘛，也没关系的。朋友来玩的时候会穿着一起拍照，他们都觉得很高兴。我们不会觉得热的，大家都很愿意穿，穿了也为我们村子好嘛。

图6-4 畲族女装裙子
（王嘉琦摄）

图6-5 畲族女装上衣
（王嘉琦摄）

图 6 - 6　畲族女装围裙　（王嘉琦摄）

图 6 - 7　畲族女装头饰　（王嘉琦摄）

图 6 - 8　畲族男装上衣　（王嘉琦摄）

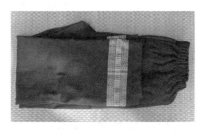

图 6 - 9　畲族男装裤子　（王嘉琦摄）

图 6 - 10　村民着民族服饰留影
（王嘉琦摄）

图 6 - 11　村民着民族服饰留影
（王嘉琦摄）

二 畲族传统服饰文化的寻踪

畲族传统服饰以女性服饰特点更为鲜明突出，其中蕴含了丰富而深厚的畲族传统文化，承载了畲族久远的历史记忆。在畲族传统的女性服饰中，又以"凤冠"和"彩带"最具特色，是畲族具有标志性的文化因子。

（一）对畲族"凤冠"的追寻

畲族传统服饰被称为"凤凰装"，关于"凤凰装"有一个美丽的传说。传说高辛帝把三公主嫁给畲族的始祖盘瓠王时，亲手为女儿戴了凤凰冠，并让她穿镶嵌了珠宝的凤凰衣，祈愿女儿能像凤凰一样，生活幸福吉祥。后来公主的女儿出嫁时，公主也给自己的女儿穿上了凤凰嫁衣，如此"凤凰装"就作为畲族女性的传统服饰流传下来。畲族"凤凰装"中最具特色的是头饰，也被称为"凤冠"。"凤冠"具有标识功能，能区分不同地区的畲族支系，如福建境内的畲族头冠，大多以地名来命名，有着诸如"福鼎式""罗源式"等的差别；而在浙江境内，凤冠又有浙南"泰顺式"、浙西南云和县的"雌冠式"以及与景宁县的"雄冠式"等的差别。除了区分支系之外，畲族的头冠还可以与女性的上衣、围裙、腰带等一起构成有年龄区别的"老凤凰装""大凤凰装""小凤凰装"等。总之，"凤冠"或"头饰"是畲族传统服饰的重要组成部分。

文献记载，畲族早在唐代就是"左衽椎髻"的装扮；明代的凤凰山区畲族妇女仍流行椎髻卉服，即头饰高髻；清代畲族"男女椎髻"，男子"不巾不帽"；女子"高髻垂缨，头戴竹冠蒙布，饰璎珞状"。笔者在调研中，并未发现凤坪村有"凤凰装"的服饰遗存，也没有见到造型独特的"凤冠"。尽管在《潮州凤凰山畲族文化》①一书中记载，凤凰山区的畲族同胞有猫儿头童帽、头巾、风帽等，但笔者在调研过程中也未发现猫头帽或狗头帽等童帽。今天村民记忆中，凤坪村妇女儿童最常见的头饰是头巾，将一块方巾对折，长边紧贴额头，绕头一圈，在头后部系起即成。此

---

① 中共潮州市委宣传部：《潮州凤凰山畲族文化——风俗习惯》，海天出版社2010年版，第67页。

外，妇女还常戴一根发簪，即将方巾头后的边角与长发绕在一起，盘成发髻（发髻高度以不影响戴草帽为宜），然后用簪子固定。妇女们表示，她们在发式方面并不讲究，也没有婚前婚后变换发式的说法。这种头巾与簪子相结合的盘头方法，一直保持到改革开放前。

综上可见，凤坪村畲族妇女历史上曾经有"椎髻卉服""头饰高髻"的时代，但是这种发式在今天已经渺然无踪了。我们推测，凤坪村畲族的服饰在发展进程中，从注重服饰的审美和象征功能，逐渐转向注重服饰的方便性和实用性。今天凤坪村的畲族认为盘发和使用头巾的主要目的，是防止上山种茶采茶时，不会被树枝挂住头发。

访谈6—6：村民ZXX（女，61岁，茶农，访谈时间：2020.7.20）

问：您小时候家里有没有用过头巾？头巾是什么样子的？多大？

答：有啊，我妈和我家婆都有，就这个样子的（方形的），对折起来，包在头上，然后和头发缠在一起，在头的后面这里（后脑勺往上一寸左右）扭成一团，放一个叉子（簪子）插进去固定住。头巾是黑色的，也有蓝色的，就和穿的衣服一样的颜色，没有什么好看的图案，就一块布什么图案都没有的。大小根据你的头的大小来定。

（二）对畲族"彩带"的追寻

"凤凰装"和"凤冠"的缺失，是否意味着在畲族文化曾经繁盛一时的文化中心区域，粤东凤凰山的畲族传统服饰真的消失得无影无踪吗？笔者经过调研发现，凤坪村有一种独特的服饰文化"鸳鸯带"流传至今。调研表明，"鸳鸯带"与福建浙江畲族传统文化中的"彩带"有诸多相似之处，凤凰山很有可能是畲族彩带文化向闽浙一带传播的起点。

畲族彩带是畲族传统文化非常具有特色鲜明的文化因子，2021年6月10日经国务院批准公布，景宁畲族彩带编织技艺被列入第五批国家级非物质文化遗产代表性项目名录。关于畲族彩带有个美丽的传说，畲族女性始祖"三公主"辞世前，把报晓鸡留给一个畲家小妹。报晓鸡能知天下事，每天会把天下发生的大事告诉小妹。有一天，报晓鸡也要去世了，和小妹诀别时说："我在封金山（畲乡的一个村）喝过千年露水，尝过万种花草，内脏被露水花草染花了；鸡胰染香了。我死后，你将我的肠子取出，会成为一条七色花纹的彩带；把我的胰取出来就变成一只袋，唤作香袋。你年轻懂情义，当你定亲时，把彩带和香袋当作定情物送给他，就会保佑你两人白头到老。"小妹照办了，生活果然美满幸福。于是，畲族妇女就代代相授编织彩带，形成了一个民族延续千年的祈福寄托。①

（三）"鸳鸯带"的功能

风坪村的"鸳鸯带"是青年男女婚嫁时所使用的彩带，虽然它在艺术形式上与今天浙江畲族的彩带相比略显朴拙，但其文化内涵和功能却更加丰富。

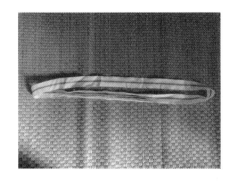

图6-12 "鸳鸯带"（王嘉琦摄）

"鸳鸯带"，当地畲话又将其称为"nín sì dɑi"。在畲族女儿出嫁时都要编织"鸳鸯带"，婚礼时将其绑在嫁妆上，表示"带子带孙"的美好愿望。畲族母亲要为出嫁的女儿准备至少3—5条"鸳鸯带"，嫁妆多的家庭还会准备更多。风坪村村民传统婚礼时嫁妆一般有木板凳、洗脚的木桶、小孩子的澡盆，这些都需要用"鸳鸯带"系好，然后用一根长约一米多的竹竿挑上，从娘家运送到夫家。此外，娘家还需要准备团圆鸡腿、两个鸡蛋、猪肉等熟食，这些熟食也需要用"鸳鸯带"绑在一起并带到夫家，在新婚之夜由夫妻二人共同食用，寓意二人团团圆圆、成双成对。

访谈6—7：村民LFJ（男，73岁，茶农，访谈时间：2020.7.23）

问：您结婚的时候用"鸳鸯带"了吗？

① 浙江档案网：《畲族彩带》，http://www.zjda.gov.cn/art/2016/9/8/art_1500203_18437524.html，2016.9.8。

答：有啊，是我老婆带嫁妆过来时用的。过去嫁妆有三大件，板凳、木桶、澡盆，都绑着"鸳鸯带"的。还有那个鸡的两条腿、鸡蛋、猪肉这些，都要成双成对的，用"鸳鸯带"绑起来一起拿过来的。

在结婚时，前来祝贺的每位宾客都能得到主人赠送的一条红白相间的带子和9条白线，寓意健康长寿，这条带子村民也将其称为"鸳鸯带"。但送宾客的"鸳鸯带"与嫁妆中所使用的"鸳鸯带"有所不同，送宾客的"鸳鸯带"做工略显粗糙，花样也不同。据了解，在传统社会中，所有的"鸳鸯带"只能手工编织，所以娘家必须从姑娘出嫁前的数月就开始编织彩带。由于宾客众多，为了节省时间，因此送给宾客的"鸳鸯带"做工就简单得多。20世纪80年代之后，由于出现了机器生产，送给宾客的"鸳鸯带"往往出自机器生产，价格也较便宜。但是用于绑嫁妆的"鸳鸯带"仍然由村民手工编织完成，这个习俗一直持续到今天。由于今天的青年女性很多不会编织"鸳鸯带"，所以她们结婚时需要聘请村里会此种技艺的老年妇女来帮忙完成。

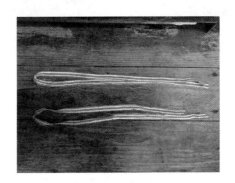

图6-13　机器生产用于赠送宾客的带子和白线　（王嘉琦摄）

（四）"鸳鸯带"的形制

传统的"鸳鸯带"以白色为主色，有白中带红、白中带黑、白中带黄、白中带青四种样式，寓意夫妻二人白头到老、长长久久，红、黑、黄、青、白五种颜色则代表了五福临门。"鸳鸯带"的图案较简单，两边白色，中间3条或4条彩线与白线穿插，形似"囍"字。在嫁娶时可以4种颜色的带子都有，也可以只有其中的一种或几种颜色。"鸳鸯带"编织完成后形成一个封闭的环形，环形约四分之一的部分为一根分明的棉线，象征团圆的"鸳鸯带"一旦剪开就不能再作为"鸳鸯带"使用。现在编织鸳鸯带的人越来越少，其颜色也逐渐发展为常用的白中带红一种。

访谈6—8：村民LTZ（男，63岁，茶农，访谈时间：2020.7.25）

问："鸳鸯带"有几种颜色？

答：以前就有5种，红色、黑色、黄色、青色、白色，就这5个颜色嘛，白色都有的，就是白头到老的意思。（不同颜色的带子）编出来除了颜色都是一样的，现在就只有红色和白色了，别的很少了。其实用哪个颜色都可以，现在大家都不做了，都去LPY家找她买，就只有她还在做。

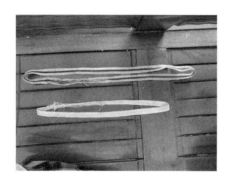

图6—14　20世纪50年代结婚时的
"鸳鸯带"　（王嘉琦摄）

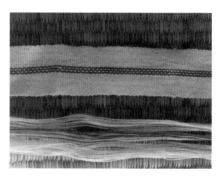

图6—15　形似"囍"字的图案
（王嘉琦摄）

（五）"鸳鸯带"的编织技法

"鸳鸯带"编织所用工具较为简单，一个铁刀、一节直径约4厘米的竹筒、一张板凳、白色和彩色棉线、麻线就能完成"鸳鸯带"了。编织时，铁刀是最重要的工具，当地又称其为"bāi xiāo"刀，村里懂得编织技法的人很多，但却都由于"bāi xiāo"刀的遗失而无法编织，只能从保留了家传"bāi xiāo"刀的村民LPY家中购买"鸳鸯带"。

访谈6—9：村民LPY（女，81岁，茶农，访谈时间：2020.7.25）

问：这个"bāi xiāo"刀有多少年了呀？没有这个能做"鸳鸯带"吗？

答：这个是我家传下来给我的，好多年了，她们传给我妈妈，我妈妈就给我。没有它不能做"鸳鸯带"，一定要心情好的时候做，必须拿这个刀做才可以，别的不行。

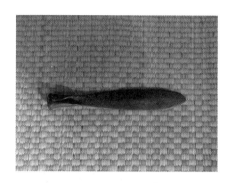

图 6 – 16　"bāi xiāo"刀

（王嘉琦摄）

图 6 – 17　苎麻——麻线的制作原料

（罗光群摄）

　　从编织工艺看，凤坪畲族"鸳鸯带"的编织流程与浙江等地畲族的流程基本一致，但是图案更加简单，编织时间更短。

　　编织过程主要分为三步。第一步：绕线。在板凳上依次放好"bāi xiāo"刀、竹筒，以白线和红线为经线，"一路上，一路下"缠绕，在进行到中间"囍"字图案的位置时，采用"两遍红，一遍白"的方法，绕线完成后，将线头处打一个死结，形成闭环。第二步：提棕。将"bāi xiāo"刀立起，以"bāi xiāo"刀为界，分为上棕和下棕两部分。用棉线按顺序依次提起，穿过的经线绕于手指，绕时长短一致，完成后用小布条扎紧，做成提压扣。第三步：编织。将"bāi xiāo"刀取出，用提压扣提压，纬线在"bāi xiāo"刀带动下来回穿梭，同时加入麻线固定，反复进行，编织完成后抽出麻线。

图 6 – 18　LPY 展示鸳鸯带编织技法

（陈前摄）

图 6 – 19　LPY 老人正在绕线

（王嘉琦摄）

三 凤坪村服饰变迁的原因

诚如上文所述，今天凤坪村的畲族服饰文化相较于闽浙地区，民族特色显得并不鲜明。2014年凤坪村村民想要复兴畲族传统服饰文化时，发现传统的畲族服饰文化在今天的日常生活中几乎销声匿迹，在年老畲族记忆中也只有一星半点的遗存了。为了复兴畲族传统文化，凤坪村组织一批人到浙江和福建去考察学习，将浙江景宁畲族服饰文化借鉴回来，并重新在村里宣传和弘扬。为什么作为畲族文化发祥地的凤凰山地区，畲族传统服饰文化却未能很好地保存下来呢？1922年，美国人类学家威斯勒重新解释了文化区的概念，他认为文化区有"文化中心"和"边缘区"，"文化中心"是一个文化区所共有的文化特质发明和创造最集中的地方。文化特质被创造出来后呈放射形状向边缘区传播，因此人们在边缘区发现的某种文化特质，是产生于"文化中心"，经过一段时间才传播至此的。据此理论，我们推测历史上作为畲族文化发祥地的凤坪村，畲族文化曾经繁盛一时，经过一段时间传播到闽浙的"边缘区"之后，这些文化事项在"文化中心"区反而逐渐消失了。

具体而言，凤坪村服饰文化变迁的原因主要有以下几点。

（一）思想观念的变化

畲族历史上是一个居住在大山里的民族，居住环境相对封闭落后，游耕经济是畲族人民传统的耕作方式，社会生产力相对低下，服饰的质料选择必须以方便易得为首要原则。苎麻是传统畲民服饰的材质来源，靛蓝草是畲民染制服饰的染料，因此畲族的传统服饰以蓝、黑两色为主，这充分体现了畲族服饰的民族性和地域性。随着社会经济水平的提高，定耕农业使畲民的生产力水平也不断提升，资产积累开始增加，对传统服饰的需求也从保暖、遮体的基本需求转向了体现审美和寄托对生活的美好愿望等。在这种背景下，逐渐产生了寄托畲族人民美好愿望、承载畲族人民女性始祖记忆的"凤凰装"。凤凰装不仅形制齐全，由"凤冠"、上衣、下裤（或裙）、围裙、彩带、银饰等不同部分组成；而且，凤凰装的颜色更加丰富多彩，尤其彩带的出现，虽然只是服饰中的一小部分，但却打破了传统的黑色和蓝色的局限，标志着畲族人民对美好生活的向往与实践。并且，社会生产的逐渐发展，畲族人民已经不再局限为自己做服装，部分经济条件较好的畲族开始付费给裁缝来缝制更加合体美观的服饰，这表明随着生活水平的日渐提高，畲族人民对服饰的要求越来越高了。新中国成立后，畲族人民的生活有了翻天覆地的变化。尤其改革开放后，随着交通条件改善，畲民逐渐走出大山，进入城市务工，开始学习和吸收现代文化，对服装的款式有更多的选择。在现代气息熏染下，畲族年轻人认为质地、颜色单一的畲族传统服饰制作工艺繁杂，材质单一，已经无法满足他们对现代美的追求，因此不愿意学习传统服饰制作工艺了，在此背景下，畲族传统服饰不但会缝制的人越来越少，连愿意穿的人也越来越少。在现代化发展的进程中，民族传统文化的流失几乎是一个无法回避的命运，这使得人们在享受现代化生活的便利和舒适的同时，难免产生淡淡的"民族文化消逝"的焦虑和忧愁。

（二）生活方式的变迁

经济基础决定上层建筑，生活水平的提高必然会带来生活方式的转变。农业在凤坪畲民的比重降低，外出务工是首要选择，外出的畲民有着稳定的经济收入，在城市中生活对服饰的选择更加多元化，返乡后这部分畲民会在村中介绍和传播现代服饰文化，对传统凤坪村的畲族服饰文化带来冲击。返乡的畲族民众在服饰的选择上，他们更倾向于穿着时尚的品牌衣服，充分彰显自己对现代生活理念的追寻，传统畲族以实用为主的服饰显然难以满足他们的要求。同时，现代机器大生产的流程化大大降低了现代服装的生产成本，手工制作传统服饰的人工成本远远高于市场上购买现代成衣的价格。此外，手机、电脑等现代信息传播工具的发展使村民能够通过网络更加便捷地购买现代服饰，这大大抑制了人们手工制作传统服饰的愿望。总之，在现代社会，"机器生产"和"流水线生产"已经成为常态，"手工"制作成本高、周期长等特点也注定畲族服饰慢慢走出了凤坪村民的日常生活。

（三）缺少服饰技艺传承人

虽然凤坪村许多村民表示由于缺少工具而无法亲手制作传统服饰，但是笔者以为这种回答可能是村民为了掩饰目睹本民族服饰日渐流逝而产生的不甘和惋惜之情，并不是导致凤坪村村民放弃传统服饰制作技艺的主要原因。追溯凤坪村畲族服饰的发展历程，我们发现早在新中国成立之初，凤坪畲族就已经开始向裁缝购买服装而不是村民自己动手制作，由此看出凤坪村畲族对民族传统服饰的制作技艺的传承不够自觉。改革开放后，凤坪村外出务工的青壮年劳动力数量逐年递增，农村空心化问题日渐凸显，畲族传统服饰的技艺严重缺乏传承人。2014 年，尽管凤坪畲族村的人口出现了明显回流，但回流的目的是更好地发展茶产业，更好地融入现代生活，传统文化的传承似乎更多停留在政府的各级政策中。毫无疑问，走出大山又返回大山的畲族人民，已经从观念、生活方式上发生了全方位的变化，今天畲族传统服饰的制作技艺可谓后继乏人了。

四 凤坪村畲族服饰保护与传承的建议

服饰文化是民族传统文化中集实用性和展示性为一体的文化因子，因此很多民族地区复兴传统文化时，往往从这些最具直观性的文化因子入手，凤坪村也不例外。凤坪村自 2014 年之后，逐渐开始酝酿畲族传统文化的复兴，已经产生了一些积极效果，但是距离他们自己的目标还有一定差距，存在一些问题。为了更好地复兴民族传统文化，凤坪村应该从以下几方面着手。

（一）挖掘粤东畲族服饰的地域文化特色

当前凤坪村在村委会设立了畲族服饰文化展览馆，并在村子多处设立了畲族服饰的展牌和介绍，希望通过这种方式向外来人群展示畲族服饰文化，向本村村民宣传介绍畲族服饰文化。这些举措取得了一定的效果，今天凤坪村村民对畲族文化的了解越来越多，对传统文化越来越自信，对保护和传承民族传统文化越来越自觉。但是我们发现，这些展示的畲族服饰并不具有粤东畲族服饰的特色，而是浙江购入的景宁畲族服饰。调研表明，粤东地区的畲族服饰其实有自己的特色，这种特色是传统畲族文化与粤东地域文化交流互动的结果。如果凤坪村能够通过不断地深入调研，挖掘属于本地区的畲族传统文化服饰特点，不仅可以更加鲜明地凸显粤东畲族文化特色，同时也能进一步丰富我国的服饰文化。通过访谈和调研，我们了解到凤坪村的"鸳鸯带"极具特色，它是畲族"彩带"文化与粤东地域文化的结合，既与畲族传统女性始祖"三公主"的传说有千丝万缕的联系，也能从中依稀看到畲族受粤东客家文化影响的痕迹，是非常值得挖掘、整理、发扬的粤东服饰文化的标志性文化因子之一。

（二）实现粤东畲族服饰的创造性转化和创新性发展

党的十九大报告指明，新时代要推动中华优秀传统文化创造性转化、创新性发展。畲族传统文化是中华传统文化的重要组成部分，因此我们应该不断地推动畲族传统优秀文化的创造性转化和创新性发展，这是保持畲族传统文化蓬勃生机与活力的重要举措。在推进畲族传统文化"双创"的过程中，我们既不能妄自菲薄、自轻自贱，也不能夜郎自大、唯我独尊。因此，我们一方面要加大对畲族传统服饰文化的挖掘整理，同时也要重视对传统服饰的开发和利用，要组织相关机构部门重构畲族服饰的文化内涵，创新服饰样式，满足现代人的审美观念，将传统畲族服饰文化融入当代凤坪村人的日常生活。只有让畲族传统服饰从展演舞台走进街头巷尾、走进田间地头、走进老百姓的日常生活，才能使其具有源源不竭的发展动力。当前凤坪村畲族服饰的穿着场合，主要还是存在于特定的表演场合，其展演功能十分突出，实用功能相对不明显。如果能够引入相关的服装企业或创意公司，对畲族服饰进行现代性观念的融入和创新性发展，增强畲族服饰的现代性与日常性，不仅可以使表演服饰走入日常生活，还能使地域性服饰走出大山，走进现代都市。通过这种生产性保护[①]手段，凤坪村畲族不仅可以更好地传承和保护畲族传统服饰文化，还可能为凤坪村带来新的经济增长点，创造出具有畲族特色的服饰品牌。

（三）培养具有文化自觉能力的传统服饰技艺传承人

对于传统技艺而言，口耳相传是传承的主要形式，其最大特点就是"传承人"与"技艺"密切相连，并且是"活态传承"，一旦传承人消

---

① 生产性保护是指以精神维度为前提，以物质维度为路径，经由"文化创意"最终指向"日常生活"的一种保护方式。

失,则会出现"人亡艺绝"的现象。凤坪村无论是服饰缝制或"鸳鸯带"编织技艺,当前都濒临失传的边界,究其原因是传承人的缺失。当前,蓝帕英老人是凤坪村唯一会编织"鸳鸯带"的手工艺人,且没有收徒,连自己的儿女也不会编织"鸳鸯带"。如今老人年事已高,倘若离世则"鸳鸯带"手艺失传。相比而言,浙江景宁畲族自治县的非物质文化遗产保护则已经卓有成效。例如,景宁县郑坑乡东弄畲族村的蓝延兰不仅被认定为浙江省省级非遗项目代表性传承人,建有自己的工作室,被称为"彩带王"。凡是到景宁开展民族文化调研的人,都会慕名拜访她,而她也非常乐意向人们展示自己的彩带编织技艺。她不但乐于展示,而且对彩带编织的内容和形式进行了大胆的革新,使畲族彩带在新时代获得了新的生命力,走向更广阔的世界。对于凤坪村而言,当务之急是通过现代设备记录和保存传统技艺。其次,要用申报非物质文化遗产传承人的方式给予唯一的"鸳鸯带"编织人一定的社会地位和资金支持,使她能更好地完成传统技艺的传帮带。在此过程中,相关部门还要组织文化专家挖掘"鸳鸯带"的文化价值并广为宣传,使文化传承人在文化自豪感激发的基础上,最终实现文化自觉。唯有文化传承人具有了文化自觉,传统的非物质文化才能更好地传承创新。

结　语

凤坪村畲族服饰文化早在新中国成立后就开始与汉族服饰文化开始交流,随着社会经济水平的发展,凤坪村传统畲族服饰制作工艺已经逐渐丢失。当前,凤坪村畲民的畲族服饰都是 2014 年为了实现畲族文化复兴而从浙江景宁购买或仿制而来,虽然图案多样、形制丰富,但缺乏地域特色。今天,伴随着凤坪村畲族传统文化的复兴,村民们对传统服饰的意义认知与日加深,畲族服饰也开始慢慢走进节日场合,畲族人民的文化自信心和自豪感被极大地激发。因此,地方政府一定要抓住契机,加强对凤坪村畲族传统服饰文化的挖掘保护和文化创新,使畲族传统服饰既能保留民族特色和地域特色,又能符合现代人的审美,获得源源不断的生命力和创造力。

第 七 章

口头文学

　　口头文学主要包括神话故事、民间传说、歌谣、诗歌等拥有悠久历史和较高艺术造诣的"语词艺术",是民众口头交流与传承的产物。凤坪村作为梅州唯一的畲族村,村民主要为蓝钟两姓,上村蓝姓为畲族,下村钟姓为汉族。① 据上村蓝姓村民讲述,当初下村人迁移至凤坪村时,早已安居在此的上村蓝姓便要求迁徙而来的钟姓汉族,既然聚居在此,便要讲畲族语言,顺应畲族风俗,因此该村钟姓村民均能讲一口纯正的畲语。直到今天,嫁入本村的外地女性都会被要求学会畲语,并认为"能在四个月内学会畲话的新媳妇,便是好媳妇"。由于村民对民族语言的执着传承,畲族口头文学便相对完整地保存了下来。

一　畲族山歌

　　山歌,是畲族口头文化的重要组成部分。早在 2006 年,畲族山歌就已被列入第一批国家级非物质文化遗产代表性项目名录。畲族山歌内容丰富,从衣食住行到婚丧嫁娶,从生产劳动到宗教祭祀……畲族山歌是畲民生产生活的真实反映。"对有语言无文字的民族群体而言,民族山歌的功能非常重要且全面,承担着教育族众、传承历史、宗教祭祀、娱乐身心等功能。"②

---

　　① 村中的钟姓虽为汉族,但老百姓私下流传钟姓村民原本为畲族,后因故改为汉族,更改时间已不可考。钟蓝两姓村民风俗相同、语言相通、互为姻亲,相处得非常融洽。

　　② 方清云、陈前:《重返民间:自媒体时代少数民族山歌发展的新特点——基于浙江畲族山歌发展变迁的考察与分析》,《中南民族大学学报》(人文社会科学版)2020 年第 3 期。

在畲族历史中，几乎每位畲族百姓都是唱山歌的能手，他们在日常劳动、婚丧嫁娶场合等特殊场合，都是用歌来抒发感情、缓解疲劳的。尤其到了畲族重要的传统节日，如畲族三月三，整个村子几乎成了歌的海洋。但自新中国成立以来，随着生产方式和生活方式的改变，凤坪村并未主办过大型的山歌对唱活动，部分村民只能去镇上参加相关活动。当前，凤坪村流行的山歌分为"老山歌"和"新山歌"两种类型。"老山歌"主要指传统流传下来的山歌，四句一条，多用比喻、双关、对偶、起兴等表现手法，也常使用口语和歇后语，被称为"打情打景遍歌唱，于情带景景带情"。例如《哥是隔宫妹里宫》① 中"哥是日头妹月姊"将心上人比喻成太阳、自己比作月亮，生动表现出恋爱男女的深情厚谊。"新山歌"主要指"现在在唱的山歌"，多为五句一条，无固定主题或歌词，一般即兴创作并演唱，相对表意直白、通俗易懂。例如《十想情妹十想郎》② 中"啊哥想妹呀，妹呀妹想郎"直接明了地表现出青年男女的思念之情。调研表明，今天凤坪村山歌爱好者们较少演唱老山歌，常常采用新山歌的形式在微信群中交流唱和。

凤坪村现有 3 位村民会唱山歌，一位 76 岁，另外两位 50 岁左右，而年轻人几乎都不会唱山歌了。近年来，在县政府的重视下，凤坪村开始重视畲族山歌的传承与发展，不但在畲族小学开设了畲语课程，还聘请会唱山歌的村民来教孩子们唱山歌。除此之外，村里还组织了一支凤坪村畲族山歌演唱队，每当有客到访或举行重大节日庆典活动时，山歌演唱队都会进行表演。因此，在凤坪村濒临消失的畲族山歌迎来了新的发展契机，又回到了老百姓的生活中。

（一）畲族山歌的主要类型

从内容和作用来看，畲族山歌通常可以分为六类，即劳动歌、仪礼歌、生活歌、时政歌、情歌、儿歌。③ 凤坪村畲族山歌主要集中在以下几类。

---

① 见本章附录凤坪村畲族山歌《哥是隔宫妹里宫》。
② 见本章附录凤坪村畲族山歌《十想情妹十想郎》。
③ 钟敬文主编：《民俗学概论》，上海文艺出版社 2009 年版，第 273 页。

1. 传统叙事诗歌

叙事诗歌通常为反映本民族祖先英雄事迹的史诗。当地民歌收集本中存有《高皇歌》①《祖源歌》② 等描述畲族起源故事的山歌。《高皇歌》在我国闽浙赣粤的畲族地区都有传唱，具体情节和歌词内容会因地域差别而略有差异，而冠之以《祖源歌》对民族祖先进行歌唱的，只在凤坪村流传。这两首叙事歌虽在细节上略有不同，但主要内容相差不大，讲述的内容与畲族祖图呈现的情节基本一致。由于历史的原因，凤坪村世代相传的畲族祖图在新中国成立后遗失了，村里现有祖图是民族学学者在 1990 年从广东省民族宗教研究院复制而来的，因此祖图中有部分情节与《祖源歌》略有差异。如《祖源歌》中曾提及盘瓠的来历，歌中唱道：

话说古时高辛皇，
皇后刘氏耳生疮；
请来郎中割肿物，
割出金虫三寸长。

金虫外何蚕茧包，
金盘装起盖上瓠②；
忽然电光雷鸣闪，
金虫变成龙一条。

龙麒降生吉祥兆，
五色花斑尽炫耀；
满朝文武皆欢喜，
皇帝圣旨命"盘瓠"。③

---

① 中共潮州市委宣传部编：《潮州凤凰山畲族文化·畲歌》，海天出版社 2010 年版，第52—56 页。

② 中共潮州市委宣传部编：《潮州凤凰山畲族文化·畲歌》，海天出版社 2010 年版，第57—61 页。

③ 中共潮州市委宣传部编：《潮州凤凰山畲族文化·畲歌》，海天出版社 2010 年版，第57—58 页。

此处描写皇后刘氏耳中金虫直接化身为龙，但在祖图中则表现出"百鸟朝卵"① 的情节。今天凤坪村几乎无人会唱传统的叙事诗歌了，我们在凤坪村走访了多位会唱山歌的村民，他们均表示，"自己这一辈子没有唱过讲述民族起源故事的山歌"，侧面反映出凤坪村畲族山歌文化的逐渐衰落。

访谈7—1：村民 LAZ（女，43 岁，茶农，热爱唱山歌，访谈时间：2020. 7. 23）

我们凤坪村山歌没有讲述畲族起源的歌，我们也没有听过这样的歌。现在村子里很少有人能够讲清楚狗头王的故事，大多数人都听说过这个故事但是讲不出来，我舅公 LJP 应该能讲，他讲得全。

除了《高皇歌》和《祖源歌》之外，凤坪村也曾经流传过"小说歌"，由章回体小说或评话唱本改编而成。据村民口述，曾听说过如《三国演义》等长篇小说改编而成的山歌，但自己并不会唱，村中也无擅长此类山歌的村民或是专职演唱者。

访谈7—2：村民 LAZ（女，43 岁，茶农，热爱唱山歌，访谈时间：2020. 7. 23）

我小时候听过别人唱长篇故事歌，像《三国演义》《西游记》之类的，不过我们村里没人会唱。

《三国演义》作为中国古典四大名著之一，是一部产生于元末明初的章回体小说，显然并非畲族文化产物。村民如果曾经听过或者传唱过这样题材的小说歌，显然是接受了外来文化，尤其是中原文化的影响。由此推测，畲族在与周边族群的交流互动过程中，受周边族群文化影响深远，其中尤以世代杂居共处的客家文化为甚。

2. 杂歌

杂歌，在畲族山歌中数量最多且类型多样、广为传唱。凤坪村流传下来的杂歌数量并不是很多，按流传时间来看，大致可分为传统杂歌和新杂歌。传统杂歌包括劝世歌、传承生产劳动知识和技能的歌、传统道德歌、赞美自己村庄的歌、智力问答歌或抒发对困苦生活的感慨的歌等等。字

---

① 见附录二凤坪村畲族祖图。

歌①在新老杂歌中都大量存在，常以通俗易懂的语言和有序的数字来讲述为人处世的道理，例如五句山歌《十字山歌》（见本章附录），山歌表面上是在介绍"一"至"十"汉字的写法，实则是劝世劝善之言，如"一字生来绕绕长，几先带头来出场，做人大家带好样，唔好调皮又郎当，人家话你坏栋梁"，可见此山歌既具有教老百姓认字识字的功能，同时也具有突出的教育意义。此外，旧杂歌还有反映畲族百姓传统的劳动和生活场面的内容，如采茶种茶歌和招待客人时的迎客歌等。如《凤凰山茶歌》②中唱到，"凤凰乌龙很闻名，发源畲家石古坪。好山好水出好茶，梯田茶园满山岭"，此山歌描述了凤凰山畲族在石古坪种茶的繁荣景象，漫山遍野的茶树也充分表现了凤凰山畲族种植乌龙茶的悠久历史。

新杂歌，也称为"新山歌"，是新中国成立后，在政治上获得平等权利的畲族人民创作的大量歌颂共产党、歌颂毛主席、歌颂社会主义制度、歌颂平等自由新生活的新民歌，以此抒发其翻身得解放的喜悦之情和民族自豪感。如凤坪村一带曾广为流传的《红军歌》③中唱道，"红色政权建立起，自由平等正该当……工农齐杀反动派，团结友爱建家乡"，抒发了畲族老百姓对共产党带领畲族人民取得革命胜利的感激之情和对共同建设家乡美好未来的期望。这样的山歌作为特定时代的产物，一度广为流传，现在已少有人唱，仅存于文献记载中。

目前较为流行的是歌颂新时代的山歌，在镇上的歌会、文艺会演等场合常常能够听到此类杂歌。新编的杂歌中也常有"虚怀若谷正本真，做好时代接班人"这样的唱词。这些山歌部分是村民在日常生活中创作出来的，但是更多的却是在文化精英的精心创作中产生的。从这一点来说，畲族的新编杂歌正从民间走向殿堂。

3. 情歌

畲族人民长期居住在深山之中，唱山歌不仅是他们的主要文娱活动，也是其表情达意的重要方式。《潮州凤凰山畲族文化》中曾记载："情歌

---

① 字歌：多以 12 月令、12 时辰或 1 至 10 的数字作为序数编写而成。

② 中共潮州市委宣传部编：《潮州凤凰山畲族文化·畲歌》，海天出版社 2010 年版，第 172 页。

③ 潭江人文编委会：《潭江人文》，2017 年，第 144 页。

同样是畲歌的重要部分，但在凤凰山地区，只有属于丰顺县的凤坪才收集到较多有关爱情题材的畲歌，而属于潮州的山犁、李工坑等村落，数量都比较少。"① 书中收录了由凤坪村蓝瑞汤②老先生搜集整理的 11 首情歌，其中较精彩的有《寄信》③ 和《相思》④。《相思》讲述女子因相思得病，男子连夜赶到女子家中，女子向其诉说相思之苦："阿妹得病因为汝，高明先生也难医，草头中药食唔好，阿郎一来就好哩。"为了宽慰女子，男子许诺："等到明年收成好，花轿接汝入门寮。"最后两人依依惜别之时女子叮嘱："阿郎爱转缓缓行，风吹草动汝莫惊，深山鸟叫汝莫吓，妹个魂魄伴汝行。"从这些直白的语句中我们可以看出畲族青年男女恋爱时朴实、真挚、热烈的情感。

（二）山歌的特点

改革开放 40 多年以来，凤坪村唱山歌的习俗渐趋衰落，很多山歌未能完整地传承下来，歌手也所剩无几。《潮州凤凰山畲族文化》中记载："据 1987 年开始的田野调查表明，目前仅有山犁、李工坑、石鼓坪及属于梅州市的凤坪（又叫凤吹礤）等几个村落，能找到寥寥几位歌手，且岁数都比较高"，"对比福建、浙江等地的畲族民歌，在数量上、内容上、形式上都存在差距，正是因为如此，这些仅存的潮州凤凰山畲歌更显得弥足珍贵"⑤ 相对于浙江景宁已经进入稳定蓬勃发展阶段的畲族山歌而言，凤坪村要想复兴畲族山歌，还需要做更多切实有效的激励工作。

从至今仍然保存下来的山歌来看，凤坪村畲族山歌具有以下几个特点。

1. 从山歌的修辞来看，具有较高的语言艺术

我们在凤坪村搜集到约 18 首山歌，从数量上来看，并不算多，但是从其语言的成熟度与艺术的精巧度来看，却让人赞叹。如凤坪村民蓝木见

---

① 中共潮州市委宣传部编：《潮州凤凰山畲族文化·畲歌》，海天出版社 2010 年版，第 13 页。

② 蓝瑞汤：男，广东省梅州市凤坪村人，曾任凤坪村村医，现居于丰顺县城。

③ 中共潮州市委宣传部编：《潮州凤凰山畲族文化·畲歌》，海天出版社 2010 年版，第 104 页。

④ 中共潮州市委宣传部编：《潮州凤凰山畲族文化·畲歌》，海天出版社 2010 年版，第 106 页。

⑤ 中共潮州市委宣传部编：《潮州凤凰山畲族文化·畲歌》，海天出版社 2010 年版，第 8—9 页。

在写给妻子的情歌中（见本章附录）运用了排比、比喻、夸张等多种艺术手法，"门前蓧竹节节长，思想朋班动心肠。糯米洛吹觚嘴并，郎心日夜等情娘""缸中鲫鱼莫论鲤，你我知己两人知。毫毛抽出大作用，莫如口腹连花枝"等等。由此山歌成熟的艺术形式推测，凤坪村的山歌一度非常繁荣，因为任何一种口头文学形式从产生到形制精巧，必须要经过日积月累的大量实践，如此才能形成较为成熟和精巧的艺术形式。

2. 从语言载体来看，均以客家话演唱

在凤坪村存在一种比较特殊的现象，村民日常交流都以畲语进行，但唱山歌（无论老山歌还是新山歌）多采用客家方言。访谈多位村民得知，村民认为畲语无法押韵、唱起来不好听，因此他们都是用客家话演唱山歌。

访谈7—3：村民 LAZ（女，43 岁，茶农，热爱唱山歌，访谈时间：2020.7.24）

我和我母亲平时唱山歌都是用客家话唱，没有用畲话唱。我们村都没有用畲话唱歌的，因为用畲话唱没法押韵，唱出来不好听。

访谈7—4 村民 LPY（女，81 岁，茶农，热爱唱山歌，年轻时常为畲族婚礼担任赤娘①，访谈时间：2020.7）

我们唱山歌都是用客家话唱，用畲语没办法唱，唱着不好听。我是小时候自己学的唱山歌，没有人教。那时候唱的人比现在要多，听着听着就学会了。

访谈7—5：村民 LMJ（男，81 岁，茶农，曾创作过山歌，访谈时间：2020.7.24）

我自己写的歌本是用客家话写的，唱的时候也用客家话。我们这边唱山歌都不用畲话，只有说话时才用畲话。

畲族山歌不用畲话唱，而用客家话唱，一方面是因为如村民所言，客家话可以有效实现"押韵"，使歌曲演唱时动听；另一方面也因为凤坪村大多数村民均能熟练使用畲话、潮州话和客家话，因此使用客家话对唱山歌对于凤坪村畲族而言十分自然。通过将村中收集的歌本与客家歌本进行比较，我们发现凤坪村中演唱的山歌（包括生活歌、婚礼歌等传统山歌）

---

① 赤娘，就是畲族婚礼仪式中的"伴娘"，在传统婚礼仪式中，对唱山歌是畲族婚礼仪式中的重要内容，因此伴娘一般都是本村最擅长对唱山歌的年轻女子。

以客家话为语言载体，其中也包含了部分畲语的表达方式。这一切充分表现出凤坪村畲族与客家文化的充分交流互动和互融，在潮州凤凰山地区，畲客通婚是常见现象，如凤坪村蓝瑞汤先生的母亲李西英本是客家人，嫁入凤坪村后自然也使用客家方言演唱山歌。

3. 从山歌题材来看，以情歌为主

凤坪村现存山歌以情歌为主，这些情歌虽然数量并不多，但具有非常成熟的文字形式和较高的艺术水平，多用双关、隐比等表现手法，常用重复句式和叠词，展现出青年男女恋爱的缠绵之情。凤坪村村民蓝木见所写情歌中唱道："日日魂来夜夜魂，芒分修似天上云；食饭不知夹菜旁，洗面不知拿手巾。日日魂来夜夜魂，芒分修似天上云；手拿沙公弓鸡子，鸡子不食着下魂。"这些山歌语言生动地描述出因太过思念情人而失魂落魄的景象，充分表明了凤坪畲族纯真的个性和强烈的浪漫主义气质。畲族人民即使身处深山老林之中，面临恶劣的自然环境、落后的生产力、难以果腹的生活，畲族人民的浪漫主义情怀仍未丧失。

4. 从文化特色来看，山歌是多种文化交融的产物

凤坪村畲族山歌兼具了畲族文化、客家文化、潮汕文化特色，是畲族与周边族群交流互动的产物。凤坪村畲族位于畲客交界地带，因此不可避免会与周边族群产生互动。我们在本章附录中收集了3首王彩平[①]唱的客家山歌（见本章附录），这些山歌均出自凤坪村山歌手蓝爱珍的山歌微信群，据此我们发现客家山歌手与畲族山歌手沟通畅通，毫无障碍。除此之外，凤坪村畲族山歌中也充满了潮汕文化元素，这些都丰富了畲族山歌的文化内涵，使畲族山歌具有丰富的多元文化特色。

（三）畲族山歌的传唱场域

在传统社会中，畲族几乎人人都会唱山歌，无论在田间地头劳作，还是休息娱乐，唱山歌都成为必不可少的内容。因此，传统山歌的传唱场域遍布人们生活的所有空间，如田间地头、婚丧嫁娶场合等等。但新时期山歌的传唱场域则发生了较大变化，慢慢从田间地头转移到了殿堂舞台，从

[①] 王彩平，男，广东省梅州市丰顺县丰良镇人。据凤坪村村民蓝爱珍介绍，她未曾见过王彩平，只是通过山歌微信群互相唱和山歌，年龄与职业不详。

婚丧嫁娶场合转变为特定节日或庆典场合。此外，伴随着互联网技术的发展，虚拟的网络空间也逐渐成为山歌传唱的新场域。

1. 迎客场合

有客人来到村中或家中，凤坪畲族首先是奉上香茶一杯，然后就是与客人对唱，这是传统社会中畲族的待客之道。对唱一般是主人先起头，客人应对，如此互相唱和。唱和过几段之后，主客才开始喝茶吃点心。今天的凤坪村中，只有几人会对唱山歌，缺乏山歌唱和的基础，这一传统迎客形式已不复存在了。为了复兴畲族传统山歌，凤坪村委组织了一支畲族歌舞表演队，由村民组成，每当村里有客人来访或重大的节日，这支新的畲族歌舞表演队就载歌载舞。

2. 婚嫁场合

婚嫁场合是传统畲族对唱山歌的最吸引人也最热闹的场合。每当村里有年轻的男女举行婚礼仪式，新娘家会请来附近最会唱歌的女子与新娘同去，当晚与新郎那边的人通宵对唱。今天由于会唱山歌的人们寥寥无几，凤坪村中的婚礼已不再进行这个环节了，仅有七八十岁的老人记得婚礼对歌情形与唱词。

访谈7—6：村民LPY（女，81岁，茶农，热爱唱山歌，2020.7.23）

以前村中有人结婚时，男女双方亲戚会进行对歌。以前接新娘是很辛苦的，要走很远的路，唱歌唱到一两点钟。对歌没有固定的歌词，都是想来就唱，对方怎么唱我就怎么唱；也没有固定的人选，谁会唱谁唱，不会唱的就不唱了。

2007年，笔者在江西省贵溪市樟坪畲族乡调研时了解到，该乡的畲族在新中国成立前及成立初期的一段时间里，仍然流行结婚时通宵对歌的习俗，其主要原因是当时社会经济条件比较差，交通不方便。外村亲戚来村里参加婚礼，当天无法赶回去，而举办婚礼的主人家又无法提供足够的床铺给亲戚们过夜。畲族传统婚礼多安排在秋收之后的农闲季节，而临近春节的气候相对寒冷，寒冷的冬夜若无温暖的床铺很难入睡。为了解决众多亲友来参加婚礼、无床铺过夜的窘境，他们采取了通宵达旦对歌的方式。在此，我们可以窥见新中国成立前畲族百姓的辛苦生活，同时也能从中看到他们面对困难的乐观主义精神。

这种乐观向上的精神也影响了今天的凤坪村人。虽然今天凤坪村的社会经济发展有了突飞猛进的发展，家家户户都过着丰衣足食的生活，但我们知道这种变化只是近十年以来的新变化。事实上，在 2014 年以前，凤坪村的老百姓生活仍然较为贫困。但凤坪村畲民并未甘于贫穷，而是勇于抓住茶叶种植的机遇，追求更加美好的新生活，这个畲族山村也展现出新的蓬勃生机。

3. 节日歌会

新中国成立后，在党和政府的支持下，畲族人民开展了"歌圩"和"歌会"，大声讴歌本民族的历史文化、讴歌新时代和新生活。[①] 据村中老人讲，自己小时候在过节时会有人对歌。如今凤坪村中的山歌对唱者人数稀少，仅有几个妇女能唱，据她们讲，村中也没有开展过相关活动，平日里的对唱和交流也多是与外村的山歌爱好者在微信聊天群内进行，虽听说在外村或是镇上有相关的活动，也因为路程太远或家事繁忙等原因难以参加。2019 年凤坪村曾举行大型的丰收节庆祝活动，村委会从外村请来歌手为大家进行山歌表演，但凤坪村并未组织歌队或邀请村民参与节目演出，仅仅只是邀请村民观看。

4. 祭祀场合

除了在日常生活中"以歌代言"，凤坪村畲族也会在其重要的祭祀仪式——招兵节上演唱畲歌。凤坪村在历史上一直延续着"招兵节"的传统，每隔三年或者五年，都要在村庄中进行招兵活动，以祭祀神灵、先祖和为村庄祈福。如《请神词》[②]《送神歌》[③] 等，通常由法师在招兵节仪式中演唱，装饰音较少，不追求音乐性。由于凤坪村是潮州凤凰山地区唯一保留了完整的招兵节仪式展演队伍的，因此保存在祭祀仪式中的山歌，却由法师完整地保留和传承下来，至今仍然飘荡在凤坪村的青山绿水中。

5. 网络空间

相对于传统的传唱空间，新时期山歌传唱场域一个重大创新是出现了

① 方清云：《文化自觉与"我构"回归——基于畲族文化变迁的历史人类学考察》，《西南民族大学学报》（人文社会科学版）2020 年第 10 期。

② 凤坪畲族蓝氏族谱编修委员会编：《广东丰顺凤坪畲族蓝氏族谱》，2011 年，第 138—146 页。

③ 中共潮州市委宣传部编：《潮州凤凰山畲族文化·畲歌》，海天出版社 2010 年版，第 113—114 页。

网络虚拟空间。伴随着新时期智能手机、互联网的普及和自媒体程序在畲族人民生活中的广泛应用,畲族传统的人际关系网络大大拓展,尤其是微信自媒体程序的兴起和普及,使得声音、图片的传播成为可能,自媒体传播突破了传统的文字载体,变得更加丰富多元且便捷。微信小程序使身处不同区域的畲客人民实现了同步互动,并且由于微信传播的低门槛和易操作性也使得很多受教育水平不高的畲族群众能够用方言语音进行对歌。这些都为畲族山歌在新时期的传唱提供了崭新的空间,调研显示凤坪村已经兴起了山歌微信群。

访谈7—7:村民LAZ(女,43岁,茶农,热爱唱山歌,访谈时间:2020.7.25)

我微信上加了好几个山歌交流群,有县里的、梅州的、潮州的。这些群里面不只是畲族人,会唱客家山歌的人也会在里面。大家对歌是直接发语音,先唱的人怎么唱后面的人就怎么接。

网络空间的兴起,是当前山歌发展的新兴形式,它一方面推动了山歌的传承,很多素未谋面的人,因为对山歌的共同爱好进入同一个微信群,用山歌进行唱和和切磋,有效地解决了传统村落"空心化"所带来的山歌传承载体缺失的问题;另一方面也推动了山歌的创新,交流是创新的基础,凤坪村畲族人民在与周边族群交流互动的过程中也吸收了客家文化、潮汕文化等文化元素,对传统畲族山歌的内容和形式进行了创新。

(四)山歌唱法

凤坪畲族山歌对唱以声音清亮、曲调婉转为佳,有较多的转音和装饰音,偏好软而多变的嗓音。由于在音高上没有严格的要求,不使用假声,上了年纪的男性女性依旧可以参与。只是由于声带的老化和气息的减弱,老人无法如年轻时那样使用复杂的技巧演唱,往往会以"声音不行了"来推辞大家的邀请。从山歌的旋律调式来看,可分为念唱和高音两种;从传唱形式来看,山歌传唱可分为独唱、对唱、齐唱三种形式。

1. 旋律调式分类

(1)念唱

念唱时,歌者的声调较平,起伏不大,缺少停顿、长音、装饰音等歌唱技巧,通常被认为是不熟练、不好听的唱法,也被称为"声音不好",

其中"声音"一词同时指代嗓音与曲调两者。如前文所提及的《请神词》《送神歌》等祭祀场合所唱的山歌，都是以念唱的方式演绎出来的。据村中的畲族法师 LJP 讲，《请神词》的唱腔不太成调，仅以长音和停顿呈现出节奏感。《请神词》[①] 多为口语化的叙述语句，摘录部分如下：

龙角阶前胜呼呼，角明传信请祖师。

拜请：祖师公蓝万一郎，蓝万二郎，蓝万三郎，蓝百一郎，蓝百二郎，蓝百三郎，大班师爷雷法吉，雷干将五郎，吾祖公蓝法疆，蓝法圆，蓝法瑞，蓝法授，师公雷法开，雷法进，雷法广，雷八三郎，雷九四郎，雷法胜，雷法灵，同带五显灵官大帝，佛母莲台手下兵将！

拜请：引度师公沈法生，证明师沈法胜，蔡法显，蔡法兴，林法瑞，林得晚郎，范法授，范端一郎，收吊师公吴法传，大番师公林法传，阳教师公钟法生，朱法瑞，黄法通，黄法达，吾公蓝法远，证明师钟法焰，保举师叔蓝法传，蓝法通，钟法开，钟法明同带一尊、二尊慈悲娘娘，海会圣贤！

拜请：吾公蓝法开，蓝百七郎，祖师蓝法亮等带伯祖蓝法盛，保举师叔蓝法琳，证明师黄法保，钟法等，师公蓝法上，证明师黄法开，亲度师蓝法永，证明师钟良浩，师爷蓝法顺，保举叔公蓝娘石，亲度师蓝法游，证明师，亲口度教师蓝法相，保举师罗永雪，师爷蓝法名，证明师罗贵兴，蓝法进，保举师涂源音，弟子带一位、二位随行香火拜请长龙廖门堂上杨公仙师，廖公仙师，曾公仙师，九天玄女仙师，白鹤仙师，弟子带天兵天将，地兵地将，阳兵阳将，阴兵阴将，合部神祇，玄天上帝，真武帝君，关元帅，赵元帅，鹰哥亲瓶，金童玉女，传香童子，奏事童郎！

拜请：凤坪村头大班师主，小朝师爷，带领仙童姊妹，神九郎，射猎师公；高鬼慈悲娘娘水，口龙宫福主公王，宫角七圣娘娘，水口凹杨太伯公，芹菜湖石岩前玄天上帝，真武帝君，甲坑宫飞天大王；甲溪岗关圣帝君，荇竹洋水口宫福王公王；福建连城蓝法清师公五营兵将，溪下关圣帝君，小产宫福主公王，大坑炉骑龙王、骑虎王、骑狮王、三山国王，茅村翁法瑞师公，赤沟桥宗林杨公仙师等众位神祇！

---

① 凤坪畲族蓝氏族谱编修委员会编：《广东丰顺凤坪畲族蓝氏族谱》，2011 年，第 138—146 页。

拜请：本村上至溪源，下至水口，合境之内，福主公王，土地神明，天地父母等众位神祇，本村信主各户奉祀之龙神、门神、户尉、檐前使者，五帝烟主司命帝君！（吹角）

众位神祇，合座仙神，后学师男△△△在此启建法坛，开设道场，招请天兵天将，各路神仙为△△村合境除恶驱邪，庇佑本境信主人丁昌盛，六畜兴旺，五谷丰登，风调雨顺，国泰民安！

（2）高音

高音的唱法与念唱的演绎方式相比，一般要高出四五个度的音调，旋律丰富且节奏自由。因演唱者的不同，高音的演唱法呈现出较大差异，唱不同题材的山歌会随之发生变化，并无定式。同一首歌中，也可以中途变调，全凭演唱者的心意和演唱的语境，这充分显示出凤坪畲族山歌自由活泼的特征。

访谈 7—8：村民 LAZ（女，43 岁，茶农，热爱唱山歌，访谈时间：2020. 7. 25）

唱山歌要声音软一些、曲调变化多些才好听。有的人念唱就不好听了，一般只有不会唱的人才念唱。唱山歌都可以变调，每个人唱的声音都不一样。

2. 传唱形式

（1）独唱

独唱是一人独自歌唱的传唱形式，多为传情达意、抒发感慨的叙事杂歌或具有教育意义的劝世歌，以五句板居多，长短不拘。如《十字山歌》《十想郎》等。此外，用于表白情意的情歌也可独唱，如村民 LMJ 创作的歌本（见本章附录），据 LPY 奶奶说便是由他一人唱下来的。

（2）对唱

对唱是以两人一组的形式来传唱山歌，其中一人先唱一到两条（四句或五句），另一人也同样接一到两条，对唱的两人需遵循相同调式韵脚。以对唱形式演唱的山歌内容最为丰富，大多为情歌或杂歌。通常是即兴演唱，没有歌名，可长可短，中途可变调。除谈情、日常交流之外，也可用对唱的形式来吵架，所以传统的凤坪畲族“凡事均能入歌”。

（3）齐唱

齐唱为多人集体演唱，但这种形式在传统社会较为少见。因为山歌演绎主要是个体行为,大多为即兴演唱。随着当代民族旅游的逐渐兴起,齐唱这一形式更多地在文艺会演等表演场合出现,成为今天凤坪畲族山歌传承的重要形式。

(五)山歌的艺术表现手法

正如前文所述,作为一种民间口头文学形式,经过了数百年的传承与不断改进,凤坪村的畲族山歌呈现出非常成熟的文学表现形式,在山歌的口头文本中采用了丰富的修辞手法,如押韵、双关、比喻、夸张、顶针等,具体如下:

1. 押韵

押韵是一种诗文创作中常用的修饰技巧,通常是将韵母互相谐音的文字放在句尾,使得诗文读起来顺口,听起来悦耳。凤坪村山歌的音韵与调韵均与客家山歌相同,据村民 LAZ 讲述,客家音分为 25 个韵:茶花韵、波哥韵、来台韵、崖怀韵、苗条韵、姑书韵、江阳韵、先天韵、生藤韵、寒专韵、庚南韵、春伦韵、人辰韵、心深韵、中东韵、衣妻韵、福竹韵、一滴韵、结节韵、驳角韵、八发韵、百尺韵、不出韵、割脱韵。其中,从福竹韵往后的 8 个音韵只有仄韵,没有平韵。

2. 双关

双关是指利用词的多义或同音的表达方式,使语句具有两种含义,通常是言在此而意在彼。如老歌本中"隔年汀草心留在,槟榔切片心花开"一句,以汀草的"心"隐喻恋人的心,以槟榔切片后出现的"心花开"隐喻热恋中的心情,表述的感情赤诚而又热烈。凤坪畲族山歌的一语双关,往往以生产生活中常见的事物作比,如此才能达到一听就明的效果,又如"莫学灯笼千百眼,爱学蜡烛一条心"一句也是如此。

3. 比喻

比喻可能是山歌中应用最广的表现法,是指用跟甲事物有相似之点的乙事物来描写或说明甲事物,有明喻和隐喻之分。明喻是指较为明显地用另外的事物来比拟某事物,如"早日想妹到如今,想妹心空相似金""阿妹唔知样般答,面上好比火咁红""魂魄唔在哥身上,好像霜雪打梧桐"等。此处以"魂魄唔在哥身上,好像霜雪打梧桐"一句为例。这条山歌讲述一对恋人因女方家长的不满未能走到一起的故事,充分展现双方亲事告吹后女子偶遇男子、发觉对方失魂落魄的情状，以"霜雪打梧桐"形容男子因内心郁结而垂头丧气的姿态，也侧面反映了传统社会中年轻男女的婚姻受家庭影响较大这一现实。但山歌最终不是用抱怨来表达这种分离的遗憾，而以"今世同哥缘分浅，来世同哥再成双"洒脱作结，坦白明快。

隐喻是用一种事物暗喻另一种事物，相比明喻而言，隐喻更加灵活、形象。如"麻竹做筒肚里空，两人交情莫弄风，燕子衔泥口爱温，蜘蛛结网在肚中"是老歌本中的一条，以腹内空空的麻竹筒隐比自己对恋情的玩笑式告诫，又以燕子、蜘蛛作比，进一步详述恋人的言语温存、心中钟情。所引之物是传统山歌中常用的借物，但又蕴含传统山歌中不常见的含蓄曲折。创作者 LMJ 在村中小学读过两年书，于 18 岁时创作了这副歌本赠予自己当初的恋人、也是后来的妻子，两千多字的歌词展现了凤坪村人在山歌上的创作才华，也体现了村中对于年轻男女恋爱交往相对开明的氛围。

4. 夸张

夸张是一种为了达到某种表达效果的需要，对事物的形象、特征、作用、程度等方面着意夸大或缩小的修辞方式。如"隔山隔海隔重天""咁好啊妹冇缘分，想厓唔死也会疯"等等，较为热烈、直白地表达情感，在年轻男女的情歌对唱中多有使用，显得天真明快、活泼肆意，表现了山民洒脱的特征。

5. 顶针

顶针，又叫"顶真"或"连珠"，是指用前一句末尾词作为后一句开头词连接下去，一般由三项或更多项组成。如"客家山歌唱古今，第一好听客家音。第一好听客家音，客家山歌最惹人"等等，在独唱与对唱中皆有使用，其中尤以对唱最多。一方面通过叠句增强了音韵美，另一方面也为演唱者提供了熟悉韵脚、编排语句的时间。

综上可以明显地看出，凤坪村畲族山歌受到了汉族传统文化的深远影响。作为我国最早的一部诗歌总集，《诗经》中运用了多种多样的艺术表现手法。《诗经通论·论旨》中曾说"诗有赋、比、兴之说，由来旧矣"。畲族山歌作为中华民族文化的重要组成部分，也必然会受到汉族传统文化的影响，如畲歌中讲究押韵的特点恰恰与《诗经》的"重章叠句"手法相似。① 同时也表明，凤坪村畲族山歌源远流长，在经历了日积月累的大量实践后，其艺术形式也逐渐从粗犷走向精巧。

二　民间传说

民间传说，通常是指民众口头创作和传播的描述特定历史人物或历史事件、解释某种地方风物或社会习俗的传奇性散文体叙事。民间传说涉及人民生活的各个方面，大致可分为人物传说、史事传说和地方风物传说三大类。② 凤坪村的民间传说十分丰富，主要包括历史传说、民间信仰传说、地名传说。从搜集到的民间传说来看，凤坪村民间传说具有浓厚的闽南气息，如"老虎婆婆""哥弟鸟""闾山道士"等均带着鲜明的地域特征，在福建、台湾一带也能找到内容大同小异的故事。

（一）传说分类

1. 历史传说

历史传说是指以特定历史事件或历史人物为依据的文学作品。人们通过这种"传说"形式，叙述历史发展中的事件和人物，表达人民的观点和愿望，因此也成为劳动人民"口头的历史"。在凤坪村畲族中，流传着关于畲族起源的盘瓠传说、阿郎传说和近代凤坪村的形成传说。

（1）凤坪村的盘瓠传说③

前面我们讨论畲族民歌时也谈到了关于始祖的山歌，如《高皇歌》和《祖源歌》等。事实上，关于始祖的历史传说和历史记忆，往往通过各种形式在民族中传承下来。具体到畲族的始祖"盘瓠王"，又称"龙麒"等，在畲族民众中流传下来，不仅有"图传"（祖图）、"歌传"（民歌）、"谱传"（族谱）等形式，还通过传说的形式口口相传。

盘瓠传说在闽浙赣粤畲族中广为流传，但存有争议。此处我们不去探究其真实性或科学性，仅对其做文本上的分析。凤坪村中的祖图讲述高辛

---

① 洪艳：《畲族民歌与畲族文化》，《光明日报》2014 年第 16 期。
② 钟敬文主编：《民间文学概论》，高等教育出版社 2010 年版，第 140 页。
③ 见附录二 凤坪村畲族祖图。

帝时宫中有皇后刘氏，耳痛三年，医师从中挑出一卵，光华四射，吸引凤凰来朝拜。卵破开后化为一条遍身龙鳞的龙犬，高辛帝见状十分欣喜，便将龙犬带在身边。后有番王作乱，朝中无人能够平定，高辛帝昼夜寝食难安，只得贴出皇榜，承诺若有为国分忧者，赏良田重金、赐公主为妻，结果龙犬揭了榜。龙犬渡海至番国，趁番王酒醉将其头颅咬下，返程时遭遇番兵追赶，便化龙渡海，回到宫中。宫中老者确认了龙犬所叼回的的确为番王头颅，高辛帝非常高兴，问龙犬想要什么赏赐，龙犬只叼住了三公主的裙裾。皇后心疼女儿，便提出要龙犬变人才能成婚，龙犬提出要在龙钟之中待满七天七夜，才能化作人形。第六天时刘氏挂心龙犬，便悄悄打开了龙钟查看，只见龙犬全身都已化成了人，仅余头部仍是犬的样貌。后龙犬与三公主成婚，生三子一女，带到殿上请皇帝赐姓。帝见长子以盘承装，次子以篮承装，三子上殿时雷声大作，便赐姓盘、蓝、雷，跟随驸马王在山中生活。此后，驸马王为保护家人平安，去茅山求道学法，归来后为百姓造福，直到打猎时为山羊角所触，跌下山崖，殒身归天之日。后长子摇船过大海，二子坐轿去人家，三子骑龙上青山，一女嫁与钟氏为妻，畲族便如此繁衍兴旺了起来。

在凤坪村，很多村民只能零星地讲出整个传说的部分情节，很少有人能够完整地将这个传说故事叙述完整。凤坪村的村委会保存了一幅完整的畲族祖图（即前文提到的 1990 年，由广东省民族宗教研究院的同志主持复制的那幅祖图），近年来随着凤坪村逐步启动"民族特色村寨"的建设活动，村中已经有越来越多的人可以完整地讲述这一个故事，尤其以村长和村主任为代表。在他们的带动下，村民们对本民族的始祖传说表现出浓厚的兴趣，也开始向外来的游客或考察的人员讲述畲族始祖的故事。无疑，这是新时期凤坪村畲族传统文化的回归与复兴。

（2）凤凰山的阿郎传说①

相传在凤凰山上有个金银坑，坑中居住着一只凤凰，某日吞下一颗白玛瑙，而后产下一枚卵，卵中破出一个男孩，取名"阿郎"，阿郎长大后斗凶兽、娶龙女，在凤凰山繁衍生息，成为这一带山民的祖先。

这一传说在凤凰山的畲族中广为流传，但是在凤凰山之外的畲族却鲜

---

① 雷弯山：《畲族源流研究》，中共中央党校出版社 2016 年版，第 158 页。

有耳闻。笔者推测，这与畲族的多起源说有关。20世纪50年代，新中国成立之初进行民族识别时，在对闽浙赣畲族进行识别调查时发现，无论是畲族的历史记忆还是族谱，都表示畲族的发源地是潮州凤凰山，这不仅在畲族《高皇歌》《祖图》《族谱》中有记载，也广泛地存在于畲族民众记忆中。在学术界，学者对畲族起源也有多种说法，有"东夷说""武陵蛮说""长沙蛮说"等，但在凤凰山畲族地区则广泛地存在着"土著说"，认为畲族并不是从北方迁徙到广东潮州凤凰山的，而是凤凰山的土著居民。其中《广东畲族调查》就持此种观点，还有部分考古学者也通过考古资料论证了此观点。因此，多年来"土著说"和"南来说"的说法并行，而《阿郎的故事》则被认为是再次印证了畲族是凤凰山土著的观点。

无论是盘瓠传说还是阿郎传说，都作为畲族的民族起源传说广泛流传。尽管两个故事的情节内容差异较大，但都是畲族对本民族起源的追问，彰显了畲族勇于斗争的英雄主义精神。

（3）凤坪村的形成传说

畲族自古就是一个与人为善的民族，与周边族群友好往来。在今天的凤坪村仍然流传着蓝姓畲族和钟姓汉族在村子形成之初时相互交流、亲如一家的传说故事。在1955年开展的《广东畲民识别调查》中记载："部分畲民地区如凤凰山一带近百年普遍与汉人通婚。关系最好的要数丰顺凤坪的蓝姓畲民和钟姓汉人，蓝姓畲民安居在凤坪已经16代，钟姓汉人已15代。据说最初钟姓汉人迁来前，曾答允蓝姓畲民讲话、风俗随着畲民才能搬来。搬来后他们遵守诺言，蓝姓畲民就以女儿嫁给那个钟姓汉人，自此以后历代都互相通婚，成为亲人，至今除拜祖不用外，讲话、风俗和春米都相通，大家关系很好，从没有发生过纠纷。"① 时隔65年，笔者来到凤坪村，还能听到凤坪村的老人讲述这个传说。"由于从前的森林茂密，大家即使住在同一座山上也常常互不知情，最早搬来的蓝姓住在高处，后来山下搬来了钟姓和蓝姓，下游的村民在河边洗菜时看到了上游漂下来的菜叶，才知道山的上面还有人居住，自此才开始了往来。"今天凤坪村中钟姓汉族和蓝姓畲族语言相通、互为姻亲，早就成为血肉相连的一个整体。

---

① 《中国少数民族社会历史调查资料丛刊》福建省编辑组、《中国少数民族社会历史调查资料丛刊》修订编辑委员会：《畲族社会历史调查》，民族出版社2009年版，第38页。

在村庄对外交流时，钟姓汉族也自觉认同于蓝姓畲族，穿上畲族服装对外展示。丰顺县民族宗教事务局的一位工作人员在谈到这个传说时说，"不知道是传说使钟姓汉族和蓝姓畲族的亲如一家，还是亲如一家的生活状态孕育出这一个美丽的传说"。

2. 民间信仰传说

凤坪村畲族的民间信仰是一个复杂的综合体，包括道教信仰和朴素的万物有灵论生发出来的山神、树神信仰。围绕这些民间信仰，在凤坪村产生了三姐妹学法传说、神明显灵传说、精怪传说、奇人异事传说、山川风物传说等。

（1）三姐妹学法传说

三姐妹是指包括大奶夫人陈靖姑、二奶夫人林九娘、三奶夫人李三娘的客家神灵，这个传说讲述了三姐妹前往闾山学法后返回家乡、斩除邪神的故事。凤坪村流传的故事与福建地区流行的临水奶（又称"临水夫人"）起源的故事大致相同，讲述临水村有蛇精白沙爷（一说社公或社婆）使邪术，索血祭，要当地百姓为自己立庙宇供香火，还要每年供一童男，否则便兴灾害人，临水村人苦不堪言，却也无计可施。是年轮到陈家上供，陈家没有童男，家中的长男只得去庙中拜祭，求邪神收回成命，邪神大怒，将其捉了起来。陈靖姑是陈家的女儿，闻此消息心急如焚，决定前去闾山法院学法，道成回来救兄，便整理行囊上路去了。路遇李三娘、林九娘，三人结拜为姐妹，共同前往闾山。临近江边时，三人见有一老者，背生脓疮，老者要她们三人帮自己把背上的脓吸干净，三人便照做了，原来这老者便是闾山法院的仙人。考验过了三姐妹的善心和诚心，仙人便带三姐妹上闾山法院，为其传法，七日道成。三人拜谢仙人，返回家乡斩了邪神，救出陈家长男，为百姓做了许多好事。故事中三姐妹为老者吸出脓疮、斩除邪神的情节，也反映出畲族人民对于真诚善良、热心助人美好品质的孜孜不倦的追求。

（2）神明显灵传说

神明显灵传说即是以神明为中心、讲述其显现神迹的传说故事，充分表现了所信奉神祇的人格化与世俗化特点。凤坪村中神庙、神龛众多，其中多为公王、社公一类的乡土神，有一定法术，能护佑一方平安。由于村民普遍信奉祭拜，因此关于神明显灵的传说便数量很多。如福主公王、飞天大王、玄天大帝等均曾显灵为信众驱祸消灾，治愈疯癫、痴呆等疑难病症。更有人相传曾在山间见过伯公或是山神，其中伯公身材高瘦、面孔黧黑，山神则拥有小山似的庞大身躯，猝然遇见很容易受惊。据村中法师的家人说，家中老爷爷曾在山间见过山神，由于将随身的太上老君铜印忘在了家里，见到山神踏在地上的巨足而受惊离世，若是带了铜印，法师作为天道的代言人，便可压过这些土神土煞一头、能稳住心神了。

此外，凤坪村里还广泛地流传着玄天大帝的传说。在凤坪村调研时，我们发现芹菜湖附近山上有一块巨石，石下矗立着一方小小的神龛。村民将其称为"石爷"，说那是玄天大帝的庙宇，凤坪村民常年点香烛供奉，认为如此可以保凤坪村一方平安。村民说，曾经有贼人偷了玄天大帝的金身，打算拿到别处去卖钱，但几人在山中走来走去都走不出山，最后被山间的树藤勒死了。

图 7-1　玄天上帝庙　　（陈前摄）

（3）精怪传说

精怪传说是指以具有超自然力量的动物、植物或神兽为主角建构的民间叙事①，反映了早期民众对自然现象的想象性认识。凤坪村海拔 1000 多米，林深树茂，周遭山中多有野兽，有时野兽会进入村庄伤人，这是所有山居民族早期必须面对的问题。为了尽可能避免孩童发生意外，唤起他们对野兽的畏惧心理，凤坪村中早期一直流传着老虎婆婆下山吃人的故

---

① 毕旭玲：《中国传说类非物质文化遗产项目的内容分类及构成概述》，《徐州工程学院学报》（社会科学版）2016 年第 4 期。

事。故事内容与福建、台湾地区的"虎姑婆"传说十分相似，讲述一对兄弟的父母出门做事，两兄弟去外婆家玩耍归来，恰逢山上有老虎成精，见两兄弟走在路上，便变成了他们外婆的样子，想要拐骗两个孩子并吃掉。老虎婆婆一时疏忽没有变出外婆嘴角的痣，两兄弟起了疑心，老虎婆婆便随手搓了一点烂香蕉的外皮贴在脸上，骗过了两个孩子，跟着他们到了家中。半夜，老虎婆婆吃了弟弟，把骨头丢在床下，声响惊醒了哥哥，哥哥才发现自己的外婆是老虎精变的，谎称要小便才逃了出去，放火将老虎婆婆烧死了。此后，村中若有孩童顽皮，家人便会吓唬他说"老虎婆婆要来捉你吃了"。故事中的兄弟有时被说成是姐弟，但不同村民讲述的内容基本一致，都是幼子被吃、长子（姐）智斗虎精的故事。这个传说在凤坪村中传播较广，村民都相信这是发生在凤坪本村的故事。此类精怪传说也成为畲族人民自我教育最方便、最普及的口头教科书。

（4）奇人异士传说

除了神怪之外，凤坪村还广泛地流传着一些民间奇人异士的传说。虽然这些奇人异士并非村民所信奉的神灵，但因其常有过人的本领或神力，能够除暴安良、保护村民，因此有关他们的故事也在村民中广为流传。例如，村民 LFJ 曾讲过一位少年英雄的故事，传说凤坪村中曾有一位天生神力、武艺高强的年轻人，因其身高腿长，被称为"石麂子"。年轻人拳法精妙，擅长使用棍棒。有一次，外村恶霸来到凤坪村欺负村民，"石麂子"一出手，便将那名外村恶霸拎起丢了出去，吓得其余恶霸落荒而逃。不同的村民对"石麂子"的称呼不同，讲述的细节也略有差异，比如有的村民会讲得比较形象生动，形容英雄少年"棍法像风一样，无论谁都近不了身"等，但大致情节相似。这些民间英雄的故事，表达了凤坪村民不畏强暴、勇于斗争的精神和渴望安定生活的愿望，也从侧面反映了畲族村落的尚武传统。

此外，凤坪村中还流传着大量关于"善公"（做法事的法师）的传说。凤坪村流行"招兵节"仪式，这是粤东畲族独特的民间信仰仪式，堪称畲族文化的标志性元素。主持此项仪式的法师，常被村民称为"善公"。善公的法术一般为家族父子传承，村民认为他们法力高超，可与神灵相通。当前凤坪村的法师名叫 LJP，其法术源自其父 LMK 真传。由于 LMK 法术高强，待人和善热情，且在村中做过村干部，因此在村民中拥有很好的口碑和极高的威望。LMK 过世后，村中流传了大量关于他的传说故事。村民 LFJ 向我们讲述：有一日 LMK 在山间赶路，又累又渴，刚好看到前面有一户人家种的橄榄（一说橘子），想买来吃又不见主人，忍不住摘了一颗吃起来。这时主人刚好回来了，看到他吃自己的橄榄，便生气地骂了起来，还要拿绳子绑他。周围有人经过，都劝主人，"这是上面村的道士，会法术的，你要惨啦"，那人却无动于衷，继续咒骂。LMK 反复道歉后，对方仍然得理不饶人地咒骂不止。最后 LMK 生了气，运用法术，指着那个人说"你不能动"，结果那人果真定在那里，动弹不得。后来，那人的家人找来，那人却像石头似的定在原地，怎么拉也拉不走。最后，那人的家人替他向 LMK 赔礼道歉，LMK 才解了法术，使那人重新自由活动起来。

另有一次，年轻的 LMK 外出做法事，随身带的龙角、铜印、神鞭等多个法器在路上被人偷走了。LMK 发现后既不惊慌也没去追赶，而是从容地就地起坛做法，施咒将那几样法器召了回来。作为惩罚，LMK 命偷窃法器的几个人需每日供食品用品给自己，达成了一份不得违抗的协议。此后，那几个被惩罚的人便每日为 LMK 提供食品和生活用品等，无法挣脱这一法术的控制。直到现在，外村的人还会交流传播这些故事，因此 LMK 的儿子 LJP 去外村做法事，外村从来不敢怠慢 LJP，因为知晓这一脉法师都是身怀异术的。总之，此类法师传说凸显出法师在凤坪村畲族人民心目中的重要地位，他们不仅在凤坪村人民重要的节日礼仪中至关重要，在村民的日常生活中也不可或缺，常为村民驱灾祈福。

（5）山川风物传说

山川风物传说是关于某一个地方特定风物、山川、建筑、特产等的解释型故事。凤坪村是一个典型的山村，山上有着各种奇形怪状的石头。受"万物有灵"观念的影响，这些石头因形状各异被赋予了各种传说，代代流传下来。例如"人脸石"，其形状好像人脸，又像一个没有鸡头的公鸡。相传很久以前，山上有一块形似公鸡的巨石修炼成精，每到天快亮的时候，这块巨石便会活动起来，喔喔啼叫，过后又恢复石形静止不动，当地居民将其称为"鸡公石"。由于鸡叫声太大，引起震动，令周围居民不堪其扰。有一天，山间忽然雷声大作，第二天有人发现，那道雷将鸡公石的头部劈断了，自那之后，鸡公石再也没有叫过，此石现被称为"人脸石"。

图7-2　人脸石　（蓝永达摄）

3. 地名传说

地名传说，是指与特定地方名称的起源有一定关联的口传故事。① 根据传说的表现方式和手法，可分为解释型地名传说、陈述型地名传说、说理型地名传说。在凤坪村广泛流传着"金鹅孵卵"或称为"永安楼传说"②，这个传说为典型的说理型地名传说，即通过一个故事来告诫人们某种道理，具有教育族众的重要作用。相传蓝世祖生下两个儿子，分为长房和二房，过了几代之后，长房人丁稀少，而二房人丁兴旺，曾有"五虎六将"之称。由于二房家境富裕，便常常仗势欺压长房，两房的关系很不和谐。有一年，从外地来了一位地理先生，二房人盛情款待了他，请其为自家挑了一块风水宝地来安葬祖公，那块地形如金鹅孵卵，地理先生担保，祖坟做好后，二房子孙一定会大富大贵，到那时再来收取报酬。地理先生走后，二房子孙果然发达了，他们家中饲养的牛会产下马仔，鸭则会生下珍珠，钱财越来越多，还建造了一座拥有十八间房的大楼，名为"永安楼"。地理先生闻讯，前来收取报酬，却遭到二房子孙的无礼驱逐。地理先生见他们如此蛮横，便有意使他们挖出坟上的两块圆白石，破了"金鹅孵卵"的风水，自那之后二房子孙家中的牛和鸭也纷纷死去，天灾人祸不断，家业衰败，永安楼也倒塌了。至今村中仍保留着刻有"永安楼"的石门圃，上了年纪的老人也能讲出这座楼的故事。人们借此故事来告诫后代子孙要诚实守信，也从侧面反映出畲族人民对于真善美的永恒追求。

---

① 牛汝极：《论新疆地名传说的特点、类型和主题》，《西北民族研究》1993年第1期。
② 潭江人文编委会编：《潭江人文》，2017年，第130—132页。

图7-3 永安楼石匾 （陈前摄）   图7-4 永安楼旧址 （陈前摄）

此外，村中还流传着乌岽山天子峰天子洞传说①（一说太子洞）。传闻宋帝昺被元兵追赶，逃亡到此，惊慌之中钻入了这个山洞，洞口的蜘蛛成精，见小皇帝可怜，忙在洞口结了密密的网，使元兵以为这是个荒洞，便没有进洞搜查，小皇帝因此躲过这一劫。这个传说则属于解释型地名传说，解释了天子洞这一地名产生的原因。

图7-5 天子峰天子洞 （蓝永达摄）

（二）传说特点

一个民族传说的形成往往与其所处的生存环境、特定的历史发展、周边分布的族群等因素息息相关，凤坪村的畲族传说故事也充分展现了其独特的山居环境特点、深厚的民族文化内涵、与客家人的频繁互动等特点。

---

① 中共潮州市委宣传部编：《潮州凤凰山畲族文化·民间故事》，海天出版社2010年版，第81—82页。

1. 山居文化特色鲜明

畲族是一个典型的山居民族，据文献资料记载："畲民多居住在深山高岭上，畲村周围多四面环山，村子依山而立。附近开辟梯田，村后枕着浓密树林。"① 凤坪村人世代居于山中，据村中老人讲述，自己小时候村中不过百人，村子闭塞，与外界不通，没有如今天这样大规模地开垦茶田，屋前屋后都是茂密的森林，林间多蛇虫，兼有山猪等野兽，人若想生存下去便需仰赖山神的庇佑。在这样的情感驱使下，凤坪村人们虔诚地信仰山神、石神、土地神等一系列神灵，此类信仰深入人心，即便是山间玩耍的孩童在经过土地庙时也会停下来合手礼拜，也熟知在土地庙附近不得指地一类的禁忌。在山居生活中时时可见光的奇石，也被村民用丰富的想象力赋予了神奇的力量，人们往往通过石头外形加以联想，或人面、或鸡公、或象群，展现了凤坪村先民丰富的想象力。

此外，凤坪村的孩童还能讲述许多树精树鬼的故事，这些故事情节并不丰满，仅在孩童之间含糊地口耳相传，但起到了避免孩童夜间进山的警示作用，与"老虎婆婆"的功能有相似之处。总之，我们能够在凤坪村的神话传说中看到山居生活的方方面面，这也充分表明一切的神话传说均源于现实生活，是对现实生活的幻化表现。

2. 女性崇拜意识突出

在畲族的始祖传说中，畲族的男性始祖因护国有功娶了高辛帝的三女儿为妻，因此畲族的女性始祖是地位高贵的三公主。至今畲族婚礼中仍然保留着拜天地时"男跪女不跪"的习俗，因为新娘被认为是三公主的化身，地位很高，受人尊重。因此，畲族文化中崇拜女性的特点十分突出。此外，在畲族的民间传说中，还广泛地流传着畲族女性的各种故事，如插花娘、蓝姑子、蓝聪妹②等等，故事中的女性聪明能干、勇于和善于与民间恶势力进行斗争，保护了一方村民。凤坪畲族中，除了广泛地流传着本民族女性的各种歌颂故事之外，还广泛地流传着汉族道教神灵的传说。

---

① 《中国少数民族社会历史调查资料丛刊》福建省编辑组、《中国少数民族社会历史调查资料丛刊》修订编辑委员会：《畲族社会历史调查》，民族出版社2009年版，第21页。

② 肖来付：《畲族传统文化中的女性崇拜意识及其文化社会学解读》，《当代视野下的畲族文化——福建省炎黄文化研究会的〈福建省畲族文化学术研讨会论文集〉》，海峡文艺出版社2016年版，第135—143页。

"三奶夫人"① 除魔卫道的故事歌颂了女性神灵，与畲族一直存在的女性始祖信仰一拍即合，因此能够很快地获得畲族百姓的认可，大多数村民对三姐妹学法斩蛇精的故事都耳熟能详。据村中法师说，村中很多父母都会带自家幼儿认三奶娘娘为干娘，每逢孩童生日前来敬香，以求对孩童的庇佑。村民们对三奶娘娘的信仰绝不亚于对族内神灵的信仰，在举行畲族祭祖和"招兵仪式"时，也要在堂中悬挂三奶娘娘的神像，作为闾山派的先师拜请。

3. 畲客文化的交融

早在唐末至宋元之际，畲族与客家两大族群的先民就已经发生了密切的接触、斗争和融合，逐渐形成了你中有我、我中有你的密切而复杂的关系。② 畲客互融这一历史发展特点，在闽浙赣粤的很多地方志等文献或老百姓的口头传说中都有记载或反映。

除畲族的始祖神、驸马王盘瓠之外，凤坪村神话故事中的神明大多为客家文化中的乡土神，以陈靖姑为首的临水三夫人是客家文化中的女性神灵，但同浙江省景宁畲族自治县的汤夫人一样，是粤东畲族广为信仰的神灵。而飞天大王、福主公王、五谷大帝等神灵的显灵故事，都多与客家民间信仰中的神明故事情节高度相似。凤坪村的神灵祭拜风俗也显示出明显的客家特征，如将神龛安置于村头地尾、大树水口、路旁荒冈等地点，为新居请龙安龙等等，均与客家文化的祭拜仪式极为类似。此外，凤坪村也流传着很多关于风水的故事传说，常听村民提到哪一家的风水好、怎样的风水不好，或是点了好风水又被破掉的故事，侧面体现了村中对于风水文化的看重。

总之，凤坪村地处凤凰山山区，位于闽粤客家文化圈的核心区域，历史上曾经与客家人群交错分布、互动频繁，这一现象一直保持至今。因此，我们在凤坪村的畲族发展进程中，吸收借鉴大量的客家文化元素，将其融入畲族文化模式中也就不足为奇了。

---

① 《三姐妹学法》故事中的三姐妹合称为"三奶夫人"。
② 谢重光：《客家与畲族早期关系史述略》，《福建论坛》（人文社会科学版）2004 年第3 期。

附录一　凤坪村畲族山歌 *

（一）《祖源歌》

一

盘古置立三皇帝，

造天造地造人世；

造出黄河九曲水，

造出日月转东西[1]。

二

话说古时高辛皇，

皇后刘氏耳生疮；

请来郎中割肿物，

割出金虫三寸长。

三

金虫外何蚕茧包，

金盘装起盖上瓠[2]；

忽然电光雷鸣闪，

金虫变成龙一条。

四

龙麒降生吉祥兆，

五色花斑尽炫耀；

满朝文武皆欢喜，

皇帝圣旨命"盘瓠"[3]。

---

* 其中第一至二十二首引自中共潮州市委宣传部编《潮州凤凰山畲族文化·畲歌》，海天出版社 2010 年版，第 57—166 页。

五

盘瓠豢养兵营房，
一年长成五尺长；
士兵巡逻常带出，
巡营跑路本领强。

六

边疆作乱出番王，
高辛皇帝心惊惶；
下令京城众兵将，
调兵平番保边疆。

七

边疆番王来进攻，
斩关夺隘来势汹；
京城众兵难对敌，
差兵把守门九重。

八

高辛皇帝发圣旨，
贴出皇榜众人知；
谁人败得番王倒，
三宫公主给为妻。

九

盘瓠听知走向前，
揭下皇榜在路边。
朝官带龙麒进宫去，
面君奔上金銮殿。

十

皇帝见了心喜欢，

问汝能否去平番？
盘瓠叩头又下跪，
大喊三声去边关。

十一

盘瓠到关见番王，
文武百官皆彷徨；
即请军师问祸福，
军师占卜是吉祥。

十二

番王听后笑呵呵，
上天降祥紫气多；
天朝龙麒来归顺，
中原山河尽属我。

十三

番王食酒醉在寮，
身盖金被银枕头；
文武朝官来侍候，
龙麒割断番王头。

十四

割断皇头过海洋，
番兵贼子赶来抢；
龙麒翻云驾雾转，
众官等接金盘装。

十五

众官将头金盘装，

奉上金殿献君王；
皇帝看见甚欢喜，
愿许公主作妻房。

十六

高辛皇帝下圣旨，
朝官传旨盘瓠知；
三位公主任你选，
随你挑拣结夫妻。

十七

盘瓠选中三姑娘，
皇后却来开言章；
要娶三姑你需变，
变成人身结鸳鸯。

十八

金钟罩里去变身，
订期七日变成人；
六日皇后去偷看，
泄机头难变成人。

十九

头是龙麒身是人，
要与公主结婚姻；
皇帝圣旨难更改，
开创建基畲家人。

二十

盘瓠公主结姻缘，

京城民众尽欢腾；
文武百官来庆贺，
笙歌送入驸马园。

二十一

夫妻恩爱十年长，
合生三男一女郎；
携带儿女见皇帝，
讨封姓氏世代传。

二十二

大子盘装就姓盘，
二子篮装就姓蓝；
三子恰逢添雷响，
以雷为姓尽欣欢。

二十三

驸马出朝到广东，
携带三子女留宫；
女招军丁为女婿，
名为志琛（深）身姓钟。

二十四

畲家姓蓝盘雷钟，
四姓同为一祖宗；
盘瓠世泽源流远，
世代子孙传到今。

（蓝瑞汤收集整理　蓝锦辉演唱）

注：

[1] 转东西：造化万物；

［2］瓠：用瓠瓜做成的瓢。

［3］"盘瓠"：传说为畲族祖宗龙麒的御赐名。

［附记］：此叙事歌是叙述畲族祖先源流的"图腾"传说故事，流传于丰顺县畲族民众中。

（二）《哥是隔宫[1]妹里宫》

哥是隔宫妹里宫，
哥是日头[2]妹月姊[3]，
月姊出来同日㬢，
两人月索[4]平平长。

（李西英口述　雷楠搜集整理）

注：

［1］宫：畲音读［kun$_{(1)}$］，住所。

［2］日头：太阳。

［3］月姊：月亮。

［4］月索：这里指年龄。

（三）《新开路仔》

新开路仔曲曲弯，
来时容易去时难，
今日放哥自介转，
石灰掩路打白行。

（李西英口述　雷楠搜集整理）

（四）《自谦》

叫唱歌唱无来，
我娘生我无口才，
食饭唔知挟菜送[1]，

哇话还着问爱勿[2]。

（李西英口述　雷楠搜集整理）

（五）《寄信》

女：

张溪寄信过东都，

寄信我郎转来犁荒埔，

等透两年哥唔转，

田仔租人种番薯。

男：

东都寄信转张溪，

叮嘱我妹田莫租，

等透两年哥恔转，

乘夜点灯就来犁。

（李西英口述　雷楠搜集整理）

（六）《情歌》

斜风斜雨落畲河，

畲竹畲篾织畲箩，

斜针斜孔穿畲线，

畲妹斜眼割畲哥。

妹系何意罗郎何心，

哪怕山高水又深，

山高自何妹开路，

水深郎子撑船寻。

（蓝瑞汤搜集整理）

（七）《畲族婚礼歌、情歌》
——畲族婚聘时对歌

新郎的客人们唱：
好酒难得共瓶温，
好娘[1]难得共一村；
好花难得共一纽，
难得侬娘共床瞓。

好娘对好郎，
好柴烧火朗毫光[2]，
好子唔使爷娘地，
好女唔使娘嫁妆。

好酒难得共瓶烫，
好娘难得共一乡；
好花难得共一纽，
难得好娘共一床。

娘亦思，郎亦忖，
并作一家结姻缘；
百话侬娘亲口应，
好歹日后莫相怨。

新娘的客人们唱：
行郎[3]担酒过田塍，
我要留妹到明春；
我好留妹做年食[4]，
明年界[5]你唤过门。

行郎担酒过山界，
我要留妹做世界[6]；
留好一年好做食，
明年畀你唤巧快[7]。

前世姻缘勿用问，
明年侬娘就上门；
郎若有情耐心等，
明年夫妻共床瞓。

侬娘有心正嫁你，
嫁畀你郎做夫妻；
田头地尾娘会做，
讨郎欢喜笑眯眯。

（蓝健演唱　蓝瑞汤搜集整理）

注：

[1] 好娘：好姑娘。

[2] 朗毫光：火兴旺。

[3] 行郎：且郎，担贺礼的人。

[4] 做年食：做一年的食用。

[5] 畀：畲语读 [bi]，给予之意。

[6] 做世界：做耕读及家务。

[7] 巧快：勤快。

[附记]：此歌是畲族男女双方在订婚时的对歌，流传畲族民间。

（八）《相思》

女：

因为相思得倒[1]病，
爷娘面前唔敢声[2]，
手擎镜仔当面照，

一身落肉^[3]面颊青。

男：
听知阿妹得倒病，
手擎薪火星夜行，
双手掀开床边帐，
问声妹仔病重轻。

女：
重唔重来轻唔轻，
难为阿郎何心行，
床前何张矮凳仔，
坐落缓缓哇汝听。

男：
上个墟日睇见妹，
两人何心来相爱，
两人哇好成双对，
明年何钱就啰妹。

女：
阿妹得病因为汝，
高明先生也难医，
草头中药食唔好，
阿郎一来就好哩。

男：
偃劝阿妹唔使愁，
两人决心共白头，
等透明年收成好，
花轿接汝入门寮。

女：

听郎言语心花开，
身轻无病落床来，
冲盃热茶阿郎食，
妹等阿郎花轿来。

男：

睇见阿妹病好了，
我今星夜来转寮，
望妹身体爱保好，
多食粥饭莫肚枵[4]。

女：

阿郎爱转缓缓行，
风吹草动汝莫惊，
深山鸟叫汝莫吓，
妹个魂魄伴汝行。

（蓝瑞汤搜集整理）

注：

[1] 得倒：得了。

[2] 唔敢声：不敢开口。

[3] 落肉：消瘦。

[4] 肚枵：饥饿。

（九）《恋郎爱真心》

阿妹恋郎爱真心，
恋了一人就一人，
讲正[1]两人做公姝[2]，
唔好两意又三心。

话阿郎唔使愁，

讲正一头[3]就一头，

讲正两人做公姊，

唔佲脚踏两面桥。

（蓝瑞汤搜集整理）

注：

[1] 讲正：说好。

[2] 公姊：夫妻。

[3] 一头：一家。

（十）《布田[1]》

布田爱布大坵麻，

一头[2]旱水[3]一头耙，

阿郎布墩妹布坎，

两人竟布竟甲家[4]。

布田唔使几多人，

总爱两人佲认真，

总爱两人行对好，

布来布去佲兼身。

（蓝瑞汤搜集整理）

注：

[1] 布田：莳田，插秧。

[2] 一头：一边。

[3] 旱水：放水。

[4] 甲家：合家。

（十一）《放青[1]》

日头一出照山排，

晒燥[2]露水好斫柴，

前面何兜[3]伯公树，
　阿妹树下来等偓。

担杆一支篾一紫[4]，
　问妹刈草透哪坑，
　坑坑都何三岔路，
　三岔路口爱放青。

阿妹约郎去入坑，
　三岔路口爱放青，
　放青爱放埔姜[5]树，
　虽然叶燥心还生。

阿郎上坑妹下坑，
　隔远听知阿妹声，
　听知妹声心神走，
　总想两人共一坑。

（蓝瑞汤搜集整理）

注：

[1] 放青：山里人用青树枝做路标。

[2] 晒燥：晒干。

[3] 兜：株或棵。

[4] 紫：一捆。

[5] 埔姜：一种树名。

（十二）《咏柑》

柑仔跌落水浦[1]心，
　一爿[2]浮来一爿沉，
　汝爱沉来沉透底，

莫来浮起动郎心。

（蓝瑞汤搜集整理）

注：

[1] 水浦：水井。

[2] 一爿：一半。

（十三）《情歌》

阿哥做事要想清，
两人相恋要感情，
莫学灯笼千只眼，
要学蜡烛一行心。

（蓝瑞汤搜集整理）

（十四）《情歌》

郎仔上坑妹下坑，
隔远听透阿妹声，
口吹哨仔通消息，
两人相好要长行。

（蓝瑞汤搜集整理）

（十五）《情歌》

日头炫眼看唔清，
对面妹仔系哪人，
阿哥何心同妹嬲，
未知领情唔领情。

（蓝瑞汤搜集整理）

（十六）《保贺下雨》

初一落水初二晴，

初三落雨浸门埕，

保贺天公落大水，

水打两人共一坪。

十四上纹十五开，

十六乌纹[1]堆打堆，

保贺天公落大水，

水打两人共一堆。

（蓝瑞汤搜集整理）

注：

[1] 纹：云。

（十七）《畲歌唱不了》

讲唱山歌人人何，

无人唱得山歌臭，

何人唱得山歌了？

大溪水自侅无流。

（李西英口述　雷楠整理）

（十八）《采茶歌》

烂田石上种头[1]茶，

风吹日晒唔襞芽，

冷水冲茶无味水[2]，

大盼滚水来翻渣。

（李西英口述　雷楠搜集整理）

注：

[1] 头：株或片

[2] 味水：畲音读［mui$_{(6)}$ sui$_{(1)}$］，味道。

（十九）《放牛歌》

细仔看牛大髻崇，

爷娘看了心肝痛，

三顿没食肚仔饿，

身没衫着冻透红。

（蓝瑞汤搜集整理）

（二十）《丰收圆耙贴耕牛》

凤坪畲族每年"冬至"节庆丰收时，为感谢耕牛一年之辛劳，以糯米做圆耙赐牛食，并在牛头、牛脖子、牛背、牛栏等处贴圆耙，边唱边贴。

粿乳仔[1]贴牛头，

上山食草唔愁，

圆粿贴牛脖，

预祝明年五谷熟。

圆粿贴牛中央，

预祝明年谷满仓，

圆粿贴牛尾，

朝放出门暗自归。

（蓝瑞汤搜集整理）

注：

[1] 粿乳仔：畲语［pan$_{(3)}$ nen$_{(6)}$ tsoi$_{(3)}$］，糯米丸。

（二十一）《挖树头》

（畲语顺口溜）

初一大头，
擎把锄头，
肩挑粪箕，
手拿斧头。
行上寮背[1]，
上透垭头[2]，
睇见一个大树头，
挖开泥坯，
撬开石头。
树头好大，
挖透三担过七头，
呕人腾手[3]，
挑出渡头，
卖分财主，
换盐换米换猪头，
行转寮仔，
煮饭炒菜焖猪头，
猪头是限大[4]，
剁出三钵头，
全家好欢喜，
吃透眼兜兜[5]，
只爱肯出力，
无盐无米唔用愁。

（蓝瑞汤搜集整理）

注：
[1] 寮背：屋后。

［2］垭头：山顶端。

［3］腾手：帮忙。

［4］限大：很大。

［5］眼兜兜：瞪目，翻白眼。

（二十二）风吹磜[1]

风吹磜呀风吹磜，

路头远远好怎个哦，

欲去哩无步去哦，

欲来哩无步来哦，

何心包饭哩无心食哦，

见着爷娘 眼汁哩答答滴。

风吹磜呀风吹磜，

公路阔阔畏怎个，

欲去就来去哦，

欲转就来转哦，

上车一下就头寮，

见着爷娘笑呵呵哦。

（雷楚良唱　陈焕均记）

注：

［1］风吹磜：地名，凤凰山北面，属梅州市丰顺县。深处山里，过去与山前没路可通，交通十分不便。

（二十三）《情歌》①

白纸写信就一封，托人送在妹身中，

粗言俗语涯跟问，竹妹心肝于郎全。

---

① 2020 年 7 月 25 日，在凤坪村 LPY 奶奶家收集到的手抄本，作者为凤坪村村民 LMJ，81 岁，男，茶农，读过两年书。此情歌是其 18 岁与 LPY 恋爱时写的情歌，保存了六十多年。

朋啊朋，见面容易难相逢！

见妹不到心里焦，等朋出出到来廖，
等妹有心来招应，赶赶快快情来交。
　　朋啊朋，快是纸要定几漂！

天时洛雨等天晴，新开路子爱来行，
池塘纯碧种蒝竹，今春太等有笋生。
　　朋啊朋，莫来快会卦空起！

门前蒝竹节节长，思想朋班动心肠，
糯米洛吹胍嘴并，郎心日夜等情娘。
　　朋啊朋，心情作速快来往！

春到时间草木生，想妹人情心就生，
哥系双唐妹金桔，金桔做情籽各声。
　　朋啊朋，情义匹配万年行！

早日想妹到如今，想妹心空相似金，
想妹一班来起却，悬崖尖地做开心。
　　朋啊朋，家情功劳海见深！

灯草打子心花开，接见妹面兴台台，
急水滩头壮河子，日夜心肝等鱼来。
　　朋啊朋，切切断如下日来！

一天过了又一天，十二月上将过年，
光阴如箭快过去，问朋何日有近前。
　　朋啊朋，思等月角快团圆！

时刻心肝都想娘，想妹心肝水见长，

今日想妹情一点，情分一想分我赏。
朋啊朋，准定时期友商量！

笔写情话写不秋，一决言语涯叮咛，
心情一决爱做到，眼将放碧心就冷。
朋啊朋，郎说言语句句真！

小寒想朋心正高，日夜思想想得多，
想朋已多心向事，像朋颜容处处巫。
朋啊朋，心情日否匹配我！

天津高粱嘴著名，实在糯嘴还过瘾，
粗布拿来绸缎比，实在粗布过乃帮。
朋啊朋，滑路跌人猛也惊！

牛郎织女隔重天，天地和众共团圆，
一年三百六十日，但有七夕鹊桥边。
朋啊朋，名香久住天外天！

缸中鲫鱼莫论鲤，你我知己两人知，
毫毛抽出大作用，莫如口腹连花枝。
朋啊朋，风吹连竹莫嫌疑！

一时之计乱茫茫，后生娶妻唔老郎，
完全世局巫防到，明山失碧泒寒江。
修似竹灯来架桥，双脚踏在艳艳摇，
虽然跟过不前跌，听到摇岩会惊消。
已多句话不敢声，涯今巫卜愿打淡，
可比四月磨粟子，奔心打霎俺不诚。
奔心打霎俺不诚，巫钱连妹景靠挣，
都应感身并衣着，仰班喊妹同哥行。

仰班喊妹同哥行，孤单一事不敢声，
有钱喊妹句句应，巫钱喊伊问唔声。
断哥来来断哥来，断哥来到门不开，
来到深山巫见面，钝刀破竹想不开。
讲着三国涯不光，不知孔明住奔往，
不知梭船已长眠，不知亚妹已复郎。
讲着三国涯就光，孔明住在卧龙江，
潮州梭船两遗眠，亚妹身上巫一郎。
想起当初交里情，实心感痛妹一人，
此次亚妹心爱反，确系顾唯见可怜。
千句言来义句言，千言万语嘱咐俺，
不等朋友归家日，欢谈好笑嬲团圆。
哥系日头妹月光，日头光来月也光，
有克总系月光克，日头久久一养养。
丁竹亚妹心莫生，前世修来今世行，
寸草寄来交带妹，做事切莫见出名。
目眉月子在半天，手拿弓箭舍胸前，
双手揽在妹身上，见妹容易嫌身难。
三日不食肚不饥，六日不食正一圬，
老鼠落罗因未谷，碎子落泽因未鱼。
来取西川妹头名，有心巫心妹爱声，
前世有缘天注定，修似月光云下行。
大树见太根见深，却下晒谷肚里音，
岩胆石头不实在，今日阿妹不实心。
莲花生在海中心，心肝想摘妹花心，
衣衫脱碧齐胫水，风流浸死也甘心。
急水滩头洗札车，一只碎子石上企，
一条鲤鱼石下过，眼中看饱肚看枝。
来里一回正一回，凡事有头爱有美，
田里种菜新园分，朋友精去爱淼为。
一树杨梅半树青，哥介心肝妹校生，

一碗圤头吞落肚，哇妹仰心得头添。
新装船子义丈高，不怕水大浸船波，
不怕水大添加桨，不知亚妹丢珀哥。
就见讲来不煨差，不丈他人又见花，
寒情可比荣树养，直心到尾巫分哇。
就见讲来就见行，哥向心肝掉见坪，
手拿仙豆来旁嘴，朋友众言妹莫嫌。
隔年汀草心留在，槟榔切片心花开，
虽然亚妹不相信，尽你哇出奈路来。
茶枯洗衫起白波，讲着人才不煨巫，
寒情做到水波日，朋友招应做得巫。
天上乌云横打横，又想落雨又想晴，
亚妹有心来招应，有心招应事爱行。
新买花钵种头花，日头精影花精斜，
郎今心肝同故妹，心肝不敢故别侪。
半山做屋顶顶企，因未无瓦盖杉皮，
因未无食来借米，因未巫双来等你。
新买笠子白带安，两人相好隔心肝，
隔到心肝都一养，行到门前石桥断。
手拿包服出外乡，哇妹心肝爱故郎，
郎介心肝同故妹，不敢就来仝过娘。
自从不实到里边，生事不敢乱开言，
寒情可比小船子，猛敢来出太海边。
兰耘石上种头烟，不得烟太出头天，
亚哥可比上渐豆，上渐不得等妹牵。
正月过了二月过，想思嫌身不得前，
中秋无用无实敢，心肝确就一团圆。
自从不失仝妹行，不相不熟人面生，
看妹花荣又见好，今日两人情爱行。
仝妹行来仝妹坐，问妹老情有己多，
见好花荣舍不得，问妹情交做得巫。

接见花荣笑连连，心中莫想故别田，
见好花荣涯有分，花树一结借郎缠。
叮咛亚妹爱分明，句句讲来系实情，
你今精去有双对，莫来担各哥一人。
有情亚妹爱行前，有义阿妹爱开言，
今日两人有双对，心肝魂魄到去缠。
今年鱼子又见多，又無鲫鱼并怕哥，
亚哥有条交月鲫，问妹有塘好放巫。
日日魂来夜夜魂，芒分修似天上云，
食饭不知夹菜旁，洗面不知拿手巾。
日日魂来夜夜魂，芒分修似天上云，
手拿沙公弓鸡子，鸡子不食着下魂。
月光一出在半天，手板月角等团圆，
手板花树等结子，等妹花树分郎缠。
妹系有情郎有情，有情有义未满人，
郎系有事妹担带，妹系有事郎出身。
妹系有心郎有心，铁尺磨成绣花针，
郎系针来妹系线，针行三步线来寻。
门前葆竹会不颠，魂魄到去下阴间，
慢得一月巫见面，心肝涯肉煨去缠。
寒情信子涯娘收，叮嘱花容情莫丢，
莫学灯笼千百眼，爱学蜡烛一条心。
持意写信又一封，一心写来问花容，
烈未情朋各纳福，见面不倒信来通。
持意写信有情人，见面不到信问你，
修似园中岩脉养，脉若摘叶爱留心。
郎今写信有情人，心肝不好故别人，
纸要无线不好放，车子打线等长情。
巫钱巫银无人知，巫双巫对正孤凄，
郎今可比风吹竹，无瓯无崩身难企。
涯不讲来你不知，三餐茶饭不想题，

百班事实郎不想，种想仝你结夫妻。
燕子飞来亦皮皮，不见心肝那去礼，
见久不前仝妹嬲，等妹出日割露枝。
你不讲来郎也知，孔明算来晓情礼，
火烧赤壁神难救，里回就怕断别离。
醒眼无介通心人，舟身睡目舟身眠，
日里想朋共下嬲，夜里想朋共床眠。
郎今想妹会不颠，魂魄到去下阴间，
一日食无半碗饭，半饥半饱过一天。
松树抽烟节节高，杉树抽烟溺见变，
丝线淡桥妹敢过，灯心物椅郎敢坐。
见妹不到日夜音，叮咛阿妹莫还心，
手拿灯烛壁上卦，永久都系一养心。
菜秧见白思巫园，猪肉见井思巫钱，
郎今得落火炉肚，看景你来烧别思。
亚妹莫嫌哥心巫，已多愁闷仝烦劳，
修似外洋已戏曲，知郎肚中音已多。
豆角打花洋蝶形，亚妹讲话不实情，
口甜心苦同涯讲，心肝不知故那人。
光阴如箭月如梭，转眼之间日士多，
当初讲有出日子，心肝如何对太哥。
接见花容笑下下，营过园中久菜花，
牙耻生来石榴米，人才生来牡丹花。
新做褂子久分精，猪肉煮嘴不伙汤，
妹系鸭春哥鸭卵，有分有齐共盘精。
一年过了又一年，前世修来共花园，
板确放落古井内，哇妹作景爱抽烟。
亚妹可比花香京，朝晨洗面夜洗身，
手中肚里七介字，永古千秋莫断情。
月光一出正水波，团圆过少缺考多，
十五十六光两夜，月头月尾打暗毛。

麻竹做筒肚里空，两人交情莫弄风，
燕子衔泥口爱温，蜘蛛结网在肚中。
亚妹不行哥不求，李树巫花花别有，
亚哥可比也百烛，光天走起满田垃。

一九五〇年二月十八日写
少年书

（二十四）《十想郎》①

一

点起蜡烛亮堂堂，
写封书信过南洋。
涯郎过番十年久，
到今唔见转原乡，
望年望月望断肠。

二

正月十五看花灯，
家家夫妻庆团圆。
只有涯郎矛见面，
隔山隔海隔重天，
扁柴烧火炭矛圆。

三

正月过了二月来，
百花逢春朵朵开。
年年花开郎矛转，

---

① 山歌来自 LAZ 的山歌微信群。WCP，男，广东省梅州市丰顺县丰良镇人。据 LAZ 介绍，她未曾见过 WCP，只是通过山歌微信群互相唱和山歌，年龄与职业不详。

钝刀破竹想唔开，
千斤石板压呀来。

四
三月燕子阵阵飞，
秋去冬来又飞回。
燕子晓念家乡土，
样般涯郎就唔回，
单重背搭矛套理。

五
四月里来日子长，
黄梅熟了瓜果香。
家乡百果年年熟，
年年留给亲夫尝，
只见果子唔见郎。

六
五月五日是端阳，
手拿粽子唔想尝。
人人问涯呆脉个，
涯话粽子缺少糖，
瞒人知涯暗思郎。

七
六月里来热难当，
收完谷子又插秧。
家中耕田少人手，
盼望亲人转来帮，
身边还无小儿郎。

八

七月里来是立秋，
家家踏板庆丰收。
有夫之人欢欢喜，
无夫之人千般愁，
目汁双双两边流。

九

八月十五月团圆，
月饼糖果层叛层。
年年逢到中秋夜，
只见月圆人唔圆，
哑子食药苦难言。

十

九月九日是重阳，
重阳美酒菊花香。
年年登高放纸鸢，
情丝飘过七洲洋，
问郎分相唔分相。

十一

十月里来是立冬，
更深夜静起寒风。
孤枕独眠睡唔得，
翻去翻转缅老公，
心肝愁碎目愁蒙。

十二

十一月来落霜时，
矛双矛对冷凄凄。

好花需析君需析，
莫待无花空析技，
再等二年妹老哩。

十三
十二月来又一年，
妹个书信看周全。
有钱矛粮你爱转，
你爱转来赴赏灯，
米筛上夹正团圆，

十四
祖古转载听人言，
夫妻分开好可怜。
一个东来一个西，
好比牛郎见织女，
年年中秋才相聚。

（二十五）《十想情妹十想郎》①

合唱：
竹板一打闹咩咩，
五尺六尺唱一场。

男：
涯就来唱十想妹。

女：
涯就来唱十想郎。

---

① 提供者 LAZ，女，43 岁，广东省梅州市丰顺县凤坪村人。

合唱：

啊哥想妹呀，妹呀妹想郎，

妹呀，想郎——嗨哦嗨拿。

女：

一想个郎——

当初送其过南洋，

无奈家贫生活苦，

正来过海又漂洋，

唉呀哉——难为涯亲郎！

男：

一想妹来呀，你送亲郎，

送了一岗又一岗，

送到汕头来分手，

哥割心肝妹割肠，

唉呀哉四眼汪汪——

泪呀——汪汪，嗨有嗨拿——

女：

二想个郎——

你在南洋早起床，

一年四季天气热，

三更半夜在冲凉，

唉呀哉——

实在苦难当呀！

男：

二想妹呀——你在家堂，

带子带女奉爷娘，

家头锅尾团团转，

田头地尾乱忙忙，

唉呀哉——茅哥共商量，

共呀——商量，嗨有嗨拿——

女：

三想个郎——

单身度时光，

茅病茅痛闲过得，

有病茅妹煲药汤，

唉呀哉，日夜挂心肠！

男：

三想妹来呀——想得长

往日夫妻甜过糖，

今日隔山难见面，

食到山珍海味唔哓香，

唉呀哉，茅妹苦难当，

苦呀难当——嗨哦嗨拿——

女：

四想个郎——

茅个亲人来相帮，

爱做银钱也辛苦，

早晨做到出月光，

唉呀哉——

脚睜打背囊。

男：

四想妹来呀，你都咁贤良，

做双布鞋送亲郎，

刮风落雨语舍得着，

天晴着等上市场，

唉呀哉，一步一思量，

一呀思量，嗨哦嗨拿。

女：

五想个郎——

望天保佑郎安康，

保佑茅突又茅难，

三年二载转家堂，

唉呀哉——

涯会早烧香。

男：

五想妹来呀——我想以往，

同甘共苦度时光，

日日食饭共张桌，

夜夜睡目共张床，

唉呀哉——一对好鸳鸯，

好呀鸳鸯——嗨哦嗨拿——

女：

六想个郎——

接郎书信正端阳，

接信好比见郎面，

读信好比食渗汤，

唉呀哉——

句句痛心肠。

男：

六想妹来呀——喜洋洋，

接妹来信看周祥，
今嗨爷娘身体好，
子女长大入学堂，
唉呀哉——心里过定堂，
过呀定堂——嗨哦嗨拿。

女：
七想个郎——
山遥水远路途长，
夜夜发梦同郎嬲，
醒来正知各一方，
唉呀哉——
样得见涯郎。

男：
七想妹来呀——你情义长，
夜夜枕上细思量，
一对鸳鸯活拆散，
虽然茅病会激狂，
唉呀哉——想妹到天光，
到呀天光——嗨哦嗨拿——

女：
八想个郎——
入间打米打到糖，
猫公当作洗锅把，
夏至敏倒过重阳，
唉呀哉——
想哥到狂。

男：

八想妹来呀——涯嫩桥娘

夫妻分别情更长，

郎今好比灯盏样，

茅妹添油火唔光，

唉呀哉——矛水鱼难养

鱼呀难养——嗨哦嗨拿——

女：

九想个郎——

吩望涯郎开大行，

百样货物都齐备，

赚到银钱千万两，

唉呀哉——

船头向北就转唐。

男：

九想妹来呀——喜洋洋，

涯在南洋心在乡，

那有江河唔归海，

那有桥胞唔归乡，

唉呀哉，等着会情郎，

会呀情郎——嗨哦嗨拿——

女：

十想个郎——

两眼望着七州洋，

日踏门槛千百转，

夜打大把在路旁

唉呀哉——

等郎转家乡。

男：

十想妹来呀，好春光，

腊蔗上转会定糖，

啊哥买好飞机票，

转眼就到梅县飞机场，

唉呀哉，华侨大厦等亲郎，

等呀亲郎——嗨哦嗨拿——

合唱：

十想妹子呀，十想郎。

女：

啊哥想妹妹想郎。

男：

今日回家来团聚。

合：

鸡春鸭蛋共盘装，

哥呀哥，同建好家乡，

好呀，家乡——嗨有嗨哦——

（二十六）《十字山歌》①

竹板一打闹洋洋，

五句乐板就开腔。

唔唱旧时古乱传，

---

① 劝世歌，提供者 WCP。

唔唱今生好文章，
十字山歌唱一场。

十字山歌唱一场，
读书识字做文章。
从一到十十个字，
只只生来有名堂，
慢慢听捱唱分详。

一字生来绕绕长，
几先带头来出场。
做人大家带好样，
唔好调皮又郎当，
人家话你坏栋梁。

二字生来有名堂，
上面短来下面长。
做人学晓写二字，
先食滴亏又何妨，
日后自然有春光。

三字生来唔照常，
中间短来上下长。
为人处事三字样，
心肝短称又缺两，
表面看到岸荒唐。

四字生来一个框，
细细儿郎心中装。
父母就像四字样，
为二杰下又杰上，

做人子女爱思量。

五字生来又平尾,
几同丑字争滴哩。
交朋结友爱记得,
莫论样貌丑呀美,
为人善良系正题。

六字生来脚黎黎,
一条担杆肩上吃。
做人爱有责任感,
父母子女爱开怀,
家和社会仗和谐。

七尺男儿貌堂堂,
手里抓等一支枪。
横刀立马斩倭寇,
敢洒热血在疆场,
保卫祖国爱家强。

八字生来像鸳鸯,
一撇一捺企俩行。
夫妻互敬又恩爱,
咸菜邦粥也清香,
好过人家猪肉肠。

九字生来尾雕雕,
做人千句莫岸枭。
唔信就来看三国,
最奸最枭系曹操,
人人话你斩千刀。

十字生来通四方，
有天有地仗为王。
先看天来后看地，
长辈恩情唔好氓，
子孙后代仗荣昌。

从一到十都唱完，
各位听众记周全。
学晓做人学处事，
奈哩都有好人缘，
锦绣前程好运连。

（二十七）《客家山歌》①

千年榕树共条茎，
天下客家一家亲。
客家文化千年久，
客家山歌唱古今，
第一好听客家音。

第一好听客家音，
客家山歌最惹人。
山歌唔系捱创造，
自古流传到如今，
客家山歌天籁音。

客家山歌天籁音，
唱出人间真感情。

---

① 叙事杂歌。提供者 WCP。

天下客家共只客，
一句乡音呐呐亲，
血浓于水筋连筋。

血浓于水筋连筋，
山歌当粮过日辰。
百尺竿头进一步，
虑怀若谷正本真，
做好时代接班人。

做好时代接班人，
传承山歌爱用心。
首首山歌天籁曲，
河水汇得海洋深，
光辉灿烂日月明。

光辉灿烂日月明，
朝有晨露夜星辰。
传承文化无止境，
莫愁前路唔知音，
耐心点铁会变金。

耐心点铁会变金，
客家文化爱传承。
客家文化爱发展，
歌功颂德善心人，
五湖四海客家音。

五湖四海客家音，
天更蓝来水更清。
客家文化无价宝，

客家山歌客家情，
客家山歌最提神。

客家山歌最提神，
日唱夜唱唔晓停。
唱走人间忧愁事，
唱出快乐好心情，
首首山歌赠乡亲。

首首山歌赠乡亲，
多唱多听好运临。
枯木逢春交好运，
花开富贵耀门庭，
锦上添花好前程。

附录二 凤坪村畲族祖图

百鸟朝卵图（节选自凤坪村祖图）

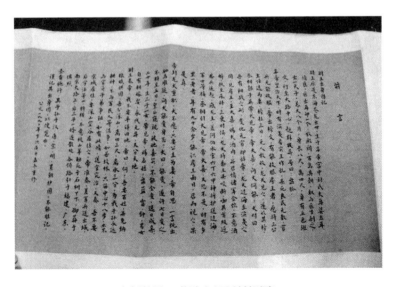

盘瓠传说（节选自凤坪村祖图）

第 八 章

民间信仰

一 凤坪畲族村的民间信仰内涵

学者王铭铭称民间信仰为民间宗教，他认为其指的是"流行在中国一般民众尤其是农民中间的（1）神、祖先、鬼的信仰；（2）庙祭、年度祭祀和生命周期仪式；（3）血缘性家族和地域性庙宇的仪式组织；（4）世界观（worldviews）和宇宙观（cosmology）的象征体系"①。凤坪畲族村呈现着复杂且多元的祖先崇拜与鬼神信仰，如现存盘瓠始祖的图腾崇拜以及对宗族始祖与近祖的祖先崇拜，信奉佛道神灵，借用周边汉族的地方神灵来供奉；举行与参与道教法场，使用巫术驱疫消灾等，总之多元共存是该村民间信仰最突出的特色。

（一）祭祖：图腾信仰与祖先崇拜

凤坪村中祖先崇拜体现在两个方面，即崇拜盘瓠的图腾信仰与崇拜先祖灵魂的祖先信仰，二者的差异体现在崇拜对象的不同。"图腾崇拜的核心是氏族成员把某种自然物看做是与本氏族有血缘关系，是本氏族的图腾（亲属），从而将其尊奉为本氏族标志、象征和祖先、保护神。"② 因此，图腾信仰是在自然崇拜基础上发展而来的对某种具有神秘力量物类的信仰，被涵盖在祖先崇拜中。

---

① 转引自陈桂炳《民间信仰与社会和谐——以闽南及台湾地区为研究视野》，方志出版社2010年版，第6页。

② 陈旭霞：《民间信仰》，河北人民出版社2009年版，第27页。

1. 盘瓠图腾信仰

畲族的盘瓠崇拜既是原始图腾崇拜，同时也是祖先崇拜中的始祖崇拜。盘瓠传说在畲民祖祖辈辈的讲述中不断演变，逐渐在闽、浙、赣、粤等地形成了略有差异的民间传说版本。畲族的盘瓠崇拜不仅以民间传说的方式传承至今，还以民歌、祖图、祖杖等形式保存下来，并由此衍生出一系列相关的图腾标志、图腾祭仪、图腾禁忌等信仰，是畲族文化的突出特征与底色。凤坪村的"畲族祖图"名为《附王出身图记》，共有三版，第一版祖图于 1957 年农历九月二十二日由揭阳洪汉钦绘制，后由广东省民宗局保管；第二版祖图于 1990 年重修，收藏在凤坪村村委会办公室，在重大节庆日时展出；第三版祖图则陈列在凤坪村展览馆当中。笔者有幸观摩了第二版祖图，其画工精细、色彩绚丽。《驸王出生图记》卷首页记载着这样一句话："驸马王出生图记，告知后世子孙先祖的劳苦功高。"第二页前言记载内容如下：

前言①

驸马王出生图记

驸王原是东海苍龙出世，生于辛帝官中刘氏大耳婆左耳，请医，医出耳卵一个，放殿阁，百鸟具朝，取与医生剖之，出一犬子，养大八个月，身长八尺，高四尺，身有五色斑纹，行至大路中心，超群拔异，号曰：盘瓠。

辛帝皇治天下，时有滨夷房突王作乱，杀死良民无数，官兵无能收服。帝出榜文：有能收服房王者，愿将三公主任选为妻。榜挂三日，无人敢收，龙犬见之，遂收其榜。丞相郭子英带犬见帝，帝大喜，问犬何能？犬对曰：吾有阳战之形，变化无穷，即辞帝。龙犬过海至滨夷之国，见房突王。王大喜，赐犬酒肉，并招请诸军合饮，不意酒醉，扶至床卧。三更时候，龙犬将番王头咬断，啣其首级返。番兵追赶，感龙王，差河伯水官六丁六甲神将护送过海，军士等接。丞相引犬见帝，帝大喜，又恐不是。时有乡里一老者，年有九十余岁，能识房王面目，召而视之，果是真。

帝封龙犬重职，犬不愿，只要公主为妻。帝自思：一言既出，驷马难追。问犬能变身否？犬曰：能变，遂许七日变之。不料至五日，皇后窥

---

① 选自凤坪村村委办公室珍藏的第二版祖图。

视，被她喜笑，不能全变。选日成亲，二十年生三子一女，带见帝，赐名姓，盘、蓝、雷、钟，男女自有相嫁娶，永代无异，又分天地。

驸王奏帝：我不要平洋田地。帝曰：何？吾要百姓，并免纳粮赋供国。吾分深山，离田三尺，离水三分，为我子孙永远耕种，不与军民人等混争。如若坟林，只留中心十八步，亦不与官员子弟争阻，如有此情，送官究治。又奏：吾不要京城居住，要深山空谷居住之。帝准奏，差军兵送出城。后学法茅山狩猎，不意被山羊触死在石树丫下，御葬于南京大陆上。后三子一婿遂散处，各领路引于福建、广东。俱照圣旨施行，其子孙于汉、唐、宋、明，累朝护国，不能胜记。谨记其出身图，以便览示。

公元一九九〇年岁次庚午孟冬重修。

祖图前言之后皆为图画，每幅图片上方作文字记述，顺序依次为：（1）天皇氏、地皇氏、人皇氏、盘古氏、神农氏、女娲氏、高辛帝、医官；（2）百鸟朝凤，龙犬出世；（3）番兵作乱，唐兵败走；（4）辛帝出榜，龙犬揭榜，拜见辛帝；（5）龙犬出海，觐见番王；（6）番王醉酒，咬杀番王；（7）变龙过海，军士迎接；（8）得胜复命，招为驸马，龙犬选妻；（9）龙犬变身，皇后闯楼；（10）公主行嫁；（11）交杯成亲，太极初分；（12）辛帝赐姓盘、蓝、雷；（13）茅山学法，驸王狩猎；（14）山羊触撞，驸王升天；（15）驸王入殓，辛帝御葬；（16）大子摇船过大海，二子坐轿去人家，三子骑龙上青天，女嫁钟氏；（17）自耕自食，子孙昌盛，诗书传家。

20世纪60年代之前，凤坪村有供奉盘瓠驸马王之习俗，每年春节、端阳最为隆重。① 每次祭祀，人们将"祖图"铺展于蓝氏祠堂，凤坪村中所有蓝氏族人各家各户携三牲②、茶酒、香烛、五色米饭等祭品前往。族人齐聚，族中长者念唱祭词，唱毕，呼和众人，朝祠堂大门外叩拜，此意为因盘瓠先祖常年在外狩猎，需众人呼唤回祠堂；首拜过后，众人转向祠堂内的祖图叩拜。此外，凤坪村蓝氏族人历代祖先也会被族人请回宗祠，一同祭拜。60岁左右的退休小学校长蓝广华说，在他小时候，见过宗祠

① 广东省民族研究所：《广东省畲族社会历史调查资料汇编》，广东省民族研究所内部印刷，1998年，第49页。

② 三牲：是指一般祭祀时常用到的祭品，主要包括猪、牛、羊三种牲畜之肉。

里挂满了祖图像，老人们还在一旁讲述盘瓠出世的故事。20世纪60年代时，因"破四旧"蓝氏祠堂被拆毁，族人便不再祭拜盘瓠，直至今天。

凤坪村无论畲族或汉族都大体知晓盘瓠的神话故事，许多畲族青年都表示曾听父辈提起盘瓠传说，但他们认为这仅仅是一种信仰并非史实，这表明今天的人们已经能够正确理解神话传说与历史史实之间的差异。笔者发现，凤坪村虽已无祭拜祖图的习俗，但有关盘瓠祖先的崇拜仍然在很多方面有所体现。例如，村里仍保留着两幅祖图，其中一份展示在村委会的畲族文化展示馆，供外来者参观。又如，村内不定期地举行为祭祀盘瓠驸马王以及祈祷子孙后世繁荣昌盛的"招兵"仪式的展演。再如，村里父辈们虽较少向孩子提及盘瓠的传说故事，但凤坪村小学的老师会结合祖图给孩子们讲述盘瓠传说故事。此外，村里几乎家家户户养狗，并对其悉心爱护，不轻易打骂。以上种种，直接或间接地体现了盘瓠信仰在凤坪村人们日常生活中的遗留。

2. 宗姓始祖信仰

在中国民间，敬奉亡故的先人是最普遍的信仰现象。宗姓始祖为宗族的第一代祖先，属家祖崇拜类，家祖崇拜相较于其他各种神灵崇拜而言，具有更强的亲切性与更大的前置性，"即使是在祭祀活动中与某些神灵同时享祭，它的位置总因为和在世子孙的血缘联系而表现特殊"①。

据盘瓠传说讲述，高辛帝嫁三公主于盘瓠，生三男一女，并赐姓盘、蓝、雷，后女嫁钟婿，由此留下畲族盘、蓝、雷、钟四大姓氏。盘姓在畲族中较为少见。粤东地区畲族主要为蓝、雷、钟姓。凤坪村中有三姓杂居，包括蓝姓畲族、钟姓汉族，以及从大埔湖寮迁至来的竹头"篮"姓居民，三姓皆有其宗姓的始祖。

祭拜宗姓始祖的形式主要有庙祭、墓祭两种形式。在20世纪60年代前，凤坪村还有宗祠，人们一般以庙祭形式祭拜宗姓氏族，即在氏族的祠堂中举行拜祭仪式。祠堂被废后，墓祭成为凤坪村祭祀祖先的主要方式。墓祭既包括对凤坪村三姓村民第一代祖先的公祭，还包括各房头对自家近祖的私祭。

---

① 乌丙安：《中国民间信仰》，上海人民出版社1996年版，第147页。

（1）汝南堂蓝氏祭拜开创祖之地——青麻园

草头"蓝"氏畲族是最早迁入凤坪村的群体。据《蓝氏族谱》中"蓝千七郎公迁徙序言"记载："此始祖公在福建、江西出外以来，离别祖妣、妻子，未知漂流到广东潮州府丰顺县北胜社官溪甲风吹磜（今名凤坪）开创肇基。当时意欲出外求利营生，未知游到此地，不能回家，忘了祖宗，别了乡里。千七郎公出来之时，带来两子，万五郎和万八郎，共同在此开创肇基，繁衍子孙。本宗郡望称'汝南'，祖祠堂名曰《汝南堂》。"由此，凤坪村蓝氏族人都认蓝千七郎为创始祖（或称开创祖），并尊其为祖公。据族谱记载蓝千七郎葬于青麻园四姊坑角湖头，此地便成为凤坪村蓝姓村民祭拜祖公之地。宗姓始祖祭拜为每年正月十五的春祭，全村蓝氏族人携全家男女老少前往青麻园祭祖，这是凤坪村全年中蓝氏族人全员集体参与的唯一祭祀仪式。

每年祭拜时，先从蓝氏各房头中挑选一男性为主祭者，负责筹集资金与采买祭祖所需祭品，并且将收支情况进行公布。上一年若有余款，都交由这一任负责人保管，并在祭拜结束后将余款转给下一任负责人。前往青麻园祭拜祖公前，蓝氏族人会先到凤坪村小学集合，安排分工。首先由四五人抬"五牲"（猪头、全羊、鸡、鸭、鱼）走在祭祖队伍最前面，抬斋菜果品的人紧随其后，然后跟从的是携香烛、鞭炮类物品的人，最后则是欢呼雀跃的孩子们手拿彩旗挥舞。祭祖道路上几乎无人空手，每人手上都或多或少拿着祭品或仪式用品以显示对主公的敬重。以前交通不便、山路崎岖，每次祭祖族人需徒步 10 千米路。由于年初寒气未退，山间云雾湿冷，祭祖道路常常泥泞不堪，但蓝氏族人仍然年年坚持祭祖。如今道路通畅了，为节省时间，人们会在中间一段路程选择驱车前往。

到了祖公墓地，众人用镰刀割除杂草后，摆上香烛、祭牲、果品等祭品，祭祖仪式开始。仪式的主事人员有 7 人，分别是礼唱（礼生）、读祝、主奠、左右执事、左右行营。

首先由礼生叫唱祭仪开始，敬献祭品、跪拜祖公。礼生所唱正是仪式进行的步骤，主要内容见表 8 - 1：

表 8 – 1 凤坪村祭祖仪式过程与步骤

祭仪过程	祭仪详细步骤（礼生唱词）
准备仪式	主祭者就位。执事者就位。参拜者各就各位。将神。参祖鞠躬拜，兴，拜，兴，拜，兴，拜，兴，平身。诣于香案前跪，焚香，上香，酹酒、祭酒、奠酒，俯伏兴，拜，兴，拜，兴，平身。进斋蔬、进果品。进牲馔。进刚鬣。进粢盛。进财宝。
行初献礼	主祭裔孙，率汝南堂各房子孙，诣于开基始祖蓝七千郎公及汝南堂上历代高曾里显祖，合龛众位神祇、本宅后土福德龙神之位等神祇前跪，奉香，初祭酒，二祭酒，三祭酒。
读祝文	读祝者及参拜子孙皆下跪，读祝文（见附录 祝文词）。毕，俯伏兴，兴，拜（二拜），兴，平身。奉馔。
行亚献礼	主祭裔孙率汝南堂各房子孙等拜，开基始祖蓝千七郎公及汝南堂上历代高曾显祖考妣，合龛众位神祇，暨本宅后土福德龙神之食席前跪，祭酒，初奠酒，祭酒，再奠酒。俯伏，兴，拜（二拜）兴，平身。奉馔。
行终献礼	主祭裔孙率汝南堂各房子孙等诣于开基始祖蓝千七郎公及汝南堂上历代高曾显祖考妣，合龛众位神祇，暨本宅后土福德龙神之食席前跪，祭酒，奠酒，祭酒，再奠酒。俯伏，拜（二拜），兴，奉馔，侑食，拜（二拜），兴，平身。进羹饭，献牲馔，献刚鬣，献粢盛，献高蔬果品，献财宝，焚祝化财，复位，献茶。
辞神仪式	鞠躬拜（四拜），富贵，兴隆，富贵，兴隆，富贵，兴隆，富贵，兴隆。平身，礼毕，撤馔。恭祝新春大吉、合家平安、财源广进、房房富贵、代代荣昌。

至此，祭祖仪式完毕，众人回村至主祭人家中摆席畅饮，欢聚一堂。

（2）篮氏祭拜

据竹头"篮"氏族谱记载，其支系与汝南堂蓝氏不是同姓支系，民族识别时由竹头"篮"姓改为草头"蓝"姓。最初迁入凤坪村的竹头"篮"姓，只有两户，如今共有十二代共四户。

（3）钟氏祭拜开创祖——钟子明

凤坪村钟氏为汉族，据《钟氏族谱》记载，其是由从梅州市大埔县迁来的，其始祖钟子明葬在大埔。凤坪村钟氏祭祖以秋祭为主，一般吉日选定为中秋节前后，由大埔钟氏同宗确定日子后，通知凤坪村的钟氏一族。到了祭日当天，凤坪村的钟氏族人便携带供品前往大埔，与同宗一同举行祭拜仪式。

3. 近祖墓祭信仰

凤坪村各家各户也祭拜自家的近祖，金祖祭拜一般采取扫墓形式，又称为私祭，相对祭拜宗姓的仪式而言，就没有那么隆重了。20世纪80年代前，凤坪村还未大面积开采茶园，人们每年三月三便会祭扫祖坟，之后因三月是一年中最繁忙的春茶采摘，人们便推移至中秋第二日。直至今日每年中秋节之后，凤坪村各家在外工作、读书的亲人返乡齐聚过中秋，第二日全家便一起登山去为先祖扫坟祭拜。

（二）拜神：佛道及地方神信仰

神灵崇拜是指人们对想象中掌握自己日常生活命运神祇的一种崇拜祭祀行为①，一般为由自然物、图腾物逐渐演变成具有人类形象与性格的人格神。凤坪村畲族供奉并祭拜着众多来源各异的神灵，比如道教神三奶夫人等，又如地方神的土地伯公及家神灶君等，还包括佛教神观音灯。

1. 三奶夫人信仰

三奶夫人是村里唯一法师②LJP所依附的"法主"③，法师说其所学道教就是闾山派中三奶夫人派系。相传闾山道三奶派祖师陈靖姑与李三娘、林纱娘二人结拜，同修闾山道术，斩妖助人，最后功德圆满，受封元君，三姐妹合称"三奶夫人"（李奶夫人、陈奶夫人、林奶夫人），为保护妇女儿童的女仙。

在法师旧家的祠堂中供奉着三奶夫人神位，但只设置了香炉，并未安置神牌。香炉上方挂有北帝爷④画像以作法坛⑤，为三奶夫人的护法。

---

① 陈旭霞：《民间信仰》，河北人民出版社2009年版，第38页。

② 法师：是指经过专门训练的主持民间道教仪式或相关仪式者。

③ 法主：即民间道教门派的首领神。

④ 北帝爷法坛，又称北极玄天上帝。北帝爷是中国民间信仰的神仙之一，是统理北方、统领所有水族（故兼水神）之道教神祇。南方人拜北帝，是因为南方的水由北方流来，依水谋食的南方人，靠水揾食，所以既拜南海洪圣大王（赤帝），又拜北方真武玄天上帝（黑帝），北帝位于水源之上，祭祀他，是希望他控制水源，确保水能恰当地流到南方，因为北水南流一怕无、二怕多，只有恰如其分，才能实现五谷丰登，这就是南人拜北神的原因。

⑤ 法坛，又称法堂、神坛、灵坛、经堂、玄坛，是道教道士供奉历代宗师、设醮施法、举行法事、讲经说法的场所通称"法坛"。

2. 土地伯公信仰

凤坪村重祭拜土地之神，他们认为土地神掌管一方水土，有的掌管山，有的掌管田地，还有的掌管村庄日常事务。由于人们吃住行都在土地神的管辖范围内，因此村民们代代修建许多庙宇供奉各方土地神灵，祈求庇佑，并将其统称为"土地伯公"。凤坪村的伯公庙新旧大小约有七八座，大小不一，庙宇主要为小型瓦房形状，内置香炉"赤山公王""白山公王""五谷神农大帝""水口凹感天大帝""甲坑飞天大王""芹菜湖玄天上帝""甲溪岭关圣帝君"等神祇。凤坪村天地神为总神，虽然此神无牌位与庙宇，但统领所有的土地伯公。凤坪村民一年十二个月的每个月都有特定的一天来祭拜伯公。譬如，正月为十五，二月是初八，三月是初三，四月是初八，五月是端阳节，六月是初六，七月是七月半，八月是初三，九月是初九，十月是十三（十月十三是五谷帝的生辰，五谷帝是产粮食的神，新中国成立前，凤坪村每年的这一天都会庆祝五谷帝的生辰，同时也庆祝丰收之喜），十一月是冬至，十二月是除夕。新中国成立后破"四旧"，村里的伯公庙都被推倒，神像被烧毁。改革开放后，伯公庙和神像逐渐重修，人们简化了每月祭拜的习俗，并将每座伯公划分到全村各家各户轮流祭拜。据村民 LZZ 回忆，早期凤坪村有 4 个生产队，每个队各自负责一个土地伯公，其余的便是谁家离得近就谁家拜。如今，凤坪村仍保存土地伯公信仰，若是轮到自家祭拜的土地伯公，便会在祭拜日邀请其余一同负责的家户商议备好祭拜供品，一大早便去祭拜；若祭拜正好赶上农活繁忙的季节而抽不出时间，就在忙完农活后择日及时补上。由此可见，祭拜土地神灵是凤坪村村民信仰生活中的重要部分。近几年，凤坪村周边出现了几座私人新建的伯公庙，并且供奉观音像等，融入了佛教以及其他宗教的文化特色，但村中大部分人不认同这些私人建造的庙宇，也不会去祭拜。

祭拜伯公庙时，村民们会携带香纸、茶、酒、水果、斋菜以及三牲（整鸡、猪肉、鱼）敬神。供奉时，第一排点香；按照"三酒五茶"的规矩，第二排摆三杯茶；第三排为五杯酒；第四排为水果，一般为苹果、梨或香蕉，可以摆五种，也可以摆三种；第五排为各类斋菜。摆好供品后，领头人呼唤所祭拜神的名讳，并说明此处为何地，今日为何日，最后请神享用祭品，并施恩保佑村民平安、人丁兴旺、万事昌盛等等。

凤坪村有代表性的土地伯公主要有以下几位：

（1）甲坑宫飞天大王神位

飞天大王又称飞天大圣，为福建闽南供奉的乡土神、医神，是民间普遍祭拜的神灵。飞天大王神位，是离村子最近的伯公庙，一般小孩子生病、受惊吓，或者家中老人病重等，村民都会去祭拜飞天大王神位，若病太重便会请法师作法消灾。村民们很信奉飞天大王神，认为他能为人们治病去灾。村民 LXX 曾谈及飞天大王神显灵的传说："以前我们村子里有个人生病吃饭吃不了，头发都掉光了，吃了什么药都不好，后来变得疯疯癫癫，很吓人。后来他的家里就到了外面找了法师，是算命的人，然后就买东西给他帮忙看，是遇了什么魔啊、还是发生了什么。后来法师告诉他，要回来拜村里的这个飞天大王神位，后来那个人就拿了糖果、香纸、一斗米等去拜，之后便就好得跟个正常人一样了，很神奇的。"

（2）玄天上帝真武帝君

玄天上帝是村里修建最久的土地伯公，原建在芹菜湖边，后为修建水坝便上移到了芹菜湖旁石岩前。在凤坪村的伯公信仰中，人们很注重伯公庙的建造与移位，每一座伯公庙都需要村民全体商讨、捐资、请先生、请神、祭拜等若干复杂程序。譬如，动工前人们会先请地理先生选择风水宝地与动工之日，其中若有差池，便会破坏村庄运势并带来不祥之事，据村民 LAZ 回忆说："以前在水口那边的土地伯公庙就是没有建好，后来山里的大牛都死光了，常有怪异的事情发生。直到后来，重找了一个地理先生来看，重新修建后，村子里的怪事才消失，大家才慢慢好起来。"

每年三月三是凤坪村祭拜玄天上帝的日子，在村民们口口相传的传说故事中，也曾有玄天上帝显灵惩罚世人的故事，村民 LZZ 说："石爷的玄天上帝在我们这里是最久的，而且非常灵验。以前有几个人偷走了玄天上帝的金身，结果玄天上帝显灵了，就把他们困在山里，最后用树藤勒死他们，但那之后石爷的金身也不知下落了。"

（3）水口宫福主公王

福主即主一方福祉之意，福主公王又称五谷大帝，为每年正月十五日祭拜供奉。福主公王与赤沙公王、白沙公王为同一庙宇，一同祭拜。

（4）水口凹杨太伯公

水口凹杨太伯公，其掌管范围一般是村子周围某个田段或某片山林的，为每年八月十五时祭拜。

（5）阴宅之神：后土

后土为守护阴宅的土地神，后土神位常以一石碑立于阴宅左侧，并刻"后土"或"后土之神"而成。过世的入土安葬后，后人便会立上后土碑，并以三牲、斋菜蔬果供奉，请求后土神庇佑亡者以及后代子子孙孙平安，每年后人祭拜先祖，需一同祭祀后土神。

3. 家神灶君信仰

在凤坪村中，家家户户都供奉灶君公。家神是家宅保护神灵，他们密切关联着每家每户的日常生活，以及人们的饮食起居，其中最主要的家神有灶神、门神、井神、仓神、床神、厕神等。[1]

灶君公为民间最普遍信仰的家神之一，同时也是道教神祇之一，其全称是为"九天东厨司命太乙元皇定福奏善天尊"，俗称"灶君"，或称"灶君公""司命真君""九天东厨司命主""香厨妙供天尊""灶王"，为厨房之神。凤坪村供奉灶君公，不设神位，只置香炉。人们认为安设灶神位，可为家里带来财富，所以又称灶君公为"灶里的财神爷"。祭拜灶神的日子为每年除夕，在灶神香炉前点香，摆上"三酒五茶"、"三牲"、斋菜蔬果等，有时也会燃放鞭炮庆贺。在凤坪村中，建新灶或移灶时有一定讲究，需请地理先生卜算吉日与吉时，为新灶"进火"，并且灶上要煮着主人家亲自打的糍粑，意为请灶君公入住新灶。过去凤坪村主要为土灶，进火的时辰就是第一次点燃柴草之时，现在村中大部分人家使用煤气灶，进火的时辰也就是第一次点燃煤气的时辰。

（三）巫道并行：善公与落娘

中国道教与巫术有密切的关系，凤坪村道教信仰以闾山派的东南道教为主，同时还盛行巫术，可谓巫道并行。

1. 闾山道派与善公

（1）善公及渡法

善公，又称法师，"是指经受专门训练的主持民间道教仪式或相关仪

---

① 乌丙安：《中国民间信仰》，上海人民出版社 1996 年版，第 154 页。

式者"①。凤坪村只有一位法师 LJP，为第十五代法师，在 50 岁左右时由其父亲 LMK（第十四代法师）传印授予，为陈婧姑道派法师，奉三奶娘娘为法主。LJP 迄今在村中已经主持的招兵节仪式大大小小约有 20 余场，各种祭祀道场多达百场，此外还做招魂、藏魂等仪式。

经书与器具。法师的经书一般分两种，一种为书经，共 24 本，一般由上代法师传承而来；另一种为心经，为历代法师口耳相传，并熟悉于心，不外传。法师的器具一般有龙角、木鱼、铃刀、马鞭、石磬、法师印等，其中法师印最为重要，为历代法师传授，是法师的身份认可，若无法师印，执行的法事不会有效、写下的符咒是不会灵验的，简言之，无法师印的法事神灵不会认可。除了法师印之外，其余的法器可制作或购买，并无严格的规定。

法师渡法，即法师将所行法术与象征法师身份的"法印"传位于下一任法师，接任法师首先需要品行端正和道德修养，法术是否学得精湛倒在其次，因为若品行不端，法师便容易利用法术祸害他人，这是其"善公"之称的原因，因此行歪门邪道之人是不可做法师的。渡法仪式需 4 人做主场，即将传位的法师、新任的法师、保举师以及证明师。渡法仪式的第一个环节是"起法坛，请神灵，请祖先，为新善公起法名"。此过程会有一些考核仪式来判定神对新任善公是否认可，若神不认可就不能传印。传印时，受印者要跪在桌子上，由在民众中极具声望的证明师亲自验证方为合法。此后，新任法师做任何大型法术时，都需唱念传授人、保举师、证明师的名号以示尊重。仪式的最后将筊杯摔于地，如果杯卦显示一阴一阳则表示渡法成功。过了这一关，就可为新任法师授法印与法名。仪式过程一般持续半天或一天，最长两天。

（2）招魂法术

民间信仰认为人有三魂六魄，若受惊吓或得病之后，容易导致魂魄丢失，如此便会请法师作法收魂。凤坪村法师 LJP 经常为村内村民及外地人做收魂仪式。招魂法术主要分为三种，第一种为受惊吓的孩童招魂，施行此仪式时，需法师根据孩童的生辰八字向神灵祷告请示，然后用法器七星剑敲开生鸡蛋观察鸡蛋的形状，若是猪的形状则表明孩童是被猪吓到，若

---

① 郭志超：《畲族文化述论》，中国社会科学出版社 2009 年版，第 471 页。

是狗的形状则表明是被狗吓到。找到原因后，则请神召回孩童魂魄，仪式过程一般为两三个时辰。第二种为病重或精神失常之人招魂，由于病人此种情况较为严重，法师会到病人家中，起坛、作法、念经，并画符咒给病人溶水服下。仪式做完还需观察病人魂魄是否归身，是否恢复正常，仪式过程通常一至三天不等。第三种为"包魂"仪式，亦称"锁魂""藏魂"，传统社会的人们认为孩童太过弱小而魂魄不稳定，家人们为了让小孩子安定，遇到危险魂魄不会被吓跑或勾走，就会将他的魂魄用"包魂罐"藏起来。包魂罐中放入一些米，以及一张写有小孩生辰八字、地址、父母姓名、藏魂时辰以及放魂时辰等的纸条。需常年封闭，只在过年时用香火请出换上新鲜的米即可。传统社会的人们相信，包魂可以保佑小孩至16岁前平平安安，待成年后放魂时，法师则作法将罐子化解。

（3）道教符咒

凤坪村法师 LJP 使用道教法术画符为人们消灾解难，符的种类主要有护身符、安胎六甲符、麒麟凤凰全到此符、隔界符、五雷符等。

护身符即护佑事事平安之符，人们一般将求来的符随身携带，男性可置于上衣口袋或下装口袋，女性与孩童只能置于上衣口袋中。安胎六甲符是保佑孕妇平安产子之符，从孕期开始佩戴，直至小孩出生40天之后拿去烧掉。

"麒麟凤凰全到此符"是用于驱疫辟邪之符，可使用的场合比较多，例如当自家修建房屋或周围有别家建房时，开工便将此符贴于自己家大门上，以确保自己家中运气不被破坏；又如结婚时，新娘进家前被认为是携带有煞气，在大门或婚房门前贴此符，可阻挡煞气；再如动工打灶或移灶，也贴此符于灶台上方，以免除未知的祸患。

隔界符：若家附近有动土建屋会惊扰到土神土煞，为了防止出土作乱危害家中孩童，人们便会在家外墙上贴上一张隔界符，意喻与动土之地划清界限，将土神土煞隔离开来。

2. 驱疫巫术与落娘

在民间有一种女性巫师，她们称自身为某种神灵附身，并可与神灵通灵，帮助人们去病消灾，俗称"落娘"。在凤坪村就有这么一位落娘 LXX，据村民们说其为观音娘娘附身，时常帮助村中常年哭闹不休、疼痛缠身且无法弄清原因的孩童作驱疫巫术。有时甚至成年人若遇怪病医治不好的也会找她，请求她与神灵通灵。此外潮州等地也曾有人慕名而来，村民说拜请她的人非常多，有踏破门槛之势。

村民说"落娘"在与神灵通灵时，会请村中留存的土地伯公，请求他们前往受疫人家中驱赶巫鬼，可以看出，土地神是地方仪式巫术必请之神。巫术中米是用来引路（为灵魂引路），香火纸钱买通神鬼，走下路、阴间路。一般来说，孩子的父母会准备糖果、红包、米、香纸以及一件小孩子的衣服，向落娘报出孩子的生辰八字，落娘会开始算小孩子的运势，并请神灵（观音）附身。在此过程中，落娘会烧香纸买通神鬼，据说落娘通灵走的是下——去往阴间之路。等落娘询问清楚后，明确是何种鬼魂叨扰，便会烧纸将其请走，并抚摸小孩的头。通灵结束后，落娘便拿一点米给父母，并交代孩子父母三天后给小孩子吃，吃完后小孩子就好了。

（四）风水信仰与禁忌

1. 风水信仰

（1）五方龙神

在凤坪村中，龙神的安置讲究因地理风水而立，"风水理论中说：'龙神者，五行之生旺气也。流行于地中神秘莫测，故以龙神名之状其妙也'，龙神为风水术中方位上的五行之气，将地势取名为龙，本意是以龙的变化莫测来比喻地势的变化万端"[1]，此种解释与凤坪村中各家各户有龙神的目的大体一致，由此，龙神并不是某位具有人格化的神灵，而是一种风水崇拜的体现，也因此笔者将龙神归为风水信仰中一类。

依据凤坪村村民们讲述，过去村中家家户户都有龙神。人们每年的除夕或初一十五就会拜龙神，以保佑家宅平安。在人们心中龙神是万能，安住在家里的龙神可以庇佑全家老少，事事顺遂。因此，每当人们立新家、搬入新房时需行"安龙"仪式。一般于新房建造完工时，先由法师举行谢土仪式，才是安龙仪式，之后还需附以安灶仪式。可以说，谢土神、安龙神、安灶神是建好新房后的一套必备程序。安龙仪式前，首先要起法坛，摆上供品，于一簸箕上用米塑成龙身，以鸡蛋做龙的眼鼻，红线做龙须，黄纸做耳朵，硬币做龙鳞，最终呈现出活灵活现的龙的形状。仪式开

---

[1]　蔡达峰：《历史上的风水术》，上海科技教育出版社1994年版，第239页。

始时，先由法师作法，念诵《安龙镇宅八斗经》迎请五方龙神，整个仪式持续两个时辰左右。龙神位一般供奉于堂屋中，龙神位的下方为"龙神口"，由5块石头或砖头堆砌而成，称为"五星石"，分别代表东西南北中。

倘若家中置办丧事也需举行安龙仪式，因为丧仪在人们看来是不祥的，且整夜哭号与喧闹敲打，人们认为会叨扰龙神，破坏了家宅的风水，因此在丧仪结束之后，会再行安龙仪式，以安抚龙神、归位风水。丧仪中举行安龙仪式时，与主家生肖相冲的人员不可参与，主持仪式的法师需穿草鞋，并在仪式结束后烧掉，穿草鞋有去除巫邪之意。如今已经没有人会制作草鞋，改用解放鞋、布鞋等代替。

新中国成立前，人们每年的除夕、正月十五、五月初五、七月十五、八月十五、十月十三，十一月冬至，逢年过节都会添置供品，祭拜龙神。此外，家中遇到大小事务，也会祭拜龙神，祈求庇佑。譬如，家中若有新生儿顺利降生，家人们便将小孩抱到龙神前，禀明家中新添一名成员，请求龙神保佑小孩平安长大。如今，凤坪村人们修建房子少有讲究风水走向，自然也不再安龙。只有少部分人家仍有龙神，于每年初一和十五时祭拜。

（2）化胎

化胎在客家的风水文化中寓意安稳，意为孕育万物之一切、承受天地灵气之地，是客家传统家宅最重要的区域。化胎，是房屋后部半圆形凸起的部分，呈现弧形，弦长中心点就是建筑龙穴所在，化胎的位置正处于家宅背后的支撑之地。据村民们说凤坪村过去的老房子，几乎都会修建化胎，也有人说化胎实际为龙神之位。总之，凤坪村中有句俗话"千金的门楼，万金的化胎，四两的家"，由此足以看出人们对化胎风水的重视。

（3）地理先生

凤坪村的人们都将风水先生称作地理先生，是指专为村民看住宅基地和坟地等风水地理形势之人。地理先生一般自称属于"杨公教"，即"杨公风水"，据传是由唐末客家人——风水祖师杨筠松①创立。凤坪村极其

---

① 杨筠松，唐僖宗时掌灵台地理事，官至金紫光禄大夫。因与阴阳宅选址、纠正葬俗恶习、平息当地争讼之风等诸多方面有所作为，遂被呼作"救贫仙人"。

看中风水，人们认为拥有一块风水宝地，可以使家族历代繁荣昌盛，反之便会带来极大危害。人们在建房选基时极为严谨，一切要请地理先生卜算，地理先生会根据主人家生辰八字、河流流向、山脉走向以及地理书等进行卜算，算好之后才开展后续工程。由此，地理先生在凤坪村有十分重要地位。现今，在凤坪村，LJP 先生既是法师也是地理先生，笔者曾见他为村中一位即将在潭江镇开店铺的青年卜算店面的风水。

2. 禁忌

在凤坪村的日常生活中，在信仰、风水、饮食及日常生活中存在若干禁忌。例如，不能做出亵渎伯公的行为，家中长辈会严格训诫晚辈不可到伯公庙旁边解手。而且要远离孤魂野鬼，所谓孤魂野鬼就是没有后人供奉的逝者，他们没有后人供奉香火，就会时常出来害人。凡建新房必须注意风水，一般房屋的大门不能对着政府机构、学校，以前是不能对着衙门、官府等。这些太过威严的房子会压制本家的命气。在生产生活中，忌用脚踏碓，沿用手工持木杵、石臼舂米。在山上干活时，不能直呼同伴姓名，否则会被山中神灵鬼怪听见，夜晚便会找上门。在婚丧礼仪中，也有很多讲究，如不宜六月结婚，六月为一年十二月的中间，在六月结婚意味着双方不能长长久久，半途就会分开。结婚时礼金不能送奇数，不然就是诅咒二人最后要分开，必须送偶数寓意成双成对。葬礼不能送偶数礼金，会被人说是诅咒丧家家中还会有丧事。此外，凤坪村民在日常饮食中，一般忌吃狗肉。虽然对于禁忌，今天的凤坪村民有时候难以讲清其中的缘由，但是作为时代传承的文化习俗，村民们仍然严格地遵循着。

二　凤坪村畲族民间信仰特点与功能分析

（一）凤坪村畲族民间信仰的特点

1. 包容性

畲族是一个迁徙的民族，在迁徙的过程中不断地与周边文化进行交流、互动、涵化，因此其文化必然呈现出多元而复杂的样貌。信仰文化作为精神文化的内核，虽具有较强的稳定性，但在日积月累的发展变迁后，也同样呈现出了多样性特征。凤坪畲族的民间信仰中包含了佛教、道教等多种文化，且这些多种文化样式能够和谐相容。以佛教文化的涵化为例，如观音菩萨原为佛教四大菩萨之一，是慈悲和智慧的象征，但随着佛教在中国的在地化，观音菩萨已经在中国民间成为世俗化神灵。在凤坪村民间信仰中，观音菩萨常出现的场合和方式有两种，一种是在法师做道法仪式时，以呼请的方式降落神坛，被称为慈悲观音娘娘；另一种是以落娘的形象和载体出现在人们的日常生活中，在接受人们请求后与观音娘娘通灵而取得灵力驱赶病痛或灾殃。笔者无缘亲眼见到落娘通灵，但却在落娘家中见到了村中唯一的白玉观音像。

畲族民间信仰的多元性，反映了畲族日常生活的多样性需求，而对这种多样性的整合则体现了畲族民间信仰文化的包容性。南方民族一般无制度性宗教，其信仰一般起于"万物有灵"，多为自然崇拜。在漫长的与其他民族的交流互动中，畲族吸收借鉴其他群体文化为我所用，造就了畲族文化兼容并蓄的特性。事实上，早有研究者指出，我国不同民族群体的文化模式之间能够相互交流借鉴，是基于我国民间信仰的内在一致性这一重要特征。"文化普同观认为人类心理的基本状况是大体相同的，所有的人是完全平等的……文化内外环境相似的民族会产生或崇尚相似的文化反应，而不同的环境尽管产生的文化面貌会有差异，但由于人类心理基本状况大体相同，因此在文化的不同部分也同样具有所有文化的共同特色。同时，也正因为人类的心智和心理的相同或相通，各个不同的文化之间才可以互相交流、互相传播、互相学习，各个文化之间的要素才可以互相借用、互相吸纳甚至相互融合。"[1] 文化普同观在此虽然是从人类文化的普同规律来说的，但用来解释我国 56 个民族之间的文化交流互动当然更具说服力，因为形成于中华大地这样一个半封闭区域的各个文化群体，在心智和心理上的相通之处显然更多。

此外，凤坪村的民间信仰中，还大量地借用了道教文化因子，比如凤坪村的标志性文化事项"招兵节"仪式中的核心文化因子"招兵"即是取自道教的"招兵科仪"。凤坪畲族用"祖先崇拜"对借用来的"招兵科仪"进行整合，重构出了全新的粤东畲族招兵节。

2. 实用性

多神信仰是粤东畲族民间信仰一大特征，尽管祖先崇拜是畲族民间信

---

[1] 孙秋云主编：《文化人类学教程》，民族出版社 2004 年版，第 10 页。

仰的核心，但这一核心信仰并未阻止人们对其他神的信仰。相反，凤坪畲族运用祖先崇拜对吸收进来的外来各种信仰加以整合，从而形成了粤东畲民独具特色的民间信仰体系。在这个信仰体系中，人们既可以虔诚地祭拜自己的英雄始祖——盘瓠，也可以隆重地祭祀各路道家神和佛教神。无论是祭拜家族祖先，还是佛道神仙，畲族民众的目的只有一个：祈福祛祸，保佑平安。事实上，实用主义的拜神原则，不仅存在于畲族民众中，应该说是大部分中国人求神拜佛的基本原则。在畲族的日常生活中，这样实用主义的祭拜随处可见，例如求助民间巫师——落娘为百姓保平安。如村民ZBY 是法师的儿媳，在其怀头胎时，日日睡不安稳且精神敏感，其婆婆认为其或许沾染了某路鬼魂，便想为其驱疫，但其婆婆并未找身为法师的丈夫，而是带其向上村落娘求助，在落娘施巫 3 天之后，其婆婆又向法师求得安胎六甲符给儿媳佩戴。再比如，村内伯公的祭拜虽然已划分至每家主祭，但人们遇事求助也会祭拜非自家主祭的伯公，并且全村老少路遇伯公庙皆会鞠躬三拜。

通常情况下，畲族民间信仰中的各路神仙一般都有各自管辖的范围，因此人们大多会根据所求具体事宜而有选择地进行祭拜。但由于一切的不幸均有未知性，因此除了有针对性的祭拜之外，人们也会广泛撒网，无论哪路神仙都多多祭拜。出于对神秘力量的敬畏，人们惧怕遭其反噬，只能对众神平等共祭。换而言之，凤坪村百姓认为只有对各路神灵都实行平等共祭，那么在急需神灵庇佑时，才能及时地找到需要的神。否则，"平时不烧香、临时抱佛脚"则未必有效。我们可以看到，畲族百姓的拜神行为中颇有"礼多人不怪"的特点，无论何方神圣，甚至无论所求之事是否归属该神的"职权范围"，人们都以多祭拜为原则。当求拜的目的达成时，人们则会持续敬奉神灵，称为"还愿"，反之则荒废其庙宇。总之，在这种实用主义心态下，人们似乎显得"功利"，但也恰恰是这种心态，反而显得中国人的民间信仰形成了"有鬼神无宗教，有崇拜无信仰"的特点。

3. 传承性

文化的传承性源于文化因子的稳定性，任何一种文化模式在发展的进程中，其文化因子都倾向于保持其既有的特性，因此成熟的文化模式都具有传承性特点。文化的传承性主要是通过文化传承载体的实践而代代相传。在这个传承的过程中，虽然也会因为文化的发展变迁而呈现出些许差异，但因为文化模式的系统性力量，文化总体上呈现出稳定性特征。凤坪畲族的文化在发展过程中，虽然也有发展变迁的部分，但仍然有相当一部分文化事项顽强地保留至今，并表现出将继续传承下去的趋向。笔者调研发现，凤坪村中许多信仰习俗已经渐趋淡化，但对新生儿童的信仰习俗几乎是完整保留且仍然受人们重视。例如笔者询问有关盘瓠王的故事，或者如今房屋内不安龙的原因，大部分人会玩笑着说那些是迷信，现在科学社会没人信了，要相信科学。然而当笔者问及"现在还会带小孩子认给三奶夫人做孙或是请落娘看小孩"时，大家都纷纷予以肯定回答。笔者询问原因时，大家的回答又变得模棱两可，答案几乎都是"因为这样是对小孩好的事，只要对小孩子好都可以做"。为此笔者询问曾经是谭江镇卫生院院长的凤坪村人——LRT老先生，先生告诉笔者："虽然我是学医，但我认为人生病后，药物治疗占三分，精神治疗占七分。我认为民间会有这些法术，大部分是因为它的安慰性质，比如一个小孩，在外面被吓到了，回家后他就哭，家人无法弄清是什么情况，就只有带他去给人看，小孩面前放点米，然后就开始说，长公长婆这个小孩在外面被吓到了，请你们把小孩的魂魄安回来，很神奇的是小孩子从那以后就真的好了，我最大儿子小时候我们也带他去看过。"可以看出，在对其他信仰习俗逐渐淡化情形下，人们却十分重视为孩童祈福驱疫，其中原因有二，其一是这类守护新生生命的信仰具有精神安抚作用，这个与现代心理学的相关理论暗合；其二，凤坪村人们对新生命呵护备至。

功能主义理论认为，一种文化样式传承至今，一定是其仍然承担着某种无法替代的文化功能，而这种功能对于人们的日常生活具有重要意义。尽管中国民间社会已经发展到了科学日益普及的阶段，但只要人们仍然存在着无法释然的困惑，传统文化中担负此类困惑解释功能的文化事项就将长期存在，这是传统文化继续传承的重要原因。

4. 重构性

"文化重构是文化变迁中的有意识变迁，此术语的提出旨在强调文化变迁中有社会群体的主观意识的主导或参与……当代少数民族文化重构中浸透了民族精英的主观意识，少数民族社会正在发生的文化重构大多是由

民族精英倡导，民族群体和其他社会力量推动完成的。"① 畲族信仰发展
路径也经历了起伏的变迁历程，并呈现出显著的文化重构趋势。20 世纪
60 年代前，凤坪村信仰体系庞杂而丰富，这一阶段信仰文化保持着极大
"本真性"，且对人们的行为产生着强大约束。譬如，以前村内每一处房
屋，必有一个龙神位供奉，家中大事小事皆会请求龙神庇佑，对龙神也充
满着敬畏，这是因为两方面的原因，一是人们认为天为祥瑞，地为煞，土
地是阴煞之源，而龙神与山脉、土地关联，所以为了避免触犯龙神而引煞
气，人们十分敬畏甚至惧怕土地神灵；二是人们认为龙神属于每个家屋，
它既被视为家族后世风水好坏的体现，同时也被视为家神般存在。在对村
民的调研中，我们了解到传统社会对龙神的重视，村民 LGH 曾说："听老
人家说以前每年冬至村子里都举办迎神仪式，架起一座木房子，就把所有
公王、伯公的神像，请到里面，全村人都要去祭拜，还会建大戏台请外村
人来唱戏，敲敲打打能热闹好几天呢。"

　　60 年代后，凤坪村民间信仰不再被提及，村内的蓝氏祠堂以及大大
小小的伯公庙被推倒，每年除夕人们也不再祭拜祖图，不再举行各种被认
为是迷信活动的祭拜仪式。改革开放之后，重修了部分伯公庙，部分仪式
活动才逐渐被恢复。

　　80 年代至今，凤坪村畲族信仰活动虽有选择地恢复了，但较之传统
社会已经大大精简。如不再祭拜祖图、不再举行"迎神仪式"，招兵节仪
式进行了有选择的简化，凤坪畲族的传统文化呈现出显著的文化重构趋
势。譬如，由于历史上的偏见与歧视，传统社会中畲族的盘瓠信仰一直处
于隐匿的传承状态，《广东省畲族社会历史调查》② 中就曾提到，过去凤
坪村祭拜祖图从每年除夕夜至正月二十都展示于宗祠内，之后由于外族人
进村走亲戚，见到祠堂内祖图而出言侮辱，致使祖图只限除夕与正月初一
展示。新中国成立后，民族平等与民族团结成为新型民族关系的首要特
点，畲族祖图成为民族文化的象征，人们不再对此问题讳莫如深。尤其是
2014 年以来，伴随着民族特色村寨的创建活动如火如荼地开展，凤坪村

---

① 方清云：《民族文化重构方式与文化本真性保持——以景宁畲族自治县的畲族文化重构
为例》，《西南民族大学学报》（人文社会科学版）2013 年第 34 卷第 2 期，第 62—66 页。
② 广东省民族研究所：《广东省畲族社会历史调查》（资料汇编），1983 年（内部印编）。

民不仅大方地将祖图展现于畲族文化展览馆之中，而且每到举办大小活动以及接待外来访客时刻，均会大方展示祖图。此外，凤坪畲族小学校长也曾说，学校会开设相关讲述畲族文化的课程，老师们也会向大家讲述盘瓠王的传说故事。在这个过程中，传统信仰习俗的文化功能也发生一些变化，如果说传统的盘瓠信仰担负着凝聚族众的功能，那么今天其更多承担的是标志民族群体特殊性的功能。

文化重构是特定族群文化适应不断变迁的文化生境的努力，是文化稳定性与文化变迁性博弈的结果，也是文化发展的常态。我国的各民族地区今天遭遇的社会变革较之此前都是空前的，因此各个文化模式的重构速度也是空前的。如何在保持文化原有特质本真性的同时，适应当下剧烈变迁的文化生境，这不仅是凤坪村畲族文化面临的文化重构的考验，也是今天我国各民族文化面临的共同挑战。

（二）凤坪村畲族民间信仰的文化功能

1. 族群凝聚功能

在人类社会的早期，由于极其恶劣的生存环境，所有的人类群体都需要团结协作才能得以生存延续。几乎所有的群体文化都有一个重要的功能，即维系族群认同。畲族群体文化的基本特征是祖先崇拜，这是维系群体同宗同族的象征仪式。每当仪式开展时，全体成员齐聚一堂，共同重温群体始祖的英雄事迹，在主祭者的叙事氛围内，不断地加深全体成员之间的认同感，以增强群体的凝聚力。这种最初以强调血缘认同为出发点的祖先崇拜仪式，今天已经成为凝聚畲族族众的重要仪式，成为畲族民族认同感的产生之源。

2. 社会控制功能

文化模式具有整合功能，因此对身处文化系统中的个体具有行为约束作用，文化也因此具有规范社会秩序的功能。文化对于个体的约束作用，无时不在但不易为人所察觉。在人类社会的早期，没有国家制度及法律来有效处理社会内部的矛盾，或者虽然有了国家制度和法律，但由于地方社会远离国家权力中心，国家控制力难以抵达，那么这样的社会群体中主要依靠文化来发挥调节和控制功能。共同信仰的价值观念及道德规范，对身处文化的个体具有普遍的、强制的控制作用，人们能够通过遵守这些规则来缓和或者从根本上解决社会矛盾，从而使社会关系得到调节，社会冲突得到控制。

直至今日，凤坪村的蓝氏族人在强大的祖先崇拜文化的浸淫中，群体中的每个个体仍然能够找到自己的位置，在生产生活中互帮互助。尽管今天党的基层组织已经非常健全，且力量能够达到村一级组织，也发挥了良好的协调功能，但传统文化对于人与人之间秩序的约束功能依然存在，是基层制度化管理的有效补充。在调研中，我们发现蓝氏族人自发集资修建了一座两层小楼，共计 200 平方米，被命名为"畲族文化楼"。这座小楼除了存放宗族的共同财产外，也是蓝氏族人聚会娱乐的活动中心。宗族内大小事宜，均在此商议，祭祖后的聚会也在此进行。发起筹建的领头人 LWL 曾说"修建文化楼目的就是希望建成本宗族人的家园"。总之，这栋文化楼是凤坪村畲族有形的共同资产，同时也发挥着无形的约束作用，它使人们时刻以共同的道德准则来协调彼此的言行，依靠着共同祖先信仰与共同民族认同，人们之间继续保持着和谐共处的人际关系。

3. 教化培育功能

每个人从出生开始就处在一定的文化环境之中，正如人类学家吉尔茨所言，每个人都是悬挂于自己编织的"意义之网"中的动物，可见文化对人具有教化和培育的功能。这种教化和培育功能有的时候是能被意识到，但更多的情况下是在自发的、隐蔽的、潜移默化的情况下发生的。

凤坪村畲族民间信仰也具有教化培育功能，它塑造了凤坪村人敬祖、崇尚自然、达观、乐天和坚韧不拔的民族特性。这些民族特性的形成，沉淀于畲族民间信仰的各种仪式的展演、各路神灵的祭拜等民俗活动中。当然，文化的教化和培育功能对身处其中的人们既有利又有弊，这源于文化本身有利有弊，先进的文化可以推动社会经济的发展和社会的进步，对人起着积极的教化培育作用，而落后的文化则不利于社会经济的发展，给人以消极的影响。凤坪村畲族崇尚自然的信仰文化，与今天中华民族崇尚和谐的社会主义核心价值观有相通之处，但也有部分落后的价值观阻碍了畲族社会的快速发展。

附录　祝文词

公元　年岁次　月日（正月　）之吉日良辰，主祭裔孙，率汝南堂各房子孙等，谨以香精，宝帛，刚鬣，牲醴，庶馐不腆之仪致祭于.

开基始祖蓝千七郎公

神祇前曰：

恭维

我祖，硕德流芳；溯宗族，源远流长。

高皇命姓，护国名；始湖汝南，后南方。

闽粤赣省，广布城乡；开枝散叶，长发其祥。

千七郎公，家计所想；离闽经赣，来此肇创。

筚路蓝缕，历尽风霜；课儿耕稼，礼义传扬。

两房衍系，各各辉煌；堂下子孙，祖德不忘。

思源报本，睦族自强；时值新春，酌献酒浆。

薄仪奠祖，荫佑祯祥；祖灵在上，来享来尝。

灵兮默佑，降福降祥；房房富贵，代代书香。

人才辈出，爵禄显扬；家家富足，储满钱粮。

老者添福寿，幼壮享安康！

伏维

尚飨

第 九 章

畲族"招兵节"

　　粤东凤凰山一直被粤外的闽浙赣畲族尊为畲族发祥地，这一说法不仅广泛地存在于闽浙赣等地的畲族族谱中，也以口耳相传的方式存在于畲族的记忆中。[①] 20 世纪 80 年代初，学者们在广东省畲族社会历史调查中发现，在罗浮山、九连山、凤凰山等地保存着独具特色的"招兵节"仪式，而在粤外的其他畲族分布区域并未发现此仪式活动。因此，"招兵节"仪式被认为是粤东畲族最具标志性的文化丛。

　　学界对畲族"招兵节"的研究较少，出版于 1980 年的《畲族简史》[②] 和 1988 年的《畲族史稿》[③] 对这一畲族标志性文化元素均未提及，出版于 2009 年的《畲族社会历史调查》虽提到了凤凰山区有"招兵节"仪式[④]，但较为简略。姜永兴是首位对粤东畲族"招兵节"展开深入研究的学者，他在 1990 年撰写的《畲族图腾祭祀盛典"招兵"》[⑤] 一文中，将"招兵节"分为祭祀和祈祷两个阶段，并较为详细地描述了其过程，分析了其文化意涵，其研究成果随后被收入 1991 年出版的《广东畲族研究》[⑥] 中。1993 年，朱洪、马建钊较翔实地记叙了 1993 年在广东省潮安县李工

---

　　① 这一说法虽然并未为学术界所论证，但学者们研究后也公认"凤凰山是畲族历史上曾经居住较长时间的地区"，吴永章先生曾撰文认为凤凰山是畲族迁徙过程中"重要中转站和集结地"。参见吴永章《畲族与瑶苗比较研究》，福建人民出版社 2002 年版，第 21 页。

　　② 畲族简史编写组：《畲族简史》，福建人民出版社 1980 年版。

　　③ 蒋炳钊编著：《畲族史稿》，厦门大学出版社 1988 年版。

　　④ 《中国少数民族社会历史调查资料丛刊》福建省编辑组、《中国少数民族社会历史调查资料丛刊》修订编辑委员会编：《畲族社会历史调查》，民族出版社 2009 年版，第 265 页。

　　⑤ 姜永兴：《畲族图腾祭祀盛典"招兵"》，《广西民族研究》1990 年第 1 期。

　　⑥ 朱洪、姜永兴：《广东畲族研究》，广东人民出版社 1991 年版，第 104 页。

坑村举办"招兵节"① 的全过程，为后续研究保存了珍贵的资料。1998年，陈焕钧结合田野调查资料对"招兵节"仪式过程进行分析，认为粤东的民间信仰与当地经济生产生活密切相关。② 进入 21 世纪，随着对粤东畲族关注日渐增多，学者们对招兵节的研究开始从早期的过程性描述进入较深入的理论分析阶段。2007 年，粤东畲族学者雷楠在《凤凰山畲族"招兵节"的文化内涵》③ 一文，从"招兵节"仪式引申开去，较全面地论述了粤东畲族祖先崇拜、山歌、语言、音乐和舞蹈、武术、服饰、饮食文化及迁徙路线等。此后，石中坚先后发表三篇论文《粤东畲族招兵节研究——兼论南岭走廊民族文化互动特征》④《凤凰山畲族"招兵节"之"上屋奏表"探析》⑤ 和《浅析畲族"招兵节"经书（24 部）的文化价值》⑥，进一步拓展了对粤东畲族招兵节仪式的理论分析。《粤东畲族招兵节研究——兼论南岭走廊民族文化互动特征》通过对粤东畲族招兵节仪式的分析，探讨了畲族与周边民族文化互动的特征；《凤凰山畲族"招兵节"之"上屋奏表"探析》探讨了"招兵节"仪式中一个特殊宗教科仪"上屋奏表"的独特文化内涵和调解世俗矛盾的功能；《浅析畲族"招兵节"经书（24 部）的文化价值》对"招兵节"仪式中使用的 24 部经书的文化价值进行分析，通过突出其劝人向善、友善相处、勇敢无畏的民族精神，呼吁保护和传承招兵节仪式的急迫性。

　　上述研究成果为"招兵节"仪式的后续研究奠定了基础，但其中大多尚停留在对仪式过程的描述层面，2000 年后虽有少数学者开始对招兵节展开理论分析，但其深度还有待拓展。尤其令人遗憾的是，已有研究鲜

---

① 朱洪、马建钊：《广东省潮安县李工坑畲族"招兵"节活动纪实》，载于《广东民族研究论丛（第七辑）》，广东人民出版社 1995 年版，第 108—121 页。

② 陈焕钧：《潮州畲族的招兵节》，《岭南文史》1998 年第 11 期。

③ 雷楠：《凤凰山畲族"招兵节"的文化内涵》，载于《广东民族研究论丛（第十三辑）》，民族出版社 2007 年版，第 154—170 页。

④ 石中坚、黄韧：《粤东畲族招兵节研究——兼论南岭走廊民族文化互动特征》，《北方民族大学学报》（哲学社会科学版）2011 年第 9 期。

⑤ 石中坚：《凤凰山畲族"招兵节"之"上屋奏表"探析》，《广西民族大学学报》（哲学社会科学版）2013 年第 3 期。

⑥ 石中坚：《浅析畲族"招兵节"经书（24 部）的文化价值》，《文教资料》2014 年第 4 期。

有探讨粤东畲族"招兵节"仪式与闽浙赣畲族地区的相关仪式的差别与联系，未能凸显"招兵节"仪式作为"畲族发源地"的代表性文化丛的地位。本章拟通过深入描述和分析粤东畲族"招兵节"仪式的细节，探讨粤东畲族如何从汉族及周边族群中"采借"文化因子为己所用，并重构出独具特色的粤东"招兵节"仪式。同时，笔者希望通过比较粤东畲族"招兵节"与粤外的闽浙赣地区畲族的相关宗教仪式的差别与联系，厘清"招兵节"仪式作为粤东畲族的标志性文化元素是如何融入各地畲族文化的事实，借此凸显粤东畲族的"发源地"地位。据此，笔者反思不同文化模式之间交流互动的规律及影响因素，以期对当代各民族文化互动和重构提供启发和借鉴。

粤东凤凰山区现存的畲族较少，主要分布在潮州和丰顺的 8 个自然村，其中梅州市丰顺县的凤坪畲族村、潮州市潮安县的李工坑畲族村和石古坪畲族村是凤凰山区畲族历史文化比较丰富的 3 个村落。如今凤凰山畲族虽然仍然保留着"招兵节"仪式，但只有丰顺县凤坪畲族村拥有一支能够完整主持"招兵节"仪式的法师队伍。潮州市的李工坑村早在 1993 年就恢复了招兵节仪式活动，其"招兵节"仪式在 2007 年还入选了广东省非物质文化遗产名录，但其非物质文化传承人却是梅州市丰顺县凤坪村的 LFT 法师。事实上，如今在凤凰山畲族地区，通晓畲族"招兵节"全部经文并能完整主持整个仪式的法师，只有凤坪村的 LFT 法师。作为畲族"招兵节"的第十四代法师，LFT 的法力传自其父 LMK。调查显示，自 1993 年以来凤凰山区的"招兵节"仪式基本都由他们父子主持完成。笔者自 2019 年 5 月至 2021 年 7 月多次到达丰顺县凤坪村及潮安县李工坑村展开田野调查，多次亲历"招兵节"仪式的展演，与 LFT 法师及村民们进行过深入交谈，本章的撰写即立足于此。①

一　粤东畲族"招兵节"的仪式过程

粤东传统的畲族"招兵节"，是融合了畲族图腾祭祀仪式和祈福仪式的大型民俗活动。由于仪式流程繁复，需要的资金和物资较多，往往需要

---

① 文中凡未明确注明出处的材料，均来自上述田野调查，后文不再赘述。

集一村之力共同举办。历史上，由于受限于经济基础，一般每隔 3 年或者 5 年举办一次，多在当年冬至节附近开展，具体时间需由各村请法师占卜后决定。按照繁简程度，仪式活动持续时间为 1 天 1 夜至 3 天 3 夜不等。"招兵节"仪式活动主要分为仪式前准备和具体开展两大阶段。

（一）仪式前的准备阶段

1. 推举理事与筹集活动经费

粤东的畲族往往聚族而居，同一个畲族村落的村民大多同姓且由同一个祖先传承下来，祭祀同一个宗祠。传统社会中的"招兵节"一般是由族内的长者与各房的房头负责筹备；其费用通常来自村中的公田收入。若村中没有公田，"招兵节"活动的费用则由村民集资而来。这种集资是以村民自愿捐助善款的形式来完成，捐款名单及数额在"招兵节"活动开展的当天会在祠堂或公厅发榜公示。今天，由于"招兵节"活动已经成为广东省的非物质文化遗产，地方政府也希望通过此活动的开展打造本地的文化名片，带动地方经济的发展，因此往往对其进行财政拨款资助。因此，每个畲族村计划举办"招兵节"时，首先需要向当地主管民族工作的部门申报，相关部门则会根据当年"招兵节"活动规模的大小来决定资助金额。通常，一次活动因规模大小和时间长短不同，所需的资金从 5 万元至 10 万元不等，主要用于购买香、纸、供品、接待宾客、支付法师的报酬等。

2. 组建法师队伍

"招兵节"仪式的法师队伍，一般由 1 位主坛法师和若干位助坛法师组成。传统的招兵节仪式分工明确，规模较大，法师人数一度多达 30 多人，今天法师队伍已经缩小至 7 到 8 人。主坛法师是"招兵节"活动的主持者与核心人物，负责组建法师队伍及整个仪式活动的开展；助坛法师主要是协助主坛法师完成相关仪式，或者在主坛法师比较劳累的情况下部分地接替主坛法师的工作。① 据凤坪村第十五代畲族法师 LFT 先生讲述，凤坪村的主坛法师每一代只能有一位，且一直以父子相传的形式传承至今，其余的助坛法师虽然也通晓经文和作法，但因无法获得法名和法力，

---

① 由于"招兵节"仪式实施的过程长达 3 天 3 夜，短的也要 1 天 1 夜，因此单个法师容易体力不支，因此需要助坛法师协助完成。

若无主坛法师的认可则不能独立去作法事。LFT 法师家族是凤坪村主坛法师家族，至今已经传承了十五代。

访谈 9—1：村民 LFT（男，72 岁，茶农/法师，访谈时间：2020.7.27）

我这一代只有我有法名，是我爸爸渡给我的。（做主坛法师）最重要的是人品要好，如果这个人不孝，怎么能选他来当法师呢？我还有印，平常都放在抽屉里，但也不用担心会被偷去，这些东西仿制也没用，得确实有法，别人才会相信你。其余的人也可以出去做，像我的弟弟、儿子都可以出去做，但需要我的批准认可，如果我不批准，他们做的就没有用。

表 9－1 　　　　　　　　凤坪村历代主坛法师一览表①

世系	法名	本名
一世	不详	蓝大一郎
二世	不详	蓝万一郎
三世	不详	蓝百一郎
四世	不详	蓝千一郎
五世	不详	蓝友崇
六世	不详	蓝明际
七世	不详	蓝德礼
八世	蓝法永	蓝启茂/蓝瑞珍
九世	蓝法顺	蓝世便
十世	蓝法游	蓝根娘
十一世	蓝法相	蓝庆善
十二世	蓝法名	蓝文胜
十三世	蓝法进	蓝明凯
十四世	LFT	LJP
十五世	待定	待定

3. 确定吉日和告知禁忌

如果村里有法师常驻法坛，那么吉日吉时的选择禁忌较少，"招兵

---

① 此表格根据 2019 年 7 月 25 日，LFT 法师在家中的口述和《凤坪村蓝氏族谱》材料整理而成。

节"仪式举行的时间就相对固定，一般是在除夕的前一天举行招兵仪式，正月初一举行散兵仪式。[①] 而没有常驻法坛的畲族村落举行招兵仪式，则需要主坛法师根据该村祠堂的坐向和该村承办"招兵节"仪式的主事人的生辰八字来确定具体时间。比如 2019 年 12 月 26 日在潮州市文祠镇李工坑村举办的"招兵节"，就是由 LFT 法师根据李工坑村祠堂的坐向和该村主事人的生辰八字占卜后确定的。同时，LFT 告知仪式承办方让生肖为羊和虎的人员回避，否则将影响招兵仪式中起师环节的顺利进行。

访谈 9—2：村民 LFT（男，72 岁，茶农/法师，访谈时间：2020.7.26）

（凤凰山畲族村）近几年的"招兵节"都是我做的，日子也是我来选定，像去年（2019 年 12 月 26 日）在李工坑那次，省里的、市里的领导都过来了，还有浙江、福建的畲族也都来了，他们很早就让我选定时间，我根据文祠镇李工坑村公厅的方位、主事人的生肖和值日的星君来择定日子，只有各方都利的日子才是吉日。我告诉他们然后才通知出去，说什么时候过来。也有一些忌讳，比如起师的时候，生肖为羊和虎的人需要回避，以免冲撞神灵。

4. 搭建法坛

"招兵节"的法坛由三部分组成，主法坛、副法坛、招兵台。传统的"招兵节"多在祠堂举行，主法坛和副法坛一般设在祠堂内；招兵台设在祠堂外侧右手边。主法坛由方桌及罩在方桌上方的伞状穹顶组成，伞状穹顶是用彩纸裹好竹条后绑成伞状构成，穹顶的四柱固定在方桌的四个桌角，正面做成拱门状，拱门上横挂"闾山法院"门楣，两侧分挂一副对联，左边对联写"王母驱邪迎百福"，右边对联写"闾山断案集千祥"。方桌中央供奉着佛子和道教真人等的神像，神像前摆着各色贡品，主要有各色时令水果、干货和糖果。

围绕方桌的三面墙上悬挂九帧直联神像，每帧图有上、中、下三个神像。正面三帧从左至右、从上至下依次是：天尊、李奶（三姐）、杨仙师；张天尊、陈奶（四姐）、恭仙师；梁天尊、林奶（九姐）、刘仙师。

---

① 据 LFT 法师说，凤坪村有常驻法坛时，因此"招兵节"的时间相对固定，但较之无常驻法坛的村落则多一个散兵环节。

左侧三帧从上往下是：王母娘、点兵师、左头陀。右边三帧从上往下是：闾山殿；唐、葛、周将军；右头陀。法坛中央还供奉了小的神像和纸质的神位，包括"太上老君"像和"佛子"像，"各众慈悲娘娘神位""五湖四海龙王神位""五方五斗星君神位""本境各宫福主公王神位"等。可见，招兵祭祀的神灵包含范围较广，既有道教神，也有佛教神，既有畲族的盘瓠王或蓝、雷、钟三姓的祖先神，也有地方神如射猎先师、飞天大王、三山国王等。

桌上还摆放着各式法器。法器是法师代表民众与神灵沟通的工具，主要包括龙角①、筊杯②、铃刀③、铜印④、磬、钹（大、小各一）、小锣、木鱼⑤、醒木、印牒等。

副法坛，一般在主法坛的后侧靠墙的条案上设置，上置一个装满米的米斗，用于招兵时安插九营兵令旗之用。

招兵台一般设在祠堂外右侧，用两张桌子拼成一个长方形，在长方形桌面上再放置一张桌子，然后在第二层桌面上再放置一把椅子则构成了招兵台。"招兵节"仪式的核心环节——招兵，就由主坛法师站在椅子上完成。据 LFT 法师介绍，三层招兵台寓意天地人三界，以前也有将 9 张桌子垂直叠加起来作为招兵台的，寓意"九重天"。笔者以为，无论是"三重天"，还是"九重天"，招兵台在此成为连接世俗世界和神灵世界的过渡区域。

近年来随着粤东畲族"招兵节"的名气日隆，不仅外地畲族纷纷来到潮州凤凰山寻宗问祖，而且畲族群外的学者和文化爱好者也频繁来凤凰山

---

① 龙角，闾山道派中三奶夫人教常用的法器，被认为来源于南方巫教，形似弯牛角，多用竹木、金属制成。粤东三奶夫人教法师所用的龙角通常是由锡铁合金制成，出音口大而微扁，铸有代表七星的 7 个凸起的原点，吹奏口略成圆形。龙角的声音高亢，被认为可以传达到天上，与神灵沟通。

② 筊杯，民间常用的一种卜卦的简易工具，通常有两块坠在一处的原片组成，粤东三奶夫人教用的筊杯为铜制的小贝壳，一阴一阳为圣卦表示应允和同意，双阴为阴卦，双阳为阳卦，通常以取得圣卦为吉，被认为可以和神灵沟通。

③ 铃刀，又称七星剑，是三奶夫人教的重要法器，形制似宽面的小刀，刀柄末端为环形，一般穿以两个铜钱和四个空心铁环，舞时叮当作响，被认为可以震慑和斩除邪祟。

④ 铜印，是三奶夫人教法师身份的证明，一般刻有"日月太上老君敕"，用于奏请文疏和符箓的落款，以获得法力加持。

⑤ 凤坪村的木鱼据 LFT 法师介绍约有 400 多年历史，两面各雕刻有 1 条鲤鱼。

参与此活动，"招兵节"仪式逐渐从室内转到室外。如此一来，法坛的搭建常常需要因地制宜。2020 年 10 月 2 日，LFT 法师受邀到李工坑村去主持"招兵节"仪式，仪式不在李工坑村的公厅进行，而是在李工坑森林公园的后山祭祖台①旁进行。由于祭祖台地处空旷山顶，无祠堂的三面墙壁，因此助手法师们便用砍下的毛竹搭建成三面墙壁，设置法坛和招兵台。

5. 准备令旗和各类文书

在仪式开始前，还需要准备令旗和各类奏请表。令旗和各类奏请表有固定格式，但每次举办活动时都要根据实际情况，更改落款时间、地点和主坛法师名字等事项，因此每次"招兵节"都要重新准备。令旗用彩色的纸剪成，共需 9 面，东营九夷兵（蓝色/青色），南营百蛮兵（红色），西营六戎兵（白色），北营五狄兵（黑色），中营三秦兵（黄色），左营天仙兵（浅蓝），右营地仙兵（黑），本地的开创祖（浅红），本坛法师（雷姓法师为蓝色、蓝姓法师为粉红）。令旗纸面上书写"奉请招兵买马支粮安营答祖护镇合族人口平安五谷丰登六畜成群（某色）旗号"，落款为年月日和法师的名字。

此外，还要准备各种奏请表文，用以表达村民祈求平安的美好愿望。表文的格式及内容相对固定，但因每次需要署上不同的时间、地点和法师信息，所以每次都要重新制作。仪式中，法师在念诵完表文后需要将表文点燃烧尽，以示民众心愿已经上达天神。

（二）仪式开展阶段

完整的"招兵节"仪式过程分 5 个大阶段 30 个小环节，内容非常丰富。随着时代的发展，今天招兵节仪式中的部分环节逐渐消失或被有选择性地精简了，因此传统社会中需要进行三天三夜的"招兵节"仪式，如今可以缩减至两天两夜或一天一夜完成，具体时长根据主办方的意图和要求而定。

第一阶段：请神

请神阶段包括起师、大请神两个小环节。起师，又称净坛起师，即法

---

①　此祭祀台建于 2019 年 12 月 25 日"首届中华畲族发源地潮州凤凰山文化交流会"召开之际。

事开始，目的是请众神到法场，此环节在主法坛展开。2020 年 10 月 2 日在文祠镇李工坑村的"招兵节"是上午 10 点 25 分①开始的，一阵锣鼓齐鸣后，主法师 LJP 身着袈裟，头戴莲花帽，手持铙钹上场净坛。5 分钟后，主坛法师②开始敬香、吹龙角、念诵请神词。随着一声声龙角吹响，法师依次请神，先请道教、佛教众神，如玉皇大帝、三清、三天尊、三奶娘、本境福主、仙家众神等，待仙家众神请毕，再请自家祖师。每请一神，则用笅杯在法坛上卜上一卦，遇到圣卦，即一阴一阳，则表示神灵已到，则锣鼓齐鸣以示恭迎。2020 年 10 月 2 日上午的请神持续了两个小时左右，做完这个环节临近中午。然而，1993 年李工坑村的请神仪式③耗时 5 个小时。可见，现在的请神仪式环节已经大大精简了。据 LFT 法师介绍，传统请神仪式几乎每位神都要单独请，而今天对位高的神、本地神和近祖神才一个个地请，对时间和距离较"远处"的神，则采用了总请的方式，大大节约了时间。LFT 法师说，如果本村有畲族法师常驻的法坛，起师这一环节则更为简略，只需手举燃烧的黄表纸，伴随着铙钹敲击的声音净化神坛即可。丰顺县凤坪畲族村有常驻法坛，因此该村如果做"招兵节"仪式，起师环节则较为简略，这在 2014 年除夕举行的"招兵节"仪式中已有体现。④

第二阶段：奏文书

奏文书阶段包括奏文书、请佛、开光明经、消灾忏等小环节。奏文书，即法师代表村民向诸位神灵上奏，祈求神灵合族兴旺、无病无灾、五谷丰登等，并在法事祷告后在坛前焚化文书，以确保村民心愿能上达神灵。在一阵锣鼓声中，法师头顶红色的木质托盘，盘中放置着法师事先写好的奏表文书。文书的大意是"某市某镇某村招兵祭祖，请众神灵下凡

① 具体开始的时间不是随意定的，而是法师经过请示神旨后确定的。例如 1993 年 12 月 24 日在李工坑村举行的畲族"招兵节"，则是在 24 日的深夜 2 时起鼓的，参见朱洪、马建钊《广东省潮安县李工坑畲族"招兵"节活动纪实》，载《广东民族研究论丛（第七辑）》，广东人民出版社 1995 年版，第 108—121 页。
② 本次主坛法师是 LDL，他是 LFT 法师的二儿子，也是法师选定的传承人。
③ 朱洪、马建钊：《广东省潮安县李工坑畲族"招兵"节活动纪实》，载《广东民族研究论丛（第七辑）》，广东人民出版社 1995 年版，第 108—121 页。
④ 在 2014 年由镇政府组织录制的全程视频中有表现，笔者又于 2019 年在凤坪村亲自访谈 LFT 法师时得以证实。

来接受供奉，并帮助法师招来五营兵马，将邪祟驱除本境，远送他乡，保佑本境人畜两旺、火盗双消"①等。念诵完"奏请文书"后，法师将文书置于折扇扇面，用香烛火点燃烧尽。然后，法师一手举托盘，一手摇铃铛，踏罡步起舞。最后，将盘中的其他物件也一并点燃，连同托举的扇子一起烧掉。此时锣鼓齐鸣，表明上奏文书已为天神所知。

请佛，即请佛教神，其仪式流程与前面请道教神和祖先神的程序基本相同，每次都要通过摔筊杯来确定是否请到，筊杯为一阴一阳的卦象，则代表佛教神请到了，锣鼓齐鸣以示欢迎和庆祝。否则，法师们需要重吹牛角、敲锣打鼓、摔筊杯，直到请到为止。请到佛教神后，法师则会诵念开光明经和消灾忏经。

在这个阶段中，奏文书环节是核心环节，其他的请佛、开光明经、消灾忏等环节则因地因时而决定是否开展。如今因为经费的预算开支等原因，常常将这些环节精简了。

第三阶段：做法祈福

做法祈福阶段，主要是做法请本境福主、龙神、灶君、井神、田君等神，并诵经祈福。这个阶段所涉及的神灵与老百姓的日常生活息息相关，目的是祈祷家宅平安、五谷丰收等。今天在经费不足或者时间不充裕的情况下，做法祈福的部分常被精简，要么少做要么不做，如2020年10月2日在李工坑村举办的"招兵节"仪式只持续一天，就没有完整的做法祈福环节。此外，安龙、安灶、安井等活动也可以从招兵节仪式中抽离出来，单独举行。

1. 请本境福主

请本境福主时，法师身着道袍，手拿铃刀、筊杯、小钹，带着村中的十几位青年，抬着神轿（抬盒）前往村中附近的各个小庙，把象征着感天大帝、三山国王、协天大帝、射猎先师、龙尾爷等②本村地方神的香炉请到神轿上，一路抬回到"招兵节"法坛侧边已经搭好的供桌前奉祀。

---

① 文书内容为LFT法师口述。文书的格式和内容相对固定，主要是祈祷人畜平安和五谷丰登等，每次撰写时只需根据不同的村子和不同的主事法师做相应修改即可。

② 各村的本境福主有所不同，丰顺县凤坪村的本境福主是福主公王、赤沙公王（和夫人）、白沙公王（和夫人）、五谷神农大帝、天地神明、水口凹感天大帝（杨太伯公）、芹菜湖玄天上帝、甲坑飞天大王、甲溪岭关圣帝君。

今天，为了减少周折和费用，多采用不请香炉到现场供奉，而由主事人告知法师本地的福主名号的方式完成请神。主事人将本地福主的名号写在粉红色纸条上，交给法师，然后法师念诵经文，祭祀祈祷。

2. 请龙、安龙环节

请龙和安龙，即请龙神和祭拜龙神，目的是祈祷龙神降福，保佑畲族家宅平安。畲族自定居后就开始注重民居的风水，认为隔一段时间就必须请法师召集各位龙神以壮龙势。请龙前先要造"米龙"，法师在法坛前的地面上放置一圆形簸箕，用十几斤大米堆成西高东低的山丘状，然后在隆起的米堆上放上两颗描出黑色网纹的生鸡蛋作为龙的眼睛，一枚写有"王"字的鸡蛋放在额头正中，叠成灵牌状的红纸插在两侧表示龙耳，两个弯曲的香插在眼睛下方作为龙须，龙身上也浅浅斜插着一元的硬币作为龙鳞，这样一尊惟妙惟肖的"龙神"就出现了。然后，法师在"龙神"前放置"太上老君印"和一个装满清水的净盂，再摆放好糖果、腐竹干、水果、鹅、鸡、猪肉等供品，开始念诵《安龙镇宅八杨经》《北斗施孤龙王经》等，请74位龙王、18位星君、东西南北中五岳圣帝会聚于此，祈祷"人民疾病、住宅灾厄，一切冤家及诸苦难官事无有不吉"。诵经完毕后，还要到祠堂屋后山岗的龙尾"化胎"①处举行安龙诵经仪式，诵经仪式完成后，由另外一条路返回祠堂中厅，在中厅的条案下安放龙神神位。龙神神位由一张写着龙神神位的红纸和香炉构成，香炉之下会留有一块普通红砖大小的泥土不铺设砖块，作为龙神进入祠堂的入口。

3. 安灶和安井

在传统社会中，安灶环节需要法师到每家每户的灶房去举行仪式，念诵《安灶君经文》，后逐渐简化为"法师身着袈裟，在福主坛前统一法事，分发符箓，各户张贴"②。村民需要给法师包一定金额的利是③，请回

---

① "化胎"，是客家人围龙屋正厅后方半圆形的隆起的小坯，又称为"花台"，其字面意思为"化育胎儿"。从客家人的风水观念来说，"化胎"可以保佑他们子孙绵延不绝、人丁兴旺，化胎也是客家人安龙神的地方。粤东畲族在长期与客家人交错杂居后，也部分地习得了客家人的风水文化。

② 朱洪、马建钊:《广东省潮安县李工坑畲族"招兵"节活动纪实》，载《广东民族研究论丛（第七辑）》，广东人民出版社1995年版，第108—121页。

③ 利是，粤东对于红包的称呼。

符箓，供奉在自家神坛上。

安井活动，一般在村中最古老的井旁进行。首先由村民取井水盛于碗中，法师则用铃刀的尖头在水中画圈作法，同时默诵《安井经文》驱邪，经此过程，则表明该井水已经干净，适合人口牲畜饮用。今天，随着自来水已通到粤东畲族村落的千家万户，"安井"环节基本已经不再开展了。

4. 拜田君、做供

拜田君，是祭奉主管田园的神，目的是祈求田君消灾除害，保佑五谷丰登。村民们在祠堂的公厅外摆好了一张张活动的方桌，将自己带来的供品用托盘、竹制的圆簸箕等盛好摆放在方桌上。供品包括从商店买来的礼盒、水果、纸钱，也有自家做的糯米红粄、全鹅、全鸡等，另外还需在自家的供品旁摆上三茶五酒以奉神灵。法师则念诵《消灾经文》《福主公王宝忏》《佛说蝗虫经》，代替村民向神传达心愿。法师诵道："诚信顶礼，五谷神王镇一乡，断除虫蚁及灾殃，祈保茶苗多秀实。合乡人口保安康。灾瘴来时风送走，强梁盗贼悬外乡。虎豹豺狼出外境，青葱白芥出别乡。蝗虫蝤蛴①皆消灭，山猎豪猪出外乡。官非口舌皆消散，六畜兴旺镇一乡。"做供，则是祭祀各路神灵，这一环节会因地因时而进行精简。

5. 消灾忏、开公王忏、开光明经

消灾忏、开公王忏、开光明经都是诵经祈福的环节，几位法师可以轮流主持此环节。主法师先穿上袈裟，其余助手法师着常服，在坛前铺上草席，摆上香炉、一应供品，诵《光明宝忏》《诸品经》《普庵祖师光灯谢土真经》等。至此，作法祈福告一段落。访谈得知，诵经祈福阶段的这三个环节也是选择性开展。在李工坑村举行的几次"招兵节"仪式中，会按惯例依次进行；但在凤坪村的"招兵节"活动中则因花费太多而被省略。

第四阶段：奉请招兵

"奉请招兵"阶段是畲族"招兵节"仪式的核心阶段，也是整场仪式活动的高潮。此阶段模仿再现了古代行军打仗的流程，需要在祠堂内的主法坛和公厅外的招兵台完成，主要包括打路引、给旗、招兵、奢谷、舂米、赏兵粮、赏酒肉、造塔楼安兵、油火烧邪收邪等小环节。由于此阶段

---

① 蝤蛴，天牛的幼虫，蛀食树木枝干，是森林、桑树和果树的主要害虫。

包含巫舞动作，且情节性强，因而极具展演性和观赏性。

1. 请神。这一环节主要是奉请各位神灵和先师到法场，为即将开始的仪式保驾护航。法师们准备停当后，主持法师吹响龙角，击钹拍打狮钮醒木开场，念诵《请神词》："一声龙角胜洋洋，启告三清神玉皇；三清玉皇高上帝，太上五灵神老君；王母七千众神将，闾山三官神九郎；福州陈、林、李三奶，游溪法主朱满姑；启告前传并口教，历代祖本众宗师；千里万里闻知来，飞云走马扶道场。前事之时周比了，后有法师来践行；我师来者在法坛，请师上座心且宽。我师上座在法坛，师男再请后来神。"每请一神，掷筊杯得圣卦表明神灵已降临法坛。

2. 打路引。路引，即为路条，即天神之兵来到凡间需要经过各级关卡时出示的路条。打路引，即法师在奉请众神灵和先师后，鸣锣为神兵开道，使其顺利到达凡间。主坛法师手持《奉请招兵书》，边鸣锣边走到开阔处，祷告各方做好准备，要各路兵马做好准备。然后，法师念诵《奉请招兵书》"前屋化为闾山殿，后檐化为祖师衙，屋梁屋桷化为龙现爪，灯火化为龙现光，牛马化为卷田象，鹅鸭化为鸾凤凰"，模拟古代将军点齐各路兵马的模样，分配火枪兵、刀盾兵、马兵、步兵、随身兵。法师每念诵一次"护镇家门，来来往往，毋得有违失误，火急火急"，就敲一次锣催请各路神兵。

3. 给旗。法师从供奉令旗的副法坛上，将令旗取下，表示从祖师那里接过了令旗。法师将九面各色旗帜合在一处，双手握住，踏着罡步依逆时针向四方横挥旗帜，然后登台招兵。

4. 登台招兵。主坛法师左手擎着九面令旗，右手拿龙角铃刀，助坛法师们则手持龙角、筊杯等，一起前往"招兵台"。主坛法师手持令旗登上招兵台的椅子，一名助坛法师站在第一层桌面上，另一位助坛法师立于地面的草席旁，三位法师呈阶梯状分布，另有伴奏师们手持亢锣立于地面。

主坛法师诵经招兵，经文内容首先表明自己的身份，其次明确供奉的是临水宫三奶夫人，最后指明招的兵马来自何方，"天啦地啊人啦鬼啊国母娘娘，弟子招兵三十三童子，招兵三十三童男，东营九夷兵九万九千人，九万九千兵马勇……"九营兵要分九次请，每请一营兵，助坛法师都要将筊杯摔于地面的草席上，用卦象来判断神兵是否到达。当卦象为圣卦[1]时，助坛法师则高呼"到"，随即锣鼓齐鸣以示庆祝；反之，助坛法师则高呼"未到"，主坛法师便再次诵经催请一遍，再次掷筊杯，重新查看卦象。每请一营兵，都势必要确保请到，因此有时甚至需要再三催请，才能卜得圣卦，为招兵增加了一丝紧张的气氛。每请到一营兵马，法师便同时吹奏龙角宣告，主坛法师则把对应的令旗交由地面的助坛法师。助坛法师接旗后，根据兵马的状况，以相应的步法小跑到副法坛，将令旗重新插回装满米的米斗中，表示这一路兵马已到，伴奏师则在旁鸣锣以示迎接。

召请的九营兵及兵马数依次是：东营九夷兵（蓝色/青色令旗）九万九千人，南营八蛮兵（红色令旗）八万八千人，西营六戎兵（白色令旗）六万六千人，北营五狄兵（黑色令旗）五万五千人，中营三秦兵（黄色令旗）三万三千人，左营天仙兵（浅蓝令旗），右营地仙兵（黑令旗），本地的开创祖（浅红令旗），本坛法师（雷姓法师为蓝色、蓝姓法师为粉红色）。当九营兵马一一到齐后，九面令旗也就被重新插回米斗中。

5. 砻谷、舂米。粤东凤凰山的畲民定居后以种植水稻为生，因此供养神兵神将的供品也以稻米为主。在电力的砻谷机和碾米机还未普及的时候，人们用石制的砻钟和石臼舂米。法师在"招兵节"活动中常常进行"推砻钟"的表演，据传凤坪村上一代法师 LMK 曾做推砻钟的表演。[2] 随着机械取代石砻，现在已经没有砻谷和舂米的环节了，招兵仪式中需要的米则是直接从市场上购买的大米。所以，尽管多位凤坪村的村民都曾在笔者面前提及"推砻钟"表演，并对细节津津乐道，但笔者并未亲见。

6. 赏兵粮、赏酒肉。赏兵粮和赏酒肉环节是模仿和展现古代行军打仗前分配兵粮的过程。此时，法师回到主法坛前，将插满军旗的米斗放在主法坛前的圆形簸箕正中，接着从米袋中倒出小半簸箕的黏米，半蹲在簸箕侧边开始诵经，诵经产生的神奇力量能在想象中将一粒米变化成千粒万粒，将凡间的米转化为神圣的米。同时，法师的手在米堆里不停地扒拉，

---

① 圣卦，就是贝壳状的筊杯为一正一反时，即为圣卦。查看卦象的工作，由立于草席之侧的助坛法师完成。

② 助手将两三百斤的石砻抬放到法师 LMK 身上，法师作法，砻会自己转动舂出米。

做着分米的动作。结束时，法师将少许米扬到空中，至此赏兵粮仪式完成。兵粮分配完成后，助手们将米收走，再在簸箕中摆上 12 只空碗，在每个碗中放入一块肥瘦相间的猪肉，再倒入一点白酒，开始赏酒肉环节。法师在簸箕前念经，在想象中将酒肉变化成酒池肉山，再分给众兵马。

7. 造塔楼安兵。是法师作法为各路兵马分配营地安营。法师念道"造起楼台高万丈、阔万里，楼上置军营"，然后请各路兵马安兵就寝，"神兵累累住兰房，双手掰开红罗帐，轻轻移步入兰房，男人都是男打扮，女人都是女彩床，鸳鸯枕，象牙床，光灼灼，灼灼光，各各睡到五更才起床，勒转马头镇坛前"。这样，兵马就安置妥当了。

8. 油火烧邪收邪。又称"打油火"。首先，法师准备一整锅烧热的油，往油里撒上白色的晶体后，然后将手伸入油锅中游走却不会烫伤。① 然后，法师点燃符箓扔进油锅，符箓湮灭在油锅里。再次，法师用一带长柄的圆形木框拖住油锅底部，抬着燃烧的油锅在村庄四周巡走。每到一处路口，法师便往烧着的油锅里喷一口白酒，熊熊火焰瞬间在油锅腾起，借此火焰驱退邪祟。最后，法师在主法坛前铺一草席，朝四方吹响龙角，摇动铃刀，边唱边舞，号令四方邪祟伏法，卜得圣卦则表明邪祟已经伏法。法师则打着镇妖的手势，往草席中间丢下一些食物，飞快地卷起草席，交由助手抛到村外的山谷，表明邪祟已经收走。油火烧邪收邪，并不是每一场"招兵节"都会进行，而是视东道主村庄的需求，只有时间和资金充足的情况下，才会进行这一项活动。

第五阶段：谢神送神

谢神送神阶段是整场法事的尾声阶段，以诵经为主，主要内容包括光灯谢土、送佛、谢师和散兵等环节。首先，主坛法师头戴莲花帽，身披袈裟，脚踏罡步，手持小钹，念诵《观音救苦经》《大慈大悲劝善经》，经文内容主要是劝人向善。然后，主坛法师重新换上道袍，念诵《普庵祖师光灯谢土真经》安抚地方神。再次，助坛法师重新换上一批供品，法

---

① 这一环节是为了展示法师不同于普通人的神秘力量，以示自己有法力护体。如今，这一环节已经很少表演了，笔者多次参与"招兵节"，均未能亲眼看到，本处所描述状况为访谈得知。村民说，法师撒入油的白色晶体，是一味比较易得的中药硼砂，受热时会释放气体冲出油面，使油面呈现出烧开的状态，但其实温度并未高到让人皮开肉绽，只是让手微微发红。

师念诵谢师经文用以供奉神灵和祖师。最后，助坛法师拿出提前备好的一大箩剪成衣裤形状的彩色小纸片，洒在法坛的两侧，并用黄表纸引燃烧尽，用以酬谢神兵神将并为之送行。至此，招兵节的现场仪式活动告一段落。法师回到自己家中，还需在家中的常设法坛前举行简单的祭祀，告请历代祖师相关情况，至此，此次法事活动圆满结束。

如果"招兵节"仪式在法师所在的村子举行，就要多一项散兵仪式。在锣鼓的伴奏下，法师举着代表各路兵马的令旗，率领众人走到村口，将令旗在火堆上点燃烧尽，两名法师则吹响龙角，送神兵神将离开村子，至此整个招兵节仪式活动才算圆满完成。

二 粤东畲族"招兵节"仪式的人类学解读

（一）"招兵节"文化因子存在的广泛性

我们发现粤东畲族"招兵节"的核心文化因子——"招兵"在闽、浙、赣等地区的畲族文化中均能找到。例如，我国浙南、闽东畲族的各个畲族村寨广泛地流传着"传师学师"仪式，也称为"奏名学法""做阳""学师""传师"等。该仪式在2005年5月以"景宁畲族祭祀仪式"为名入选浙江省首批非物质文化遗产名录，被认为是浙江景宁畲族的标志性文化事项之一。访谈得知，畲族"传师学师"的全程有30多次"招兵"环节，其主要目的有两个：第一，招来神兵护坛，使"传师学师"仪式不受邪祟力量的影响而顺利开展；第二，招来兵马后，法师将其传度给新入门的弟子。

访谈9—3：ZXB[①]（男，28岁，师公（法师）；访谈时间：2021年4月1日；访谈地点：浙江省景宁县郑坑乡柳山半岭村家中）

传师学师，本来是叫传度学法，或奏名学法，仪式有四个主题：第一，拜师入门；第二，传度兵马；第三，学法；第四，分香。关键在传

---

① 在调研中，我们发现畲族师公年龄大多在60岁以上，且均未受过高等教育，而ZXB的特殊之处在于，他是一名年仅28岁的师公，且受过良好的高等教育。因此他在表述传统文化时，常常具有理论性和概括性。2005年，丽水市民宗局、杭州民宗局等多家单位部门一起拍摄和见证了ZXB"学师"过程，拍摄的纪录片《小波学师》曾荣获浙江省首届少数民族微电影优秀作品展演"优秀纪录片"奖。

度，传度就是传度兵马。在传师学师仪式过程中，从头到尾有三十多处招兵环节。其中的 12 个师公，每个都有自己的兵马，而且数量不同。虽然兵马都是师公们自带的，但是举行仪式时要招到传度的这个村子来，要招到这个法坛来。

除了"传师学师"仪式之外，在浙南畲族的"拔伤""做老者"等仪式中也有"招兵"环节。"'拔伤'是浙西南畲族生者对亡灵的一种补救性治疗仪式，目的是让死者从伤病、不利的境况转换到健康、稳定的境地，是针对死者的过渡仪式"①，其仪式的第三个环节是"请菩萨"和"出兵"，目的是请各路神仙"起兵、排兵、把坛界"，"调闾山神兵护阵，并请四方天王护法，不让鬼怪靠近"②。"做老者"仪式是浙江景宁畲族丧礼中的最后一道仪式，其中第一个环节是"请师爷"，"'请师爷'，即请三清（上清、太清、玉清）祖师、太上老君等出来做证，派兵助法，帮代亡魂之人藏魂"③。

（二）"招兵节"仪式文化因子的解构与重构

除了"招兵"这个核心文化因子在闽浙赣等地畲族民俗文化中广泛存在之外，调研还发现粤东畲族"招兵节"仪式中的"招兵台"文化因子被提取出来放大，重构成为闽东畲族独立而鲜明的文化事项，例如闽东畲族的"起洪楼"活动。"起洪楼"，又称为"登十三云楼"，已被收入 2017 年宁德市第五批非物质文化遗产项目名录，其非物质文化遗产传承人是福安市下白石镇下赤村畲族师公雷文斌，他表演的"起洪楼"绝技曾被拍摄为纪录片《挑战九重天》，在中央电视台中文国际频道中播放，引起畲族内外的强烈反响。所谓的"洪楼"是将 13 张 1 米见方且高 90 厘米的桌子纵向排列成总高度超过 12 米的高台，畲族师公则在无任何防护的高台上跳《奶娘行罡》舞。"起洪楼"活动最大的挑战在于，13 张桌子之间没有任何物质进行黏合或固定，是对法师的攀爬技巧、平衡能力和胆量的综合考验。调研显示，闽东畲族的这一民俗活动与粤东畲族"招

---

① 蓝希瑜：《"拔伤"：浙西南畲族死者的过渡仪式》，《民族研究》2016 年第 3 期。
② 蓝希瑜：《"拔伤"：浙西南畲族死者的过渡仪式》，《民族研究》2016 年第 3 期。
③ 蓝希瑜：《浙江景宁畲族"做老者"仪式探微》，《民族研究》2014 年第 4 期。

兵节"仪式中的"招兵台"等相关文化因子有千丝万缕的联系。凤坪村村民告诉笔者，凤坪村早年的"招兵台"是由9张或13张八仙桌纵向叠加而成，据说"招兵台"越高，则意味着离天越近，"招兵"请求就能更准确地上达天神。由于9张或13张八仙桌叠成的"招兵台"极具风险性，为了确保法师的人身安全，"招兵台"才逐渐演变成今天3张桌子和1把椅子构成的象征性的"三界楼"①形式。我们由此推测，闽东畲族的"起洪楼"活动，是将"招兵节"仪式中的"招兵台"及"跳巫舞"等文化因子抽离出来放大重构而成，借此彰显畲族法师的神奇法力。

（三）"招兵节"仪式文化的采借

首先，粤东畲族"招兵节"仪式中的核心环节——"招兵"是采自道教文化中的"招兵科仪"。"招兵科仪"本是道家法事中常见的一种科仪，其目的是召唤神兵来保护坛场、监督和保护法师，以确保法事能够不受邪祟的破坏顺利进行。畲族定居广东潮州凤凰山后，从客家人那里习得了道家文化，采借了"招兵科仪"用于祭祖祈福。调研显示，粤东畲族受闾山道派的影响较为深远，法师多以闾山道派自居，在招兵仪式的主法坛拱门正中横挂着"闾山法院"的门楣。

其次，粤东畲族"招兵节"仪式还采借了一系列佛教文化。在整个"招兵节"仪式过程中，法师至少有9次需要将道袍换成佛教的袈裟与莲花帽来进行祈祷；法师请神时，除了道教神和祖先神之外，还要拜请一批佛教神，如佛祖、菩萨、玉帝等；法师祈福消灾时，诸多经文均为佛经，如《消灾经》《大慈大悲劝善经》《光明宝忏》等。

再次，粤东畲族招兵节仪式从汉族文化中采借了汉族地方神灵。法师拜请的神灵，除了前文提到的道教神、佛教神、畲族祖先神之外，还包括大量汉族地方神，这在仪式第三阶段"作法祈福"中有明确体现。这些汉族地方神灵中，除了已经形成定则的三奶娘（陈靖姑、林氏夫人、李

---

① 2019年7月在丰顺凤坪村调研时，法师认为两张桌子拼成一个长方形做底座，上置一张桌子，桌子上再置一把椅子，则构成象征性的"九重天"或"三界楼"的"招兵台"；2017年5月笔者在浙江省景宁县大吴村调研"度关"仪式时，当地村民用两张桌子和一个木盒搭成三层供奉平台的法坛，村民解释此寓意天地人三界。

氏夫人）等主神外，还要拜请村落保护神。各个畲族村落的保护神均来自附近的汉族村落，神灵会因村落不同而略有差异，例如李工坑畲族村的"招兵节"要祭祀本地的感天大帝、三山国王、协天大帝和龙尾爷等神灵，而凤坪畲族村的"招兵节"则会祭祀水口福主公王、赤沙公王（和夫人）、白沙公王（和夫人）、五谷神农大帝、天地神明、水口凹感天大帝（杨太伯公）、芹菜湖玄天上帝、甲坑飞天大王、甲溪岭关圣帝君等神灵。

（四）"招兵节"仪式文化的创造性重构

畲族民间信仰的特点是多神崇拜，而对祖先的崇拜又在各种神灵崇拜之首，对畲族始祖"盘瓠王"的崇拜是畲族民间信仰的核心。除了盘瓠崇拜之外，畲族的祖先崇拜还包括对"蓝雷钟"三大姓①始祖的崇拜。如前文所示，"招兵节"仪式中请神环节，首先要请的神就是畲族始祖"盘瓠王"；其次还要请畲族"蓝雷钟"三姓的始祖和近祖；再次，还要请主坛法师家族的历代祖先。可见，仅就请神这一环节的重构，就可以看到粤东畲族已经将采借的外来文化打上了鲜明的畲族烙印。凤坪村村民 ZXF 告诉笔者，在距离凤坪村一个小时车程的大胜村有一位客家法师 HHC，也会做招兵法事，其家族与凤坪村的 LFT 法师家族颇有渊源。调研发现，两位法师同属闾山道派，法事中使用的神像、法器和经书也多有雷同，其根本差别就在于客家法师 HHC 在仪式中无须祭拜畲族祖先神。

访谈 9—4②：HHC（男，45 岁，法师，访谈时间：2020 年 7. 25；访谈地点：大胜村 HHC 家）

我父亲和 JP 父亲关系很好，会交流法事经验。我也会做招兵，之前也看过 JP 作法事，我们用的神像、法器和经书大多一样的，但我们是汉族，不请盘瓠王，而 JP 那一支作法事要请畲族始祖盘瓠王。

粤东畲族不仅运用重构策略将采借来的文化因子打上鲜明的本民族文

---

①　在畲族的口耳相传的历史传说中，畲族始祖盘瓠王供育有"三子一女"，传下了"盘蓝雷钟"四大姓氏。但在此后的迁徙中，盘姓坐船出海下落不明，所以只剩下了"蓝雷钟"三大姓氏，三大姓的始祖分别为蓝光辉、雷巨佑、钟志深。

②　2020 年 7 月 25 日，笔者在凤坪村村民 ZXF 的带领下，自凤坪村驱车赴大胜村 HHC 法师家中访谈。

化烙印，还能运用文化重构创新出完全属于畲族自己的文化事项，如广东省河源市东源县畲族的"篮大将军"出巡节。每年农历四月初九，河源市东源县漳溪镇都要举办"篮大将军"出巡节，这在当地已有500多年的历史。如今，"篮大将军"出巡节已被列入河源市非物质文化遗产名录，成为当地畲族独有的标志性文化事项。盘蓝（篮）① 雷钟是畲族传说中盘瓠王的三子一婿中的第二子，是所有篮（蓝）姓畲族子孙的祖先，"篮大将军"出巡节是蓝姓子孙祭祀蓝姓祖先的节日。"'篮大将军'出巡节也叫'驱邪节'，是畲族人民崇拜先祖，追忆历史，祈求平安，驱邪纳福，传播生产生活知识，提高生存技能，活跃乡民文化生活的一项隆重的节日活动，在全国畲族村寨中也是独一无二的。"② 其仪式活动主要包括祭祖请将、"招兵"仪式、"篮大将军"出巡和相关的文娱活动等，节日从四月初九开始持续3天，参与人数众多且规模盛大。对比"招兵节"和"篮大将军"出巡节，我们发现二者从内容到形式都有很多相似性，但"篮大将军"出巡节则从仪式名称上更加彰显了畲族的祖先崇拜，其文化重构特色更加鲜明、突出、彻底。

（五）"招兵节"仪式功能的变迁

随着时代发展，粤东畲族"招兵节"仪式的部分环节（如推砻盅、打油火等）日渐消失了，部分环节（如安龙、安井、安灶等）的开展更具灵活性和选择性。同时，"招兵节"仪式的功能也逐渐发生变迁，其传统的祭祖祈福的宗教功能正在弱化，而作为民俗活动的娱乐和标签功能则逐渐凸显。今天，"招兵节"仪式已经成为粤东畲族的文化标签，用以彰显其独特的地域文化特点。

传统的"招兵节"仪式时间相对固定，一般每隔3年或者5年举办一次，具体时间在冬至前后，而近年来"招兵节"仪式无论是频率还是具体时间都不再固定了，往往是根据大型社会庆祝活动的时间而定。例如

---

① 在畲族百姓中流传着一种说法，认为"篮"姓是早于"蓝"姓的畲族姓氏，至于从"篮"改为"蓝"的原因呢，主要是受汉族姓氏的影响，在本书中时而用"蓝"，时而用"篮"，取决于所引资料的原文。

② 王敏：《畲族祖先信仰与秩序建构》，硕士学位论文，广东技术师范学院，2014年，第58页。

1993 年 12 月，李工坑村的"招兵节"仪式在中断多年后首次恢复时，就在法事举行的第二天上午 10 点暂停，插入由潮州市、潮安县的民族、文化、旅游等部门和文祠镇党政负责人出席的庆祝会，并在会上号召畲族人民发扬开拓山区、建设山区的精神，早日摆脱贫困，踏上小康发展之路。从那时起，"招兵节"仪式就被赋予了为"经济唱戏"搭台的社会功能。时隔多年以后，2015 年 12 月，在李工坑村畲族文化展览馆开馆仪式上，也举行了"招兵节"仪式的部分环节以示庆祝。这表明"招兵节"传统的宗教祭祀功能弱化了，其娱乐功能增强了。同样的情况在丰顺县凤坪畲族村也出现了，仅在 2019 年该村就连续举行了 3 次"招兵节"仪式，如 2019 年 8 月凤坪村"中国畲族故里"挂牌仪式上，举行了简略的招兵仪式；同年 9 月凤坪村 8 米宽的村道通车时，举行了招兵仪式祈福；同年 10 月，丰顺县在凤坪村举办丰收节时，再次举行部分招兵节仪式，这一切均表明粤东畲族招兵节的传统宗教功能大大削弱，而文化标签和娱乐功能日渐增强。

访谈 9—5：村民 ZSQ（男，66 岁，法师助手/茶农，访谈时间：2020 年 7.27）

家里（凤坪村）原来是三年做一次招兵节，去年却做了三次，"中国畲族故里"挂牌的时候做了一次，丰收节的时候做了一次，对面的道路通车剪彩时又做了一次。以前是冬至节前后做，现在不一样了，上面有人来就可以做；以前一做就是三天三夜，现在时间可长可短。

结　语

文化变迁是人类文化发展的规律，而文化采借与文化重构则是推动文化不断变迁的策略和动力。"文化采借"与"文化重构"在文化变迁过程中相辅相成、密不可分，文化采借是文化重构的基础，文化重构是文化采借的必然结果，二者都凸显了文化变迁过程中文化主体的主观能动性。

首先，文化采借凸显了文化主体的选择性。当两种文化模式相遇时，两种文化的相互接触与交流互动必不可免，文化采借是两种文化模式交流互动的基本形式。一种文化模式的文化主体通常会采借异文化模式中与本文化气质相近的文化因子，早有学者指出"相似文化的群体容易相互适应和借用量大"①。畲族"招兵节"从道教文化中采借"招兵科仪"作为重构基础，原因就在于畲族文化和道教文化具有相近的文化气质。道教文化虽然发端于中原地区的道家思想，但在漫长发展过程中，已经充分融入了南方少数民族的文化因子，尤其是南方"巫文化"对道教文化影响巨大。研究表明道教的"符箓派"在形成的过程中，较多地吸收了南方少数民族的"巫蛊"文化。魏晋南北朝时期"活动于长江流域的南方蛮族，巫风颇盛，巫术文化中的祀神仪式、法器仪仗、符箓偈咒、禹步手诀等作法方式，均为早期道教所承袭"②。畲族作为一个长期生活在我国东南山区的少数民族，是典型的南方山居民族，其与道教文化的相通之处是显而易见的，早有研究者指出"南方少数民族传统宗教与道教的关系，是双向渗透、相互影响的"③。

其次，文化重构彰显了文化主体的创造性。一种文化模式采借异文化因子后，并不是毫无保留地全盘接受和植入的过程，而是一个己文化模式对异文化因子进行涵化的文化重构过程。这个过程使异文化因子被打上了鲜明的己文化烙印，这也是一种文化不断采借异文化因子仍能保持本民族文化特质的根本原因。纵观粤东畲族"招兵节"的形成与发展史，就是一部畲族文化不断采借周边族群文化并积极重构的文化创新史。文化采借，不但没有使本民族文化特色泯灭，反而使本民族文化更具生命力和活力，原因就在于文化重构所具有的整合与创新功能，"各民族接受外来文化大多根据自己的需要加以改造，使新的文化特质和丛体打上本民族的烙印"④。正如前文所述，粤东畲族在广泛采借了道教文化、佛教文化、汉族地方文化之后，用畲族祖先崇拜对所有采借来的文化因子进行整合创新，重构出了独具特色的粤东畲族文化丛，其中尤以"篮大将军"出巡节最具代表性。

通过对粤东畲族"招兵节"仪式中采借与重构策略的分析，我们发

---

①　黄淑娉、龚佩华：《文化人类学理论方法研究》，广东高等教育出版社1996年版，第216页。

②　张泽洪：《中国南方少数民族与道教关系初探》，《民族研究》1997年第6期。

③　张泽洪：《中国南方少数民族与道教关系初探》，《民族研究》1997年第6期。

④　黄淑娉、龚佩华：《文化人类学理论方法研究》，广东高等教育出版社1996年版，第225页。

现：文化采借是不同文化彼此沟通的桥梁，它使不同群体文化呈现出"异中有同"的相通性；文化重构是文化传承发展的创新策略，使同一群体文化因时空差异而呈现出"同中有异"的多样性风貌。这一文化变迁规律不仅存在于畲族文化的发展中，也同样适用于我国其他55个民族的文化变迁。在传统的民族学人类学的研究中，我们往往更倾向于关注特定民族的文化特殊性，即"同中有异"之处，而对文化之间"异中有同"的特点关注不够。事实上，我国现存的56个民族的文化变迁，都是在"采借"与"重构"中完成的，没有任何一个民族文化的传承与发展是"孤岛式"、封闭的。从这个角度来看，关注文化的"采借"与"重构"，可以让我们更清楚地洞悉我国56个民族文化的"共同性"与"共通性"，这对于我们今天探讨"中华民族是一个文化共同体"大有裨益与启发。

后　记

当我在电脑上敲下"后记"两字，无限感慨涌上心头！从 2019 年初去凤坪村至书稿杀青，中间经历了 3 年多时间，有太多难以忘怀的事和必须感谢的人。

首先要感谢所有促成此项研究工作的领导和朋友，感谢广东省民族宗教研究院的李筱文女士，是她的邀请使我与凤坪村结下了不解之缘；感谢广东省梅州市委统战部副部长管雅先生，是他的一再鼓励使我有勇气接受了这项研究工作；感谢广东省梅州市委常委曾永祥先生，是他的大力支持与积极推动，使得此项工作得以顺利开展；感谢丰顺县委常委梁玉辉先生、县政协办公室主任陈奕鹏先生，他们热情的接待与帮助使得我的每次调研之旅都有宾至如归之感。

其次要感谢凤坪村的全体村民。整个研究开展期间，正值新冠疫情侵扰国人的不平常的 3 年。2020 年 7 月是武汉解封之后的第一个长假，我计划去凤坪村之前惴惴不安，因为在那个武汉人几乎等同于"新冠病毒"的特殊时段，我非常担心会被拒之门外。与丰顺县统战部的同志们接洽后，我得到了可以调研的回复，便开始筹备武汉解封后的第一次田野调查。2020 年 7 月 15 日，当我们一行人抵达凤坪村时，受到了凤坪村的蓝永达书记、钟奕宙主任及全体村民的热情接待，他们用实际行动打消了我们的迟疑和顾虑，并为我们安排好了在凤坪村调研的相关琐事。

最后，我必须向对此项研究工作抱有期待的朋友们表示抱歉，由于大疫 3 年，加之我个人工作部门及工作内容发生了较大变化，导致书稿的撰写工作时停时续、拖延至今。本项目的研究规划及调研开展均由本人主持负责，我的研究生陈前、蓝天、罗光群、王嘉琦、蒋正红、顾皓冉、李佳、郑雅琳等人参与了调研及数据的收集整理。由于时间、精力、能力有限，本书一定存在很多错漏之处，敬请各位读者朋友批评指正。

方清云

2022 年 12 月 18 日